延安市社会科学专项资金规划项目（16BDD05）
延安大学出版资助项目

新中国成立初期延安地区社会变迁研究

张雪梅 著

中国社会科学出版社

图书在版编目(CIP)数据

新中国成立初期延安地区社会变迁研究/张雪梅著.—北京：中国社会科学出版社，2017.8
ISBN 978-7-5161-9596-3

Ⅰ.①新… Ⅱ.①张… Ⅲ.①社会变迁—研究—延安—现代 Ⅳ.①K294.13

中国版本图书馆 CIP 数据核字(2016)第 325576 号

出 版 人	赵剑英
责任编辑	田 文
特约编辑	丁 云
责任校对	张爱华
责任印制	王 超

出　　版	中国社会科学出版社
社　　址	北京鼓楼西大街甲158号
邮　　编	100720
网　　址	http://www.csspw.cn
发 行 部	010-84083685
门 市 部	010-84029450
经　　销	新华书店及其他书店
印　　刷	北京君升印刷有限公司
装　　订	廊坊市广阳区广增装订厂
版　　次	2017年8月第1版
印　　次	2017年8月第1次印刷
开　　本	710×1000　1/16
印　　张	17.25
插　　页	2
字　　数	248千字
定　　价	75.00元

凡购买中国社会科学出版社图书，如有质量问题请与本社营销中心联系调换
电话：010-84083683
版权所有　侵权必究

目 录

前 言 ………………………………………………………… (1)

第一章 解放战争时期的延安地区 …………………………… (1)
一 解放战争在延安地区的发展 …………………………… (1)
　（一）中共中央撤离延安 ………………………………… (1)
　（二）延安光复 …………………………………………… (2)
二 中华人民共和国成立前的延安地区 …………………… (5)
　（一）恢复与发展生产 …………………………………… (6)
　（二）开展救灾活动 ……………………………………… (8)
　（三）支援西北解放战争 ………………………………… (11)
三 延安学习贯彻《复电》精神 …………………………… (21)

第二章 民主建政 ………………………………………………… (25)
一 中华人民共和国成立前后延安地区的政权建设 ……… (26)
　（一）中共陕北区党政军机关的设立 …………………… (27)
　（二）延安专员公署 ……………………………………… (36)
　（三）县乡政权建设 ……………………………………… (39)
二 第一部《中华人民共和国宪法》颁布后延安地区的
　　政权建设 ………………………………………………… (84)
　（一）《中华人民共和国宪法》颁布 …………………… (84)
　（二）延安县人代会、政协会的召开 …………………… (85)

· 1 ·

　　　　（三）县级基层政权建设 ………………………………（88）

第三章　土地改革和农业互助合作运动 ………………………（108）
　一　土地改革 ……………………………………………………（108）
　　　　（一）北部老区的土地改革和土登评产 ………………（109）
　　　　（二）南五县半老区的土改与土登评产 ………………（116）
　二　农业互助合作运动的开展 …………………………………（126）
　　　　（一）农业生产互助合作的开展 ………………………（127）
　　　　（二）互助合作运动的研究和整顿 ……………………（134）

第四章　社会清查工作和抗美援朝运动 ………………………（137）
　一　整治社会秩序，打击各种政治性暴力犯罪 ………………（137）
　　　　（一）清查"一贯道" ……………………………………（139）
　　　　（二）剿匪反特清查 ……………………………………（148）
　　　　（三）社会清查工作 ……………………………………（152）
　二　抗美援朝运动 ………………………………………………（154）
　　　　（一）朝鲜战争爆发 ……………………………………（154）
　　　　（二）积极参与抗美援朝运动 …………………………（155）
　　　　（三）响应三大号召 ……………………………………（160）

第五章　社会治理 ………………………………………………（166）
　一　社会治理 ……………………………………………………（166）
　　　　（一）公安机关的完善和工作任务重心的转移 ………（166）
　　　　（二）禁烟禁毒禁赌及破除迷信工作的开展 …………（170）
　二　《婚姻法》的宣传与贯彻 …………………………………（178）
　　　　（一）《婚姻法》的颁布 ………………………………（178）
　　　　（二）贯彻《婚姻法》，改革旧婚姻制度 ……………（179）

第六章　党的建设与国民经济的恢复 …………………………（182）
　一　各项事业的恢复与发展 ……………………………………（182）

（一）工农业生产的恢复和发展……………………（182）
　　（二）教育事业的恢复和发展……………………（189）
　　（三）文卫事业的发展……………………………（207）
二 第一个五年计划的贯彻执行…………………………（209）
　　（一）工业建设……………………………………（209）
　　（二）农林牧结合下的发展目标…………………（211）
三 党的建设与整顿………………………………………（218）
　　（一）延安地区的党内整风学习…………………（218）
　　（二）党的建设与整顿……………………………（224）

第七章 社会主义改造……………………………………（232）
一 农业社会主义改造……………………………………（232）
　　（一）中共中央《关于农业生产合作社的决议》…（232）
　　（二）农业社会主义改造…………………………（234）
　　（三）农业社会主义改造概况……………………（237）
　　（四）农业社会主义改造成果……………………（248）
二 手工业和资本主义工商业的社会主义改造…………（249）
　　（一）资本主义工商业的改造……………………（249）
　　（二）个体手工业改造……………………………（257）
三 延安地区社会主义改造的完成………………………（260）

参考文献……………………………………………………（262）

后　记………………………………………………………（265）

前　言

近年来，关于区域社会史研究探索成为一个热点话题，虽然相关理论在学界还存在诸多争议，却不难看出宏观叙事的零星弊端，尤其无法深入细致地理解中国社会发展的多元化进程。因此学科研究的进一步拓深与多学科研究方法的融合已成必然。笔者探讨区域社会整体研究，这也是中国区域社会史研究的主要领域。

一

在中国共产党的领导下，新中国成立初期中国社会变迁的历程中，社会转型存有坚持人民民主专政的明显印记。坚持人民民主专政，是中国近代革命经验的总结。1949年6月30日，中华人民共和国成立前夕，毛泽东发表了名篇《论人民民主专政》，提出了人民民主专政这一科学概念。人民民主专政的思想和理论，必须通过制度建设来表现出来。在筹备和建立中华人民共和国的同时，人民民主专政制度得以建立并逐步完善起来。

首先在政治制度上，确立了中国共产党领导的多党合作制和政治协商制度，并逐步落实了人民代表大会制度。中国人民政治协商会议第一届全体会议在北平隆重开幕，掀开了我国民主政治发展的历史篇章。会议通过了《中国人民政治协商会议共同纲领》，起临时宪法的作用。会议制定了《中国人民政治协商会议组织法》、《中华人民共和国中央人民政府组织法》。1949年10月1日，中华人民共和国中央人民政府正式宣告成立。

1953年，我国还在基层政权普选的基础上，逐级召开了人民代表大会。1954年9月在中华人民共和国首都北京召开了第一届全国人民代表大会，标志着以人民代表大会为基础的国家政权制度全面确立，国家权力开始由人民选举产生的人民代表大会统一行使。大会通过了我国第一部社会主义类型的《中华人民共和国宪法》，以《共同纲领》临时行宪的过渡状态至此结束。

新中国成立后，基层民主制度也开始逐步发展开来。基层民主制度主要是指我国的基层群众性自治制度，是指基层群众性自治组织形式及其运作方式，它是基层群众性自治组织自我教育、自我管理、自我服务的方式、方法、程序的总和，是人民直接参与管理国家事务和社会事务的一种形式，是社会主义民主制度的一个重要方面。基层民主制度的主要特征是群众自治和直接民主，即在基层社会生活中，由群众自己决定自己的事，实行自我管理、自我教育和自我服务，其实质在于为广大城乡基层劳动群众充分行使宪法赋予的管理经济、文化事业和社会事务的民主权利，提供了有效途径和制度保障。基层民主是人民群众直接行使民主权利、依法进行自我管理、自我服务和自我发展的主要形式，是中国特色社会主义民主最广泛的实践。

新中国还组织了工会、工商组织、共青团、妇女组织等全国性的群众组织，协助发展民主，促进各项事业的发展，协助维护社会秩序等社会功能。实行民兵制度，维护社会治安。

二

众所周知，新中国的人民民主专政制度的建立，是革命战争长期催生的结果。中国共产党领导中国人民，通过"农村包围城市，武装夺取政权"的革命道路，实现了这一伟大的目标。那么，各地区人民民主专政制度的建立又该是一个什么样的状况呢。一种是在人民解放军顺利进军的过程中直接施行制度式建设的地区。一种则是长期坚持革命的老根据地，人民民主专政制度的理论精髓在这些地区早已得到试验，甚至可以说，全国人民民主专政制度的建立，就是这些地区试验成果的推广，延安地区就是其中的模范型代表。

现在的延安地区，北部的几个县，在抗日战争时期大部分属于陕甘宁边区下辖的23县的组成部分。在中国共产党的领导下，这些县发展了人民民主政权，成为新民主主义政权的试验区。在长期的革命战争过程中，这些地方经历普选，试验过参议会制度、"三三制"政权，组织了抗日民众组织。在解放战争的过程中，实施了人民代表会议制度。南部的几个县，如宜川、洛川、黄陵等，属于国民政府陕西省辖区，是抗战时期国民党政府封锁边区的前线。在解放战争时期，这些县也解放较早，远早于中央人民政府的成立。这些县解放后，召开各级代表会议，组织地方政权，成立了民众组织。

中华人民共和国成立后，地方政权在向人民民主专政制度的过渡中，延安与其他老根据地一样，采取的是自然过渡和顺序继承的方式。譬如，在人民代表会议的届次计算上，往往与新中国成立前的数字合并计算，行政首长也过渡到经过人民代表的选举程序。而且延安地区往往是积极跟进中央的步骤，落实了诸如《共同纲领》和1954年宪法的规定，包括各级人民代表大会代表的选举，政府机构名称的改变，基层群众组织的发展等举措。延安地区的各级人民代表会议，包含有工人阶级、农民阶级、革命军人、知识分子、小资产阶级、民族资产阶级、少数民族、国外华侨及其他爱国主义分子的代表。经过代表会议，选举产生了人民政府。1953年到1954年间，延安组织了第一次人民代表大会代表的普选，选举产生了地方各级人大代表，选举了地方政府委员，实现了"各级人民代表大会由人民用普选方法产生之。各级人民代表大会选举各级人民政府，各级人民代表大会闭会期间，各级人民政府为行使各级政权的机关"的法律规定。

延安地区经历了建国前革命政权的演变，到中华人民共和国成立后人民代表会议，再到人民代表大会制度建立这一政治制度的变迁过程外，在经济制度和文化制度的演变方面也有细致入微的表现。

经济制度方面，1949年到1956年的过渡时期，在经济制度演变上，是从新民主主义经济过渡到社会主义经济制度。从新民主主义过渡到社会主义，表现在经济制度上，社会经济结构的质变是必然要发生的。按照毛泽东的分析，新民主主义的经济应该包括国营经济、合作社经济、私人资本主义经济、个体经济和国家资本主义经济五种形式。按照《共同纲领》的规定，中华人民共和国实行"公私兼顾、劳资两利、城乡互助、内外交流"的政策。国家应在经营范围、原料供给、销售市场、劳动条件、技术设备、财政政策、金融政策等方面，调剂国营经济、合作社经济、农民和手工业者的个体经济、私人资本主义经济和国家资本主义经济，使各种社会经济成分在国营经济领导之下，分工合作，各得其所，以促进整个社会经济的发展。

延安地区贯彻了《共同纲领》规定的新民主主义经济政策，在北部诸县已实行土地改革的地区，颁发的地权证，保护农民已得土地的所有权。在后解放的南部5县中，发动农民群众，建立农民团体，经过清除土匪恶霸、减租减息和分配土地等项步骤，实现了耕者有其田，发展了大量的个体经济。土地改革运动完成后，延安地方人民政府组织农民及一切可以从事农业的劳动力以发展农业生产及其副业为中心任务，并引导农民逐步按照自愿和互利的原则，组织了各种形式的劳动互助和生产合作。短短三年中，延安地区很快恢复和发展了农业生产。不但如此，延安地方人民政府，领导延安人民短时期内恢复并超过战前粮食、工业原料和外销物资的生产水平。此外，延安地区还注意兴修水利，防洪抗旱，恢复和发展畜力，增加肥料，改良农具和种子，防止病虫害，救济灾荒，并有计划地移民开垦。

延安地方政府还继承了陕甘宁边区合作社经济发展的传统，鼓励和扶助广大劳动人民根据自愿原则，发展合作事业。在扶助消费合作社发展的同时，将合作社发展到生产方面。在城镇中和乡村中组织供销合作社、消费合作社、信用合作社、生产合作社和运输合作社。

延安人民政府发展了国营经济，创办了贸易公司，收购和出口地方土特产品，经营日用品，为国家市场的繁荣和人民的生活服务。国营贸易机关负责调剂供求、稳定物价和扶助人民合作事业，为活跃物资流通，提高人民生活水准作出了应有的贡献。延安地方人民政府还改善和发展了地方邮政和电信事业，修缮了一些公路桥梁，增设各种交通工具。设立了国家金融机关。延安地处黄土高原，水土保持工作有很重要的意义。因此新中国成立初期,保护森林,并有计划的发展林业,就是地方政府的重要任务。延安人民政府鼓励植树造林,鼓励改造地形淤积良田,也开始禁止在陡坡上开荒。中央也动员一些人力物力协助这一工作。

1953年后,响应中央合作化的号召,延安地区也同全国一样,经过试点,推动进行了农业、手工业和社会主义工商业的改造,普遍实行了农业集体化和手工业、工商业的国营化。社会主义经济制度在延安巩固地建立起来。

文化制度方面,延安地区恢复并发展了国民教育。新中国成立后,延安地区的小学教育得到了很大发展,扩建和新建了多所小学。经历过渡时期后,各县基本上都建立起一所中学。另外,发扬了陕甘宁边区社会教育的传统,继续大量开办"冬学"教育,并把冬学制度化。发动群众的识字运动,扫除青壮年文盲。冬学中有针对性开设了农村急需的医药卫生、农业生产知识等内容,以有利于生产的发展。在城市,加强劳动者的业余教育和在职干部教育,开办了职工教育,并组织在职干部培训,也形成了一种崭新的教育制度。此外,还发展了人民的戏剧电影事业并盖起了延安剧院,发展了人民广播事业,发展人民出版事业并注重出版有益于人民的通俗书报,《群众日报》便是当时非常具有影响力的报刊。

在社会治理方面,延安人民政府积极社会习俗的反封建改革,废除束缚妇女的封建制度。1950年5月1日,《中华人民共和国婚姻法》颁布,延安地区开展了大规模的宣传教育。宣传并提倡男女平等,强调妇女在政治的、经济的、文化教育的、社会的生活各方面,均有与男子平等的权利,实行男女婚姻自由。

在保卫社会治安方面,《共同纲领》规定:"中华人民共和国必须镇压一切反革命活动,严厉惩罚一切勾结帝国主义、背叛祖国、反对人民民主事业的国民党革命战争罪犯和其他怙恶不悛的反革命首要分子。对于一般的反动分子、封建地主、官僚资本家,在解除其武装、消灭其特殊势力后,仍须依法在必要时期内剥夺他们的政治权利,但同时给以生活出路,并强迫他们在劳动中改造自己,成为新人，假如他们继续进行反革命活动，必须予以严厉的制裁。"延安地区结合国家政策和中央的精神，做了几项具体的工作：一则清剿土匪，对盘踞与乔山山脉的土匪进行了清剿。二则清理会道门。主要是镇压了陕北的"一贯道"，逮捕了道首，解散了组织。三则是禁烟。陕北地区是近代中国重要的鸦片产地之一。新中国成立后，人民政府对毒品的种植一直保持警惕，对非法种植鸦片的行为保持高压姿态。

党的建设方面，地方党组织也完善了制度。新中国成立后，党的各级组织完善起来，支部生活制度、学习制度、检查制度都实现了日常生活化。

在人民民主专政制度下，延安地区工农业生产也得到了很大的发展，产值逐步提高。人民的生活水平也有所改善，特别是享受到以前没有过的大量工业品。此外，全国规模的政治运动如抗美援朝运动也在延安进行。

1949—1956年，是中华人民共和国历史上的过渡时期。所谓过渡，既有制度建设上的逐步完善，也有具体工作上的逐步推进。作为革命圣地的延安地区，在这一时期的发展，从全国而言可以作为反映全局的小"麻雀"，就其本身来说，却有自己的明显特征。《新中国成立初期延安地区社会变迁研究》一书，则是对延安地区这一发展过程的一次粗浅呈现。

第一章　解放战争时期的延安地区

现今延安地区所辖区域，北部县区（包括延安市）在抗日战争时期大部分是陕甘宁边区的辖区，归属中共中央直接领导。南面的宜川、洛川、黄陵等地，属于国民政府陕西省辖区，是抗战时期国民党政府封锁陕甘宁边区的前线。

一　解放战争在延安地区的发展

（一）中共中央撤离延安

1946年6月下旬，国民党军队撕毁政治协商会议达成的和平协议，以约三十万兵力，对久被围困的中原解放区大举进攻，国共全面内战由此爆发。早在全面内战爆发前，负责镇守陕西的第一战区司令长官胡宗南便于1946年5月令部下拟订了进攻陕北的作战计划，但因陕北是中共中央总部所在地，此时国民党尚未与中共最后决裂，此一计划"因碍于政治因素，未蒙批准"[1]。10月间，胡宗南托空军副总司令王叔铭再向南京建议攻延，王告诉他"暂缓，将来如何，尚不一定"[2]。胡宗南为此亲自赴南京"力言进攻延安之时机，逾此，天候限制、地形限制、补给限制，不可为也"。1947年2月28日，胡宗南应召到南京，与蒋介石商讨陕北作战方案，胡宗南回西安后，立即下

---

[1] 汪朝光：《中国命运的决战（1945—1949）》（中国近代通史第十卷），江苏人民出版社2013年版，第142页。

[2] 杨者圣：《在胡宗南身边的十二年》，上海人民出版社2007年版，第268页。

令各部按计划进行，彻底集中优势兵力，由宜川、洛川地区直捣延安，延安地区成为陕北解放战争的主战场。3月13日，国民党军开始全线进攻。中共部队以三个团的兵力，作宽正面纵深阻击，在延安南金盆湾、南泥湾对国民党军队进行了七天七夜的阻击。3月18日傍晚，毛泽东、周恩来等中共中央领导人离开了居住十余年的延安，19日上午中共部队撤离延安。

对这段历史，毛泽东曾有深刻的评论。1946年11月18日，中共中央向全党发出指示，评论了蒋介石的行动。内称：蒋介石日暮途穷，欲以开"国大"、打延安两项办法，打击我党，加强自己。其实，将适得其反。中国人民坚决反对蒋介石一手包办的分裂的"国民大会"，此会开幕之日，即蒋介石集团开始自取灭亡之时。蒋介石军队在被我歼灭了三十五个旅之后，在其进攻能力快要枯竭之时，即使用突袭方法，占领延安，亦无损于人民解放战争胜利的大局，挽救不了蒋介石灭亡的前途。总之，蒋介石自走绝路，开"国大"、打延安两招一做，他的一切欺骗全被揭破，这是有利于人民解放战争的发展的。各地对于蒋介石开"国大"、打延安两点，应向党内外作充分说明，团结全党全军和全体人民，为粉碎蒋介石进攻、建立民主的中国而奋斗。撤出延安后，中共中央又于1947年4月9日发出通知：国民党为着挽救其垂死统治，除了采取召开伪国大，制定伪宪法，驱逐我党驻南京、上海、重庆等地代表机关，宣布国共破裂等项步骤之外，又采取进攻我党中央和人民解放军总部所在地之延安和陕甘宁边区一项步骤。① 国民党之所以采取这些步骤，丝毫不是表示国民党统治的强有力，而是表明国民党统治的危机也已异常深刻化。

（二）延安光复

在随后的国共军队作战中，延安地区是战场的主要组成部分，陕

---

① 中共中央文献研究室中央档案馆编：《建党以来重要文献选编（1921—1949）》第24册，中央文献出版社2011年版，第130页。

北的主要战役，大部分发生在这一地区，主要有青化砭、羊马河、蟠龙三战三捷，以及对西北野战军转向外线起到重大作用的宜（川）瓦（子街）战役。

1948年1月初，中共中央军委部署西北野战军准备以主力转入外线作战。2月底，消灭了国民党军11.7万多名有生力量的西北野战军，从陕北解放区南下国民党统治区，进行大规模的外线作战。首战宜川县城和瓦子街战役获空前大捷，歼敌3万多，向仍在陕北的中共中央和全国人民又敬献了一份厚重的礼物。3月3日，解放军占领宜川。3月23日，毛泽东、周恩来、任弼时率领中共中央机关离开陕北，东渡黄河，去河北西柏坡，与刘少奇、朱德领导的中共中央工委会合。4月16日，取得宜瓦战役全胜后，西北野战军发起西府①战役，远途奔袭宝鸡，迫使胡宗南主力裴昌会集团西援，数日间接连攻下10余城，关中国统区一片混乱，胡宗南已再无力调军驰援孤守延安的何文鼎部。在此形势下，何文鼎部遂于4月21日晨仓皇逃出延安，解放军于4月22日收复延安。延安宣告光复，解放区的人民重见天日。延安地区各县解放时间如下：

延长县：1947年3月26日，国民党军胡宗南部侵占延长县城，10月2日收复。

志丹县：1947年6月9日，国民党军胡宗南部占领志丹县城，13日，县城被收复。21日，胡军撤出县境。此后又有一些骚扰。8月，胡军败退。

延川县：1947年3月28日，国民党整编七十六师侵占县城，10月2日收复。

子长县：1947年4月3日，国民党军胡宗南部侵占瓦窑堡，10月14日弃城而逃，瓦窑堡光复。

安塞县：1947年3月20日，国民党军侵占真武洞（县政府所在地），28日收复。6月23日，国民党董钊部第一师下属3个旅重返安

---

① 西府，指西安以西，泾河与渭河之间的地区，古称西村。地处关中、汉中和四川的咽喉要冲，自古为兵家必争之地。

塞全境,"清剿"40余天。8月4日,胡宗南军队对安塞全境实行大"清剿",国民党保甲组织纷纷建立,并在沿河湾建立了国民党县政府。9月1日,安塞县游击队收复真武洞。至此,除沿河湾外,全县均被收复。

甘泉县:1947年2月中旬,国民党军胡宗南部侵占县城,1948年3月收复。

鄜县(今富县):1947年2月中旬,国民党军胡宗南部侵占县城,1948年3月10日收复县城,5月全境光复。

洛川县:1948年2月成立县人民政府,4月25日县城解放,县府迁入城内。

黄龙县:1947年10月21日,西北野战军二纵队攻克石堡镇,旋被国民党军侵占。1948年2月成立黄龙县人民政府,属黄龙分区,3月6日解放军收复石堡镇,县府迁驻石堡。

宜川县:1947年10月20日,西北野战军二纵队和四纵队攻克县城,旋被国民党军侵占。1948年2月成立县人民政府,属黄龙分区。3月3日西北野战军收复县城,县府迁入城内。

宜君县:1948年2月成立县人民政府,属黄龙分区,3月10日西北野战军攻克县城,县府迁入城内。

黄陵县:抗日战争时期关中分区在灵寺湾设有中心区(县级),辖区约为今黄陵县西部。1948年3月将中心区改为中宜县,7月8日撤销县制,复设中心区。1948年2月以本县国民党统治区设立中部县,成立县人民政府,属黄龙分区,3月9日西北野战军解放黄陵城(原名中部县,国民政府已于1944年改名黄陵县),中部县人民政府迁入城内,5月改名黄陵县,辖区约为今黄陵县东部。

延安光复后,1948年4月23日上午,延属分区的党政军领导机关返回延安市区。地委即于当晚召开常委会议,决定:戒严3天,划分区段,由分区保安处、市公安局等单位负责,组织力量清除市内和近郊的地雷,以保人民生命财产安全;成立物资接收委员会,负责统一接受处理国民党军队逃跑时遗弃的一切物资。会议还对保护工商业、处理敌伪人员等作出了一些具体规定。

同日，延属分区行政督察专员公署和延安市民主政府联合发布《安民布告》。首先向被敌人蹂躏年余的延安市人民表示亲切的慰问，并布告下列三事：一、为恢复经济建设和一切工商业，1948年免收商业税；一个月内免征货物税；半月内允许国民党政府货币流通，过期后向银行、贸易公司兑换边区的农币；外逃人员的工商业由政府暂管，待其返回后即行交还；欢迎外地工商业到延营业；禁止买卖毒品。二、凡敌伪库存的物资、机关住宅、花园树木，均由接收委员会统一接收；其他任何人不得破坏和窃取。三、参加敌伪组织助敌为虐者，应立即向政府登记，交出一切文件、证章，政府当予宽大，既往不咎；否则，定予严惩不贷。布告后不数日，全市500多家商店、作坊、摊贩均纷纷开门营业。

4月24日，中共中央致电彭德怀、贺龙、林伯渠、习仲勋和西北野战军全体指战员，祝贺延安光复，特向西野和陕甘宁边区全体人民表示慰问。

4月25日，西北局发出关于《庆祝延安光复的通知》。通知要求：各地各军在采取各种形式庆祝延安光复的同时，应更加积极地围击少数残敌的据点，肃清反动团队，猛烈追击逃敌；大力进行生产和各项恢复工作，继续努力支援前线，协助人民解放军作战；正确执行党的政策，巩固新的解放区。

5月4日，延安万人集会隆重庆祝延安光复。西北局副书记马明方、陕甘宁晋绥联防军区副司令员王维舟、边区保安处处长周兴、延属分区行政专员公署专员李景林、劳动英雄杨步浩、游击队长田启元等到会讲话。会议还分别向中共中央主席毛泽东和西北野战军发出了致敬电。

二 中华人民共和国成立前的延安地区

延安军民在庆祝延安光复的同时，响应西北局的号召，努力生产救灾，恢复解放区的建设，从人力物力上积极支援解放大西北。

（一）恢复与发展生产

中共中央与毛主席于1948年3月东渡黄河，离开了陕北，到华北与中央工委会合。从1948年4月底起，中共中央在晋察冀，从城南庄到西柏坡，召开了几次中央会议，分析了形势，九月会议上提出了"军队向前进，生产长一寸"①的口号。原解放区的任务就是要积极发展生产，支援军队进军。这个口号指导了延安地区的重建工作。

1948年4月22日延安光复后，延安人民面临的首要任务是发展生产，医治战争创伤，重建家园。党的各级地方组织中心工作转入立即领导广大群众投入恢复生产，医治战争创伤的各项活动。一面重整家园，清除战争痕迹，修复道路、桥梁；一面积极进行春耕生产。在很短时间内，工厂、矿山恢复了生产，经过一年的努力，粮食短缺得到扭转。

陕甘宁边区政府1948年的《恢复与发展生产计划（草案）》提出了具体要求，即：力争消灭熟荒地，完成1400万亩耕种面积，格外勤苦耕种，多打粮食；严禁宰杀役用母畜，严禁母畜出口，奖励多养牲口，保护耕畜；保护老棉区的播种面积，推广扩大新的植棉区；实行生产劳动与战争勤务相结合，生产劳动与人民武装相结合，解决战后劳动力尤为缺乏的困难。

随后，各级干部下乡到村，具体帮助农民解决生产中的困难。延安县委下乡干部，帮助蟠龙区白家沟、枣园、圪凹村群众调剂土地，兴修水利，增加了水田。延川县六乡干部，用调剂公地、租地等办法，帮助赵家沟村4户农民解决了土地、农具、耕畜等困难。在延安市机关干部的帮助下，枣园川的780亩川地，到5月中旬已耕过下种了700亩。由于各地大力抢耕抢种抢锄，组织与安置移民，加之雨水比较均匀，夏田大部丰收。"立秋"后，西北局的机关报《群众日报》于8月24日发表社论，认为"广种冬麦，增产粮食，是目前边区人民提高农业生产的一个重大的任务"，号召"广种冬麦，增产粮

---

① 吴珏：《"三反""五反"运动纪实》，东方出版社2014年版，第14页。

食"，在600万亩麦田的基础上扩大60万亩。为推动扩大麦田，边区政府贷发麦籽1000石、农业贷款边币3亿元。9月27日，《群众日报》发表社论，号召全边区的干部、党员、群众积极动员起来，迎接秋收，把秋庄稼收好。经过一年的努力，1948年全边区的粮食产量达到战前水平的70%，耕畜头数达到战前水平的80%左右。

以延安市为例，从延安光复的第一天起，延安市党政军民就投入了恢复工作，进入1949年时即已取得重大成绩。延安被占期间，胡匪把延安市周围34个村庄摧残为无人区，到1949年时已有33个全部恢复。被破坏了的5430孔窑洞，经过大家努力修整，已有4000孔左右住上了人。

农业生产方面，人民政府在延安市发放农业贷款4000多万元，扶助该市农业生产迅速恢复和发展。战前延安市耕地恢复耕种达85%以上，并扩大了冬麦的种植。冬季各地群众也积极进行冬季生产、砍柴、拾粪、购买农具、添置耕牛。延安东郊群众以各种冬季副业生产所取得的红利添置耕牛14头，投入春季生产。

工商业与盐业生产也得到恢复和发展。敌占时，延安市仅有手工业作坊40余户（战前200余户），大部分是成衣局、理发所。延安光复后，延安市政府采取发展有利于国计民生的工商业政策，以暂时减免商业税、建立正常交易制度、免税推销土产、推动供多消费品出口、发放工商业贷款2万万元等办法，扶助被摧残工商业。到1949年年初，全市手工业作坊已恢复到200多户。全市商户也恢复到685家，90%以上是推销土产、供给农村必需品，一改敌占后美日奢侈品充斥市场的面貌。市场物价在贸易机关帮助与管理下，十分稳定。每日米粮川流上市，棉花布匹畅销。农村合作事业根据人民需要也恢复了，包括医药、日用品供销均维持着。

教育方面，两所完小恢复了原状，学生达250多名。冬学、识字组、夜校等也恢复了十五六处。黑板报经常反映时事消息、党的政策、政府政策，以及人民的生活、生产、支前的生动事迹。

老区的其他地方也积极开展生产运动，响应毛主席"生产长一寸"的号召。如延安县川口区六乡石家畔村，就是劳动英雄杨步浩所居住的村庄，被胡匪糟蹋得鸡犬不闻。收复后积极生产，进入1949年，全村耕地200亩，生产恢复一半。全庄组织纺车14架。此外，全庄发展70多只鸡，养了4口猪。庄上在民主政府和杨步浩的推动下，在物质上和组织上开展大生产。全村组织了耕牛合作、劳力合作。

（二）开展救灾活动

延安光复后，陕甘宁边区政府即从晋绥等地区调来粮食，发放贷款和救济粮，公布自由信贷政策，帮助人民在战争废墟上重建家园。1948年年初，陕甘宁边区政府从晋冀鲁豫解放区争取到一大批援助粮，从晋察冀解放区争取到援助棉花100万斤、棉布80万匹；组织3万灾民到陇东、志丹等地就食生产，并从边区西部转运一批粮食到东区的重灾区；边区政府再发放赈粮1.5万石、农贷粮5500石、籽种1500石，另外，又专给南泥湾垦区灾民拨发了100石救济粮。生产自救工作在各地普遍进行，多种了一些豌豆、春小麦等早熟作物，零星地抢种了一些春菜和秋菜。

1948年7月12日，根据战后的疫情，西北局发出关于扑灭时疫的紧急指示，要求各级党政机关切实加强对防疫灭疫工作的具体领导，把各级的"生产救灾委员会"，扩充为"生产救灾防疫委员会"，普查疫情，组织中西医下乡防疫治病，团结农村民间医生，搜集土方，提倡预防。并要求各机关、部队、学校的医疗部门，必须负责当地的群众医疗工作。边区政府先后派出12支医疗队，分赴重灾区进行疫病的防治工作。11月4日，西北局又发出关于帮助群众解决冬衣的指示。要求各级党委和政府重视这一关系人民生命的迫切问题，逐村逐户了解灾情，和群众共同商量解决办法。指出任何漠视群众具体困难或采取官僚主义的态度，都是一种不可原谅的罪恶。经发动群众互助互济，组织生产自救，政府贷款和贷放布匹、棉花、羊皮等实物，公营商店和合作社组织交换，在大寒之前比较好地解决了这个困难。1948年11月29日，延属分区行政督察专员公署发出做好救灾移民工作通知，拨给延安县救济粮25石、延川县20石、子长县18石、临镇县16石、延长县17石、甘泉县12石、鄜县18石、志丹县15石、安塞县17石，共计158石。①

1949年，陕甘宁边区政府又重新调整土地，使群众生活得以安息，群众生产热情日益高涨，组织变工队、扎工队等互助合作生产组织，开展生产自救，减少自然灾害的危害。1949年5月4—11日，延安县召开第三届党代会，大会通过了县委工作报告，决议要求大力恢复战争创伤，每人种11亩地，增粮9万石。7月3日，延安县召开区长、书记会议，研究救灾工作，对全县没粮吃的4422户进行安排，供救济粮286800公斤、种子43000公斤。7月18日，延安县下冰雹，受灾14个乡，1016户，粮田18430亩，县政府及时安排了救灾。11月30日，延安县对土地余缺进行了登记，解决困难户问题。

延川县由于遭受国民党军胡宗南部的祸害加之天灾，1947年，全县遭国民党军胡宗南部破坏的43乡499村，损失惨重。仅永平区损失粮食390万斤，牛、驴2479头，农具、家具15185件，门窗3551架，断炊者由70人增至6246人。1948年1月时，全县约1万多人缺粮断炊。县农会发布通告，号召群众患难与共，捐助粮物，恢复生产，重建家园。县联社抽出人力、物力，在灾区中心永平镇设生产救灾合作社，组织灾民纺织、熬硝，进行生产自救。1949年新中国成立，延川县给1937户7906名群众救济粮食36.3吨。县政府组织灾区慰问团，由县长刘璞丞、副议长高敦泉带领，一行10人于10月26日出发，对灾区群众进行慰问，将2400斤粮食救济给最困难的110户。各级政府号召开展群众性救济活动，全县募捐粮食1.5万斤，红枣20石，棉花323斤，边币600万元，油5斤，衣物1131件，炊具810件；低利借贷粗粮54万斤，群众间相互赊借粗粮1380.93石，籽种150.4石，农具300件，牛草1.59万斤。上级政府拨赈灾粮12.9万斤，贷农具2276件，牛8头，贷款4000万元，县联社贷款2000万元，扶助县灾民发展生产，重建家园。1948年干旱，对灾情严重的永平、永胜和禹居三区减免公粮9万斤，全年拨放救灾粮10.7万斤，其中救济特困户347户

---

① 延安市地方志编纂委员会：《延安地区志》，西安出版社2000年版，第714页。

1600人。永平区成立救灾合作社，负责救济物资发放，动员群众相互赊借度荒，开展副业生产（熬硝、运输、妇纺等）增收度灾。1949年干旱，县政府发放赈灾粮16.73吨，帮助1243户2985人克服困难。政府赊借粮食9.88吨，群众间相互赊借11.33吨。①

1948年5月，鄜县解放后，中共鄜县县委、县政府工作重心转向抗灾自救，发展生产，支援前线。6月，县人民政府作出决定：成立县区乡三级生产自救和节约委员会。要求各级党政军干部每人每天节约小米1两，与人民群众共度灾荒。明令民间借贷利息不得超过50%（有的高达3—5倍）。在筹集粮食，支援前线的情况下，还挤出小米163.8石，救济灾民616户，1781人。1948年6月—1949年12月，一年半时间内，县人民政府先后5次召开会议，专题研究生产自救问题，使战争创伤尽快得到恢复。② 1949年春天，全县发放春耕救济粮1.83万公斤。

吴旗县1947年全县发生了旱、冻、病、虫、雹、洪六灾，燕麦全无收成，其他秋粮平均亩产7斤左右，致全县1751户，8790人缺衣、缺吃，为解决灾民度过灾年，县政府成立了救灾委员会，将受灾严重的一区土改工作团改为救灾工作团，组织群众除互借救济、采找代食品外，县政府代筹救济粮58901.7公斤。其中土改没收粮46963.5公斤，存粮户（42户）募捐粮4411.4公斤，政府拨粮7526.8公斤（其中机关募捐3613.5公斤）。与此同时，县政府还给过往移民及军工烈属发放袜子、衣服、白土布等，发放救济款470元（边币）。③

子长县在边区政府领导下，全县生产自救活动广泛开展：（1）通过群众互相调剂、斗地主分浮财、公粮调剂、募捐、贷款等途径，解决土地10578垧，窑房362孔（间）、畜力1997头（匹）、农具2811件（含小农具2340件）、粮食541.05石、籽种224.17石、农币63000元，为克服生产中的困难提供了物质条件。（2）开展副业生产，群众贷纺

---

① 延川县志编纂委员会：《延川县志》，陕西人民出版社1999年版，第465页。
② 富县地方志编纂委员会：《富县县志》，陕西人民出版社1994年版，第373页。
③ 吴旗县地方志编纂委员会：《吴旗县志》，三秦出版社1991年版，第149页。

棉花3598.50公斤，织布39380.30丈；养蚕3100席，产茧18600公斤；熬硝盐800公斤。（3）增加农业生产收入。全县修水田304.50垧，共种夏秋作物147280垧，夏粮产量13682.78石，人均2.10斗。（4）采集备荒代食品。发动群众拔野菜、积草籽，仅南区拾绵蓬籽449石，积攒干野菜1648公斤，缓解了饥荒对灾民的威胁。1949年，饥荒尚未彻底解除，县政府发动群众互相调剂解决土地13021.50亩、口粮237.83石、籽种66.50石、菜籽206.50公斤、南瓜籽51.50公斤、农具357件，以应对饥荒的威胁。①

志丹县1947年军祸、旱、雹、雨天灾并发，政府发放救灾粮食500石，救灾边币460万元。1948年春季，政府又发放救灾粮200石，调剂义仓粮79石6斗5升，公粮180石1斗2升。群众互借调剂私粮268石6斗4升，籽种35石7斗，农具360件，牲畜368头。1949年遇雹灾，局部地方群众生活发生困难，政府发放救灾粮9450公斤。

其他各县也纷纷组织救灾、生产。洛川县1949年发放救济款约8000元；② 1948年延长安置难民1621户，5221人；③ 安塞县政府成立了救灾委员会，委托县联社在真武洞办起了赈灾店。

（三）支援西北解放战争

中共中央西北局关于《庆祝延安光复的通知》指出："延安光复后也没有减轻我们老区工作的责任，不但必须大力进行生产和各项恢复工作，而且必须继续努力支援前线。依然是'一切为了前线，一切为了开展新区'。"④ 富有光荣革命传统的陕甘宁边区人民，虽然在经一年多的残酷战争之后本身尚有极大的困难，但还是咬紧牙关，勒紧裤腰带，鼓起精神，继续努力支援前线，并作出了重大的贡献。

1. 干部输送

抽调干部及工作人员支援新区的接管及建设工作，是老解放区的

---

① 子长县志编纂委员会：《子长县志》，陕西人民出版社1993年版，第159页。
② 洛川县志编纂委员会：《洛川县志》，陕西人民出版社1994年版，第120页。
③ 延长县地方志编纂委员会：《延长县志》，陕西人民出版社1991年版，第401页。
④ 《习仲勋传》编委会：《习仲勋传》上，中央文献出版社2013年版，第569页。

一项重要任务。西北局和陕甘宁边区政府创办的西北党校、延安大学，以及几个地委创办的干部学校，广泛吸收解放区的干部和进步的青年知识分子，经过学习培养，在一年多时间里，源源不断地为新解放区输送了2万多名干部。

1948年4月18日，西北局开会商讨团的工作，决定成立西北局青委，要求加强在新区开展建团工作。会议特别强调"今后的工作重点要放在新区"、"放在城市"，探索接管新区青年工作的新路子。4月24日，中共中央西北局及时发出《关于抽调干部去新区工作的指示》。不久，西北局又于5月4日发出《关于目前青年工作的指示》，要求"必须派最得力的干部，把最大的力量放在新区去"[1]，团结新区青年首先是青年学生和知识分子为争取战争胜利和建设新区而奋斗。根据西北局《关于抽调干部去新区工作的指示》，陕甘宁边区青联派出青年工作组随边区政府工作团进驻黄龙，成立了黄龙分区青年联合会，并在黄龙分区的洛川、宜君、宜川、黄陵、黄龙、韩城等县成立了县青联，迅速开展了新区的青年活动和建团工作。以后进一步发展到关中、西府、榆林、西安等地区。

为了积极响应党的号召，用实际行动支援全国的解放事业，延安一光复，延属分区就派出百余人到新区工作。1948—1949年，延安县（包括原延安市和原属临镇县的三个区，均于1949年春并入延安县）先后抽调263名干部开赴新解放区，支援新区建立党和人民政权的工作。1949年8月22日，陕甘宁边区政府决定，为援助西北新解放区工作，撤销吴旗县制，原辖地划属定边、靖边、志丹、华池四县。36名干部被调宁夏回族自治区工作。1948年秋，延川县一大批干部在延安党校培训后，派往新区工作。1949年6月再次派出35名干部出外工作支援新区。27日，县委、县政府举行欢送大会，县委副书记李荣华、县长贺正明到会，勉励他们安心工作，努力学习，迎接全国解放。

---

[1] 共青团陕西省委青运史研究室：《团旗从这里重新升起》，陕西人民出版社1991年版，第10页。

陕甘宁边区政府迁往西安后，大批工作人员也抽调同去，从事各样基本工作。新区工作不仅需要干部，也需要部分工作人员仰赖于老区。老区在派出干部的同时，也负担了一些工作人员的派出。仅以陕北行政工作公署警卫队为例，警卫队先后调往新区者达520名，一度致使剩余人员仅够看守犯人之用。行署保卫营约被调出近半。调出人员的被服等基本用品也由老区负担。1949年10月，边区政府又急调老区警卫队20人给边区法院做警卫工作。

2. 物质支前

中华人民共和国成立前后，是解放大西北战略行动的进行期间。虽然绝大部分地区已经解放，但战事尚未完全结束。延安老区各县除了积极恢复生产外，还要组织队伍支援前方、支援军队。

1948年，包括在保卫陕甘宁边区战争中新解放的黄龙分区，全边区缴纳公粮32.2万石，公草3220万斤。延安还开展了割晒青干草运动，规定后方机关、学校和地方部队除了老弱病人员，每人必须割晒交公青干草40斤，来减轻农民的负担。1948年6月和12月，边区政府两次动员组织随军长期担架2020副。每副担架5人，每4副担架又带伙夫一人、驮粮牲口一头。每次服期均为半年。第二批担架队随军打到河西走廊酒泉以外。不少担架队员立功受奖。妇女也不甘落后，1948年秋至1949年春共缝制军鞋222万双。

1947年，安塞县全县支前队员达39795人次，畜力43528头，上交军鞋13934双、蔬菜140000斤、柴60万斤、肉类31800斤、米6167.16石、麦1461.68石、畜料1430.546石、谷草533838斤（全县有12个乡的粮草未统计在内）。1949年1月5日，在马家沟组成了124人县随军担架队。6月，组成了954人的担架队，大队长白云昌，副大队长杨树发。[①] 县委、县政府举行欢送仪式。11月，安塞县第二批随军担架队（44副）胜利完成了支前任务，荣获全分区第1名，携回奖旗、骡马、枪支等奖品。县政府命令各乡召开荣归民夫座谈会，表彰其事迹，解决他们生活中的实际困难。延安光复后，组织

---

① 安塞县地方志编纂委员会：《安塞县志》，陕西人民出版社1993年版，第499页。

了随军支前担架队,该队于1949年5月出发,随军远征,经过陕西、甘肃、宁夏、青海等省,表现了吃苦耐劳爱护伤员的优良作风,更为可贵的是那种舍己救人的高尚品质,多次受到解放军的赞扬。10月30日,该担架队完成支前任务,荣获"支前有功"奖旗,凯旋而归。

1948年4月,延川组建随军担架队,500名担架队员编为1个大队、5个连,大队长王政邦、政委焦义德。5月13日,延川派出的跟随358旅担架队完成任务返回延川。358旅给延川担架队中33人记大功、11人记小功,并奖给担架队牲畜20多头,长短枪20多支,锦旗一面,上面写着"民工的榜样"。① 6月,县委再次派王政邦、焦义德率领250名担架队员赴草滩镇支援前线。1949年1月11日,延川县派出的担架队开赴洛川,跟随西北野战军第三纵队征战。120名队员编为1个大队、3个中队,政委肖竹林、大队长马振斌。该队随军西征,一直到7月,才由肖竹林、马振斌率领第一批担架队凯旋。到9月,樊景和、张国杰率领的第二批随军担架队凯旋,其中24名队员立功受奖。

1948年,解放战争由防御转入进攻,根据边区政府的战勤指示,吴起县政府贯彻了"负担公平合理,照顾群众生产,财务共负"的方针,执行了民主评议的群众路线。解放军攻打宁条梁时,县上动员民工200人,赶着牲口运送伤员和部队家属,并组织运输队,从环县、曲子往返24天,转运粮食1400石。组织了200头牲畜,给后方医院及二、八团转运军衣及弹药。组织了1300头牲畜,往返8天,给靖边送公粮500石,给医院送柴7.5万公斤,磨面300余石,做军鞋1400双,输送新兵390人。1949年为迎接全国解放战争的胜利,吴起县做军鞋9000双,碾公粮4700石,炒干粮1.5万公斤,输送新兵250人。组织随军长途担架队305人,由袁耀秀任大队长,5月初出发,经黄龙、西安、宝鸡、河州、青海等地,历时5个月,于10月返回。②

---

① 延川县志编纂委员会:《延川县志》,陕西人民出版社1999年版,第533页。
② 吴旗县地方志编纂委员会:《吴旗县志》,三秦出版社1991年版,第684页。

第一章　解放战争时期的延安地区

富县解放后，1948年4月，组织长期随军担架队随西北野战军前总第四纵队南下关中，进军大西北。计担架50副，参加劳力343名，编为一个大队，5个中队，10个分队，随军驮畜13头。大队长任学礼，政委猴子莲。于1949年5月返回，为期1年多。中队编组如下：①

中队序列	富县十区编组	中队长
第一中队	城关、牛武、交道	王增华
第二中队	道德、水平、大申号	刘进才
第三中队	大义、张村驿	张有福
第四中队	太乐、黑水寺	陈丙彦
第五中队	随队驮畜13头	王福印

资料来源：《富县军事志》

富县动员了10次短期担架队共590副，2.2%的劳力3240名。具体任务列表如下：②

担架任务	次数	担架数（副）	投入劳力（人）
第三后方医院由双龙转移	1	120	720
西华池转移伤员	1	60	360
新四旅转战延安	1	20	120
教导旅转战金盆湾	1	30	180
第八旅延安阻击战	1	20	120
解放军围攻洛川	2	210	1050
延第五十一团南下	1	10	50
解放军攻克延安	1	40	240
前总黄龙反击战	1	80	400
合计	10	590	3240

---

① 富县军事志编纂委员会：《富县军事志》，三秦出版社1994年版，第124页。
② 根据《富县军事志》有关数据整理而成。

另外，富县还参与临时担架任务128次，投入担架380副，参加劳力1805名。

富县还组织运输队，积极参与军事运输任务。1948年2月3日，奉延属分区专员命令，鄜县动员驮畜1000头，由关中分区双龙镇向宜君哭泉转运军粮1500石，历时24天，按期完成支前运输任务。7月11日，奉前防司令部命令，鄜县员驮畜300头，自备粮草，将洛川秦关1.5万公斤军火转运铜川，历时20天。1949年4月25日，奉联防司令部命令，鄜县挑选130头精壮驮畜，组成随军支前驮骡大队，随军南下。该县随军支前驮骡运输大队于1949年5月1日出发，1950年1月25日从四川成都返回，历时8个多月，具体见下表：

《鄜县九次长途支前运输统计表》[①]

支前运输任务	驮畜	劳力	天数
第三后方医院由双龙转移	300	300	15
贸易公司向延安转运棉花	370	370	15
新四旅转战延安	250	250	30
独立团转战瓦窑堡	130	130	40
向关中转运军火	400	400	20
前总南线反击战	131	131	30
洛川向铜川转运军火	300	300	20
双龙向哭泉转运军粮	1000	1000	24
随军支前驮骡运输大队	130	130	270
合计	3011	3011	464

另有临时支前运输任务250次，动员驮畜69819头次，参加劳力69819人次。

1948年，富县拿出当年总产量的1/3支援了解放战争。除供给县境内的驻防部队、过往军队和地方党政军食用外，还向境外运送军粮。

---

① 富县军事志编纂委员会：《富县军事志》，三秦出版社1994年版，第125页。

1948年4月1日，奉前方司令部命令，鄜县向围攻洛川的部队送粮、送菜、送柴。县政府动员全县畜力、劳力在10天内向洛川运送军粮2000石。1948年4月26日，奉延属分区专员李景林、张育民命令，鄜县不分昼夜又向甘泉运送军粮400石。妇女也被积极动员起来做军鞋。富县解放后，1948年11月13日，上交军鞋8000双；1949年4月21日，上交军鞋10000双。①

其他各县也积极支前、支军。1948年春，延长、固临仍处于战乱岁月。两县设立11个粮站，收集粮食2246.335石供给南下部队。1949年，延长县征集军鞋35022双。1949年1月，子长县动员担架24副，142人，牲畜6头，开赴洛川、澄城、泾阳一带，随军服务半年。6月，动员担架60副，300人，先赴宝鸡，后至兰州、青海一带，服务3月。② 志丹1948年公粮7000石，每石又带麦子0.015石，计105石，共计7105石；公草70万斤。③

3. 参军参战

除了后勤支前，陕甘宁边区还动员了大量的青壮年参军参战。1948年部队南下急需补充兵员，甘泉县全县一次参军460人，编为1个营。1948年5月，延安县游击队400名队员改编为正规军。1947年11月，安塞收复后，安塞县长贺兴旺带头参军出征，1000名民兵参加了解放军，编入警三旅。新兵集结后，真武洞党政军各界举行了隆重欢送仪式。1948年5月2日，又将安塞尚保留的塞西支队编入第一野战军警四旅十六团三营。延属分区部队也于此时编入正规军作战。

新区（或称半老区）的支前工作也很突出。1948年3月10日宜君解放后，中共宜君县委把支援解放战争作为首要任务。成立乡游击队、区游击队，宣传动员保卫家乡，吸收青壮年自愿参军，为解放军补充兵员和壮大战斗力。仅1948年年底，一次扩兵320名，县警备大队的320余名战士也编入了中国人民解放军。同时还组织了300余人的支援解放

---

① 富县军事志编纂委员会：《富县军事志》，三秦出版社1994年版，第126页。
② 子长县志编纂委员会：《子长县志》，陕西人民出版社1993年版，第598页。
③ 志丹县地方志编纂委员会：《志丹县志》，陕西人民出版社1996年版，第561页。

东府、西安、扶眉战役的长期随军担架队，并抽调得力干部任大队长、中队长和分队长。刘儒珍时任城关区区委书记，奉调担任大队长。1948年年底担架队离县到1949年8月返回期间，担架队随第一野战军第六军转战关中大地，先后参加了解放东府、西安、扶眉等战役的救援工作。其间，共从前线向后方转送伤病员480名，运程都在三四十里到150多里之遥。担架队还在战斗的间隙做了大量的群众宣传动员工作，为当地老百姓锄地320亩，收割庄稼310亩，铡草15000多斤，沿途刷写标语130余条。在解放大荔战斗和扶眉战役中，有2名担架队员为抢救伤员而光荣牺牲。这支担架队光荣地完成了支前任务，一野六军奖励"支前模范"、"铁肩支前"锦旗两面，并赠步枪32支，子弹340发。担架队中有102人被评为模范队员，其中8人光荣地加入了中国共产党。六军政治部给中共宜君县委书记杨西林、县长孟树林来信，赞扬刘儒珍带领的宜君担架队。信中称赞宜君县常备担架大队真为模范。1949年6月，各级党政干部努力深入农村宣传组织，用公平合理、劳财共负的办法，很快动员组织了第二期随军常备担架队。这期常备担架队352人，由西区区长东云（张耀斌）率领。队员们自三军军部接收之后，共经过大小战斗5次，即解放淳化、扶风、兰州、固观、关山之战。救援中由淳化前线向临潼两金屯转送伤员60名；由扶风前线至武功转送伤员16名；由泾阳至高陵接转伤员79名；兰州战斗中转送伤员24名，从60里路之外运送炮弹160枚。担架队历时5个多月圆满地完成了支前任务而荣归。荣归时，部队奖励"支前称英雄""生产做模范"锦旗两面，步枪60支，机枪2挺，子弹615发，骡子110匹，行军锅大小7口，药品（西药）一部分，手榴弹7颗。部队还给队员每人奖皮衣一身。

1948年冬到1949年春，部队在宜君休整期间，宜君人民群众的拥军工作做得也非常出色。除了供军队采买的零星战勤动员外，东区的云辉村、石堡村、西村、中区的窑崖洼、安子塬、东胡、许家塬等村共计219个妇女，给部队拆洗棉衣270套，缝大衣4件，拆洗被子146床，做军鞋454双，做衬衣14件，袜子78双，全县妇女共做军鞋5.25万双。

1949年春，在黄龙专署动员的大批担架、牲畜、民夫运送的同时，中共宜君县委和宜君县政府动员人力畜力为部队夜以继日向铜川转运粮食600石，转送了4个弹药库。另外，还担负护送来往家属，搬运伤病号、烈士尸体及修筑公路等任务。从1948年4月至1949年年底支援解放战争共投工35.60万个，全县有男全劳5438个，半劳1234个，人均投工53.3个。筹集征购军粮是支前工作的主要任务之一。宜君从1948年6月17日至1949年10月27日共征购军粮3.87万石，军草113.333万斤，为西北和全国解放战争作出了巨大贡献。

宜川县自1948年春解放后，人民积极参军，支援前线。据统计，1948年全县支援粮食66万公斤，出人力2.2万名次，畜力2300多头。①（1949年）1月13日，宜川县派出第一批长期担架队80副，毛驴21头，人员461人。编为1个大队，4个中队，10个分队，由副县长赵正隆带队支援前线（7月返回）。2月至4月，动员全县妇女做军鞋19000双，征粮49.5万公斤，支援前线。6月5日，宜川县派出第二批担架队91付，毛驴24头，人员559人，编为1个大队，7个中队，由马顺卿任大队长，支援解放战争。历时5个月，于10月14日返回时，带回骡马97头，步枪43支，战刀20余把，在县城受到各界人士、群众和学生的隆重欢迎。②

1948年3月10日，黄陵全县解放。县政府组织起第一个长期担架队，民工132人，畜力5头，担架22付。同时还组织一个短期担架队，民工248人，担架49付，畜力1头，2个担架队随大部队赴甘肃作战。又建立常备队3个，41人，畜力55头，招待员32人。全县共转运伤病员519人，为大部队碾米82.25石，转运粮食549.75石，割草165060斤，运草103160斤，共投入支前人工14883个，畜工3738个，全县每劳平均5.95个工，每畜平均9.74个。③

自瓦子街战役胜利后，中国人民解放军由陕甘宁边区的内线作战转

---

① 宜川县地方志编纂委员会：《宜川县志》，陕西人民出版社2000年版，第17页。
② 同上。
③ 黄陵县地方志编纂委员会：《黄陵县志》，西安地图出版社1995年版，第478页。

向关中及甘肃、青海外线作战。黄龙县组织长期担架队和运输队随军行动，支援解放战争。1948年春夏两季，该县9个区共组织动员担架332副，出动劳力1000余人，动员牲畜1723头（次），历时近200天。一月以内为短期担架，每副担架4人；一月以上为长期担架，每副担架5人。一次出10副担架时，外加正、副队长各1人，管理伙食人员1人。运输队除运送粮草、弹药外，还负责运送邻县籍的烈士遗体。1948年，黄龙县筹集、运送军马草69742公斤，仅7月份一个月就送往黄河畔禹门口军畜草5万公斤。1949年7月，黄龙县派出常备随军担架队33副，出动人力173名，历时4个月，随军转战陕西、青海、宁夏千里战场，运送伤员6000人次，11月返回黄龙，胜利完成解放西北的支前任务。西北野战军嘉奖黄龙担架队锦旗1面、步枪22支、机枪10挺，骡马45匹，6人荣立战功。[1]

洛川解放后，在解放关中、陕南与支援西北的各个战役中，全县人民也做了很多工作。洛川游击队在解放洛川时即编入主力部队序列。另外洛川县还组织了其他各县支前工作。其中：①组织出动常年担架3次，160副（每副5人）共800人，历时250天，日夜随军，共同参战。②临时担架4758副，23790人。主要任务是搬运军火、伤员，运送粮草。③给解放军战士突击做军鞋42000双。④动员牲口2845头，大车32辆，随部队转运军火、伤员及运送粮草。⑤动员地方武装人员1000名修工事、搞运输，支援后勤。[2]

1949年7月，在全国即将解放的前夜，关中地区已全部解放，榆林于同年6月和平解放，三边被国民党占领区也已收复。第一野战军胜利地进军甘肃，陕北地区的战事已基本结束。在此新形势下，陕北区党委的主要任务是："动员与组织一切力量，迅速恢复战争创伤，发展经济建设和文化建设。加强培养干部，肃清残余的反动力量，巩固地方治安，继续支援前线，解放大西北。"这个任务一方面是应对形势发展的需要；另一方面也是对过去一年多陕北

---

[1] 黄龙县志编纂委员会：《黄龙县志》，陕西人民出版社1995年版，第475页。
[2] 洛川县志编纂委员会：《洛川县志》，陕西人民出版社1994年版，第495页。

早先光复地区工作的总结。

三 延安学习贯彻《复电》精神

1949年9月21—30日，中国人民政治协商会议第一次会议在北京隆重举行。9月23日，延安各界代表200多人共聚一堂，热烈祝贺中国人民政治协商会议的开幕。陕北老区各地也纷纷举行座谈会，表示祝贺。9月29日，陕北工会、陕北民主妇联临时委员会、新民主主义青年团陕北区委和中华全国新闻工作者协会延安分会，代表陕北老区人民致电毛泽东主席，祝贺中国人民政治协商会议成功。9月30日，陕甘宁边区政府（西安）林伯渠、代主席刘景范和副主席杨明轩，代表边区全体人民致电毛泽东主席，热烈祝贺中央人民政府诞生，西北中央局、西北军区、第一野战军同时向北京致电祝贺。中共陕北区委员会、陕北行政公署、陕北军区也从延安向北京发出致贺电。

1949年10月1日中华人民共和国宣告成立时，延安人民敲锣打鼓，载歌载舞，庆祝中华人民共和国成立。10月3日，延安各界万余人在南关大操场举行拥护世界和平暨中华人民共和国中央人民政府成立大会。陕北区党委书记李合邦、陕北行政公署副主任李景林，陕北军区政治部主任惠世恭、陕北民主妇联临时工作委员会主任路子亮和著名劳动英雄杨步浩参加了大会并分别讲了话。同时向毛主席、中央人民政府和世界拥护和平大会常委会发了大会通电。

10月26日，毛泽东复电延安和陕甘宁边区人民。全文如下：

延安的同志们和陕甘宁边区的同胞们：
　　接到你们的贺函，使我十分愉快和感谢。延安和陕甘宁边区，从一九三六年到一九四八年，曾经是中共中央的所在地，曾经是中国人民解放斗争的总后方。延安和陕甘宁边区的人民对于全国人民是有伟大贡献的。我庆祝延安和陕甘宁边区的人民继续团结一致，迅速恢复战争的创伤，发展经济建设和文化建设。我并且希望，全国一切革命工作人员永远保持过去十余年间在延安和陕甘宁边区的工作人员中所具有的艰苦奋斗的作风。

毛泽东
一九四九年十月二十六日①

毛泽东主席的复电传到延安后，老区的干部群众顿时沸腾了。延安印刷厂职工连夜赶印大批红色传单，第二天一大早就分发到全市机关、学校、商店，并广为散发张贴。陕北《群众日报》头版头条连载1周。陕北驻军也大量印制电文，分发各地军民。陕北党政军领导人立即向老区干部群众发出号召，要求认真学习，深刻领会，用实际行动贯彻复电的精神。延安县委连夜召开扩大会议学习《复电》。第二天，60多名县级机关干部带着《复电》分赴各区乡，进行宣传。全县8万人民衷心感谢毛主席的关怀，表示坚决发扬艰苦奋斗的作风，克服一切困难，一定要在1950年实现全县生产达到胡宗南军进攻延安前的水平。边区劳动英雄杨步浩主动提出，与其他先进人物开展生产竞赛，以发展生产的实际行动来感谢毛泽东主席的关怀和厚爱。陕北区党委和陕北行政公署联合作出《关于深入学习复电的决定》，要求贯彻复电精神，把老区恢复得更好，建设得更好。区党委和行署并于11月2日和4日向各分区党委、县委和全区各级干部发出深入学习毛主席复电的通知，要求各级干部要认真学习毛主席的《复电》，根据电文精神检查工作，检查思想作风，使每个同志都能保持和发扬过去十余年间所具有的艰苦奋斗的作风。同时决定准备对高级干部进行测验。除此之外，通知还要求"利用一切机会向群众广泛宣传，务使毛主席复电精神贯彻到陕北的每个角落去"，《复电》在延安引起了巨大反响，极大地鼓舞和激励了延安人民在战争废墟上重建家园的信心和决心。②

---

① 《毛泽东选集》第6卷，人民出版社1999年版，第17页。
② 白崇贵：《延安精神的深刻内涵——重温毛泽东同志的复电》，《党建》1991年第12期，第19页。

第一章　解放战争时期的延安地区

1949年12月2日,中央人民政府举行第4次会议,决定设置西北等大区一级的军政委员会,任命彭德怀为西北军政委员会主席,习仲勋、张治中为副主席。1950年1月19日上午11时,西北军政委员会成立大会暨主席、副主席与全体委员就职典礼在西安群众礼堂隆重举行。同日,陕甘宁边区政府宣告结束。西北军政委员会的成立,标志着陕甘宁边区政府已圆满完成自己的历史使命。

1950年1月25日,西北军政委员会举行第一次全体会议,一致通过《关于永久纪念陕甘宁边区的决议》:一是以本次会议的名义致电陕北行署,向原陕甘宁边区老人民表示亲切的慰问和勉励;二是今后应特别重视从各方面帮助陕甘宁老区的经济文化教育建设,尤其要大力培养当地的革命知识分子和加强农村医疗卫生工作;三是责成专门机关,在近两三年内,依据条件,逐步把中共中央原驻地和毛泽东等革命领袖的旧居(如王家坪、枣园等处)开辟成革命纪念馆,陈列土地革命时期以来的一切文物史迹,并修建烈士陵园和纪念塔,作为永久性纪念,宣传革命传统,教育子孙后代。1月27日,会议通过给第一野战军暨西北军区全体指战员和给陕甘宁边区全体人民的致敬电。电文内容为:

陕甘宁边区全体人员:

西北人民解放战争胜利结束,陕甘宁边区政府业已光荣地完成了它的历史任务,本会奉中央人民政府命令宣告成立,现值举行第一次全体会议时,谨向你们致以亲切的慰问和崇高的敬意。十数年来,陕甘宁边区150万人民,在中共中央和毛泽东主席直接领导下,英勇奋斗,艰苦卓绝,对中国人民特别是西北人民革命事业的贡献,是十分伟大的。全国人民和西北人民将永远感谢你们,敬爱你们。希望你们在今后和平建设的新时期中,保持过去艰苦奋斗的作风,充分运用历年大生产运动的经验,积极医好战争创伤,逐步地改善物质生活和提高文化生活,走向富裕康乐的境地。我们当在各方面给你们以必要的和可能的帮助。我们同时希望全西北人民,努力学习陕甘宁边区人民那种团结友爱艰苦奋斗的精神,并接受他们在土地改革和生产建设中的一切宝贵经验,为建设新西北、新中国而奋斗!

西北军政委员会第一次会议
一九五〇年一月二十七日①

---

① 延安市地方志编纂委员会:《延安地区志》,西安出版社2000年版,第876页。

第二章 民主建政

1949年，是中国革命在全国范围内取得重大胜利的一年，陕北地区同全国一样，也是形势发展最快，变化最大的一年。中华人民共和国成立前后，正是地方各级人民政权的急剧变动时期。随着人民解放军的顺利进军，新区政权纷纷建立，而老区政权也进入了整理时期。同时，政权建设也逐步放弃战时状态，转入平时建制。

这种转化，表现在大区管辖范围的调整上，就是由照顾战时需要的临时建置转向尽量尊重传统的行政区划。1946年到1949年，随着解放战争的顺利进行，陕甘宁边区政府的辖区也急剧扩张。1949年2月下旬增设黄龙分区，3月增设榆林、大荔2分区，将晋绥边区行政公署撤销，另设晋南和晋西北（后并入晋南行政区）2个行政公署，来隶陕甘宁边区政府；4月增设西府分区（后改名邠县分区）；5月又增设渭南、咸阳、宝鸡3分区及西安市，并撤销延属分区，设立陕北行政公署；6月14日边区政府迁驻西安新城；7月增领伊盟自治区；8月增领甘肃行政区；9月增领宁夏、新疆、青海3省；10月中原临时人民政府所辖之陕南行政区来属。1949年12月，陕甘宁边区辖地约为今陕、甘、宁、青、新5省区全部，山西省西半部，湖北省郧阳地区，内蒙古自治区河套及套西地区。边区政府驻西安市，辖1个直辖市，6个直属分区，4个行政区，1个自治区及3个省；共有1个省级市，4个省会市，24个分区，355个县（包括县级市、镇、旗、设治局）。治所在今陕西省境内的有西安市，陕北、陕南2行政区及6个直属分区。进入1950年后，随着全国各地政权往平时状态转移，陕甘宁边区政府建制也在调整。1950年1月1日晋南行政区往属山西省，伊盟自治区往属绥远省；1月8日甘肃行政区改为甘肃省，成立省政府；1月10日成立陕西省人民政府；1月19日西北军政委员会成立，陕甘宁边区政府完成使命，宣告结束。1950年4月郧阳地区（两郧分区）往属湖北省。

这种转化在领导体制上的直接表现，就是党政的区分。长期处于战时状态的中国共产党政权，一直突出其党政军的一体化特征，就是党史上所谓"党的一元化领导"体制。中华人民共和国成立后，各地行政机关逐步恢复传统建制方式，如在西北甘肃省、陕西省政府的恢复，以及临时行政区的撤销。

这种转化，表现在政权的形成机制上，就是民主选举制地位的更突出以及选举的更正规化。政权的组成途径上，任命制相对突出到选举制的相对突出，组织法规的相对完善并成为政权组织的依据，是政权建设正规化的两个突出表现，这在基层政权的组成上尤为重要。

一 中华人民共和国成立前后延安地区的政权建设

1949年10月1日，中华人民共和国成立，实行大区（军政委员会）、省（大区辖市、行署区）、县三级行政建制。省县之间，设有专区，专员公署为省政府派出机关，督察本地区各县行政工作。县以下，设区乡，乡政权为基层政权。

现在所称的延安市，为1996年11月5国务院（国函〔1996〕84号）批复所定：

1. 撤销延安地区和县级延安市，设立地级延安市，市人民政府驻新设立的宝塔区。2. 延安市设立宝塔区，以原县级延安市的行政区域为宝塔区的行政区域。3. 延安市辖原延安地区的安塞县、黄陵县、延长县、志丹县、洛川县、延川县、甘泉县、黄龙县、子长县、富县、宜川县、吴旗县和新设立的宝塔区。

第二章 民主建政

（一）中共陕北区党政军机关的设立

1. 中共陕北区委员会

1949年2月21日，为了适应西北解放战场由陕北向关中南移的形势，支援大军向西北诸省胜利进军，中共中央决定待西安解放后，将中央西北局，陕甘宁边区政府和西北军区迁至西安。当时，西北局鉴于机关迁移后，距延安较远，不便领导陕北老革命根据地的工作，故于同年2月26日报告中央，请示成立中共陕北区委员会以及陕北区行政主任公署，中共中央于3月4日批复同意。经过一段时间的筹备，于5月5日在延安王家坪正式成立了中国共产党陕北区委会（简称陕北区党委）。5月23日，西北局决定并报经中央批准，由13人组成中共陕北区委员会，李合邦任陕北区党委书记，李景鹰（膺）为副书记，机关驻地延安王家坪。常委有李合邦、李景膺、曹力如、吴岱峰、李景林、张达志、牛书申；委员有崔田夫、马定邦、吴文遴、白耀明、吴台亮、李维新。设立的主要工作机构及领导人有：秘书长白耀明，副秘书长李会友，组织部部长马定邦，组织部副部长王月明，宣传部部长吴文遴，社会部部长吴台亮，职工委书记萧彩丰，青委书记王治周，妇委书记路志亮，党校校长张汉武，报社社长吴文遴，报社总编辑张潮。陕北区党委上属中央西北局领导，下辖绥德、榆林、黄龙、三边4个地委和直属的延安、延长、延川、子长、志丹、安塞、甘泉7个县委。

1949年7月26日—8月8日，中共陕北区党委在延安召开了为期12天的党代表大会。参加会议的有绥德、榆林、黄龙、三边4个地委和7个直属县委，以及陕北军区党委的代表，共计正式代表85名、列席代表42名、旁听者305名。会议围绕陕北区党委当时的主要工作任务，总结了1948年7月地委书记会议后的土地改革和整党工作；讨论了新区的土改及老区如何继续完成此项工作的问题；还议论了生产建设和军事、保卫、文教建设等问题。书记李合邦、陕北行署第一副主任李景林分别作了《土地革命和整党工作》和《关于生产建设的问题》的报告。通过这次会议，使上下思想认识趋于一致，确定了以生产建设为中心任务的总方向和 1950 年的生产计划；对绥德老区的土改和整党、黄龙的土改，三边收复后的恢复工作、榆林和平解放后的接管工作等都有明确的方针和具体部署，为开展下一步工作指明方向。

在随后近一年的时间里，陕北区党委领导陕北人民进行了土地革命、整顿党风、生产建设、文化教育、军事和保卫治安等项工作。并在实践中锻炼了广大干部和群众，发展了党的组织和党员队伍。据 1950 年 2 月统计，陕北区党委所辖的绥德、榆林、黄龙 3 个地委、定边中心县委（三边地委 1949 年 9 月 30 日撤销后成立了定边中心县委）和直属 7 个县委，共有乡村党支部 1068 个，党员 3708 个，机关支部 342 个，党员 5543 名；学校支部 43 个，党员 1000 名；工厂支部 3 个，党员 138 名。总计有党支部 1456 个，党员 44229 名。其中 1949 年发展的新党员 5349 名，占党员总数的 12%。

1950 年 1 月，陕、甘、宁、青、新 5 省（区）全部解放，同年 1 月 6 日中国共产党陕西省委宣告成立。2 月 4 日，西北局决定并报经中央批准李景膺任陕北区党委书记，李合邦调陕西省委工作；调宣传部长吴文遴到西北军政委员会工作，原职由李景膺兼任，另配刘宪曾为副部长；调组织部长马定邦到陕西省委任组织部副部长兼党校校长，原职由王月明担任。2 月 28 日省委办公厅通知正式办公。此时，陕北区党委的隶属关系和领导人也随之发生了重大变化，陕北区党委直接归属陕西省委领导。4 月 23 日，陕北区党委奉西北局命令撤销，另成立新的延安、绥德、榆林 3 个地委，直属中共陕西省委领导。

2. 陕北区行政主任公署

1949 年 5 月 5 日在延安王家坪成立了中国共产党陕北区委会同时，陕北区行政主任公署（简称陕北行署）也正式成立。陕甘宁边区政府委任曹力如为陕北行署主任，李景林为第一副主任，崔田夫为第二副主任。同年 6 月，曹力如被派往榆林军管会任职，崔田夫为代理主任。为加强党对行署工作的领导。同时成立了中共陕北行署党组，任命曹力如为党组书记，李景林为党组副书记，党组成员由 9 人组成。陕北行署上属陕甘宁边区政府领导，下辖绥德、榆林、黄龙、三边4个分区专署和直属延安、延长、延川、子长、志丹、安塞、甘泉7个县政府。陕北行署机关驻延安市边区政府旧址，下设14个工作部门和4个附属工作部门，具体负责人如下：

　　民政处　　处长　　苏子章（1949.5—1950.2）
　　教育处　　处长　　王志匀（同上）
　　财政处　　处长　　赵耀先（同上）
　　农业处　　处长　　李景林（兼，同上）
　　农业处　　副处长　郝丰田（同上）
　　交通处　　副处长　徐泮林（同上）
　　实业公司　副经理　宜瑞珍（同上）
　　工商处　　处长　　李维新（同上）
　　工商处　　副处长　陈凯（同上）
　　卫生处　　处长　　罗冬祥（同上）
　　公安处　　处长　　吴台亮（兼，同上）
　　陕北银行　经理　　李青萍（同上）
　　法院　　　院长　　刘耀三（同上）
　　监委　　　主任　　崔田夫（兼，同上）
　　监委　　　副主任　牛书申（兼，同上）
　　编委　　　主任　　李景林（兼，同上）
　　粮食局　　局长　　王尚业（同上）
　　税务局　　局长　　冯继胜（同上）
　　邮政局　　局长　　薛崇华（同上）

　　3. 陕北军区

　　与陕北区党委、陕北行署同时报批成立的还有陕北军区，主要从西北军区机关抽调部分战士组成。按照中共的历史传统，地方武装力量的管辖建制，一般与行政区划是相适应的。1949年5月18日，西北局决议并报经党中央批准张达志为陕北军区司令员（未到职，先后由牛书申、黄罗斌代理），李合邦为政治委员，牛书申为第一副司令员代理司令员，胡景铎为第二副司令。为加强党对军队工作的领导，同时成立了中共陕北军区党委，书记张达志、副书记牛书申、党委成员由7人组成。军区机关设立了司令部、政治部、供给部、卫生部4个工作部门。上属西北军区领导，下辖绥德、榆林、黄龙、三边4个军分区和直属的延安、延长、延川、子长、志丹、安塞、甘泉7个县大队。西北军区机关驻地延安中学。1950年1月4日，西北军区决定，张达志司令员调离，司令员后由吴岱峰接任，同时任命左协中为副司令员。陕北行政公署除以原延属分区为直辖区外，另辖榆林、三边、绥德、黄龙四分区。相应地，陕北军区下辖绥德军分区、榆林军分区、黄龙军分区、三边军分区，延安地区（今）北7县为直辖区，隶属西北军区建制。陕北军区辖区在陕西韩城、宜君以北地区。9月，三边分区撤销；10月，三边军分区撤销。

1950年2月，陕西军区正式成立，陕北军区直接归属陕西军区领导。1950年5月，陕北军区番号撤销，另成立了新的延安、绥德、榆林3个军分区，直属陕西军区领导。延安军分区司令员马万里，按照"党指挥枪"的原则要求，地委书记黑志德任政治委员，地委宣传部长席槐任政治部主任。

陕北军区成立后，根据新的形势发展的需要，陕北军区武装工作的重点是：普遍建立与加强民兵工作，以劳武结合的方式，维护地方治安，巩固群众既得利益，保护生产建设。为了加强民兵工作。陕北军区成立后普遍建立了兵民组织。由各军区司令员、政委为各分区民兵指挥员；各县设民兵大队、县长兼民兵大队长，县委书记兼大队政委；另设副大队长一人，属分区首长领导。直属的延安、甘泉、延川、延长、安塞、志丹、子长7县之民兵大队，由陕北军区指挥，从而加强了地方武装。

陕北军区的领导机构及领导人有：

司令员　张达志（1949.5—1949.12）

　　　　吴岱峰（1950.1—1950.2）

代司令员　牛书申（1949.5—1949.12）

政治委员　李合邦（兼，1949.5—1950.2）

第一副司令员兼副政治委员　牛书申（1949.5—1950.2）

第二副司令员　胡景铎（1949.5—1950.2）

副司令员　左协中（1950.1—1950.2）

军区党委领导机构及领导人有：

书　记　张达志（1949.5—1949.12）

　　　　吴岱峰（1950.1—1950.2）

副书记　牛书申（1949.5—1950.2）

委　员　张达志　牛书申　李合邦　胡景铎　李硕　惠世恭　王四海

军区工作机构及领导人有：

司令部　　参谋长　　李硕（1949.5—1950.2）

政治部　　主任　　　惠世恭（同上）

组织部　　部长　　　王四海（同上）

宣传部　　部长　　　席槐（同上）

保卫部　　部长　　　高照均（同上）

供给部　　部长　　　阎希文（同上）

供给部　　副部长　　王敏（同上）

　　　　　　　　　　郭子英（同上）

卫生部　　党总支书记　郑步康（同上）

医院　　　政委　　　高保山（同上）

医院　　　副院长　　惠建民（同上）

4. 陕北区群团组织

群团组织的变迁也是随着陕北区党政机构的变化而变化的。1949年5月陕北区党委成立之后，其下属的群团组织也随着陕北区党政机构的变化而重新组建。有的是原有组织的转属，如青年团和妇联，也有新建的组织，如陕北区总工会。这些群团组织成立后，在陕北区党委的领导下，紧密配合党在各个时期的中心任务开展工作。大力开展各种宣传活动，发动广大群众努力生产，号召青年积极参军参战，有力地支援了前线，发挥了积极的作用。

（1）陕北区总工会。1949年10月成立了陕北区总工会，直属陕北区党委领导。下辖绥德、榆林、黄龙、三边4个分区和延安、延川、延长、子长、志丹、安塞、甘泉7个县的工会组织，机关驻地延安市，主任鱼涌泉。下辖绥德分区工会于1948年8月成立，隶属绥德地委领导。新中国成立后，1950年7月，陕西省总工会延安分区办事处成立。10月，更名为陕西省总工会延安专区办事处。1953年5月，更名为陕西省工会联合会延安专区办事处。1956年9月撤销。

（2）中国新民主主义青年团陕北区委员。早在1946年9月，陕北地区就应中共中央建团提议的要求，开始在陕北建团的试点工作。年底，陕北的第一批青年团组织就建立起来，当时定名为新民主主义青年团，随后在中央西北局及各级党组织的支持下迅速发展。1949年1月，中共中央作出《关于建立中国新民主主义青年团的决议》，正式决定在全国普遍建立新民主主义青年团的组织。这时，青年团在陕甘宁边区新老解放区60%的区、33%的乡建立了组织，团员总数发展到1万多人，团支部达到412个，配备专职干部344人，还成立了5个分区的团筹委会。特别是陕北区团委成立后，建立团支部886个，发展团员16763名，分布在95%的区和70%的乡，较好地发挥了党的助手作用。

为贯彻落实党中央建团决议精神，1949年3月11—19日，新民主主义青年团陕甘宁边区第一次代表大会在延安举行，来自边区7个分区、内蒙古以及边区直属机关、部队的108名代表参加了会议。大会认真学习了中央建团的决议，总结了边区试建青年团以来的工作，选举成立了由王治周、刘书亭等15人组成的新民主主义青年团陕北区委员会。大会通过了《关于当前青年运动的基本任务和继续推进建团工作的决议》，提出今后的任务是"团结和动员最广大的青年群众，和全体人民一道将反对帝国主义、封建主义、官僚资本主义的革命进行到底"，在西北是"团结动员西北青年和西北人民一道积极配合人民解放军争取大西北和全国的早日解放"。

1949年5月，陕北区党委成立。6月，中国新民主主义青年团陕北区委员会直属陕北区党委领导，下辖绥德、榆林、黄龙、三边分区延安、延川、延长、子长、志丹、安塞、甘泉7个县办事处或新青团组织，机关驻地延安，书记王治周，下辖绥德分区青年联合办事处、新民主主义青年团三边分区筹委会、黄龙分区筹备委员会。绥德分区青年联合办事处隶属绥德地委，主任慕生桂，后申效曾。1948年春，中共中央和西北局决定成立中国新民主主义青年三边分区筹委会，隶属三边地委领导，驻地与三边地委相同。1949年9月，与三边地委一并撤销，主任白纪年（1948年春—1949.9）。新民主主义青年团黄龙分区筹备委员会，主任张维锦。

青年团陕北区委成立后，边区团的发展进入了一个新阶段。在中共陕北区委和团西北工委的领导下，按照团一大会议精神，在绥德、黄龙、三边、榆林及直属9县继续发展巩固团的组织，团结广大青少年在建设新陕北的各项工作中发挥突击、助手作用。

1949年4月，团陕北区委发出关于《目前工作的指示》，要求在建团中动员青少年响应政府增产粮食、学习文化的号召，迅速在全区范围内掀起一个团员青年积极参加生产、学习运动的热潮。这一年，全区共发动了40%—50%的青年和60%—70%的团员参加了各种变工互助活动，建立了适应边区经济发展需要的简单的许多专业协作、互助性质的生产组织，如"毛驴运输队""贩盐组""贩粮组""熬碱组""熬硝组""烧木炭组""狩猎队"，以及"专事农业生产"的青少年变工组、互助组等，出现了帮贫扶困、互相调剂生产工具、为军烈属义务包产劳动的先进团体。据团陕北区委对13个县的不完全统计，共组织各种形式的变工组4152个，参加的团员青年27188人。16个县的17054名少年儿童也在这一活动中组成"儿童团"，参加诸如砍柴、拾粪、放牛、掏谷茬等"体能力行"的活动。

在学习识字运动中，各级团组织配合地方党组织和人民政府广泛开办冬学、夜校、半日班、识字组、读报组等，动员青少年踊跃参加读书识字活动。从1949年年初到1950年年初，团陕北区委在11个县初步统计，共开设冬学1025处，开办半日班和夜校421处，数万名没有就学条件的农村青少年通过这一活动，得到了初步的基础文化教育。

团组织的生产、学习活动扩大了青年团在青年中的影响，提高了团组织的威信，许多青年在活动中纷纷要求加入团组织，仅1949年下半年全陕北区就新发展团员6000余名，新建团支部216个。到

1950年3月，陕北区总计发展团员24691人，为党输送优秀团员2269名。

边区团代会后，团陕北区委即在全区范围内开展了团的整顿和建设，结合传达贯彻团一大精神，编印《团员读本》进行团的知识教育；派遣干部深入基层，办团课学习班，讲授团的知识，介绍各地先进团支部活动的经验；在《群众日报》副刊上创办《陕北青年》，指导全区团的工作。在进一步提高团员青年对团的认识的基础上，民主改选团支部，制定团的活动制度，先后使663个团支部得到了整顿和提高。

根据西北局青委、团西北工委关于各级团组织的设置、编制、成立办法规定，团陕北区委会向各地提出了通过团的代表大会自下而上地逐步建立乡、区、县、分区各级团的委员会的要求。为搞好这一工作，团陕北区委于1949年10月发出《关于召开区代表大会的几点意见》，对团代会提出具体要求，先后派宣传部副部长惠庶昌等3人去富县、组织部部长张德立去黄龙分区，张三保去绥德分区，张志杰去延川、子长县，田旺恩去安塞，少儿部部长袁世富去延长，具体指导各地整团建团工作，帮助、指导各分区、县、区、乡筹备和召开团的代表大会。到1950年春，陕北区90%的乡和全部工厂、学校、机关建立了团支部，75%的区、95%的县都经过代表大会正式选举成立了团的委员会。绥德、延安、黄龙、三边还成立了团地委。

1949年5月27日，团陕北区委在延安开办了陕北区青年干部学习班，各分区选送了116名青年干部参加学习。学习班根据学员不同的文化层次，坚持以补习文化和学习业务知识、提高实际工作能力为原则，以党在现阶段的路线、方针、政策（工业政策、土地政策、生产政策）和团的理论、方法以及基础文化知识为内容，以能够掌握和应用正确的工作方法为目的。先后两期共培养了分区、县、区级青年干部300多人。同时，黄龙、绥德、三边、榆林分区团组织也先后举办了青训班，各分区党校还专门设立青年干部学习班，为各区、乡培训青年干部。此外，各分区还以提高基层团干部实际工作能力和业务水平为目的，充分利用工作会议、基层团干部联席会议等形式以会代训,通过汇报工作、学习经验、研究问题、总结教训、"据点实习"等,使青年干部边工作,边学习,边总结,在实践中培养团干部的各种能力,提高思想和工作水平。

1950年年初,随着中共陕西省工委和陕西省人民政府的成立,以及陕甘宁边区政府的撤销。4月,团西北工委决定撤销团陕北区委,建立青年团陕西省工作委员会,原边区所辖陕西地区的团组织,划归团陕西省工委统一领导。新民主主义青年团延安地方委员会成立。1950年10月26日,中国新民主主义青年团延安地工委召开了各县团委书记联席会议。会议决定,今后团的工作要提高质量,巩固组织,工作面向支部,面向群众,深入基层,具体指导工作。1951年2月27日—3月4日,中国新民主主义青年团延安专区第一次代表大会在延安举行,代表116人,选举委员9人,书记1人,辖全区12个县团委、335个团支部。1953年,青年团延安地方委员会改称新民主主义青年团陕西省延安地方工作委员会;1957年,改称中国共产主义青年团陕西省延安地方委员会(简称团地委)。

新中国成立后,延安团地委团结和领导广大团员青年,朝气蓬勃地投入到新民主主义建设和迎接社会主义建设事业的热潮之中。1951年全区有2714名团员参加互助组,占农村团员总数的42%。1952年,农村所有团员和95%的青年参加互助组。7个县943名团员和5487名青年参加水利建设。6个县2406名团员和10101名青年植树121758株,造林637.5亩。工矿企业团员青年参加"三反"、增产节约、爱国竞赛运动,在学习技术、推广先进经验、提出合理化建议、创造新纪录、检举贪污浪费等方面做了许多工作。[①] 同年,本区对团干和团员青年进行各种培训,学习文化科学知识,破除封建迷信思想。5个县就有1160名团员和5059名青年参加学习,分别占团员、青年总数33.9%和14%。1953—1956年,团组织在全区团员青年中开展婚姻法和农业合作化政策宣传。[②] 团员青年参加农业合作化运动,

---

① 延安市地方志编纂委员会:《延安地区志》,西安出版社2000年版,第802页。
② 同上书,第803页。

学习农业科技知识。青年生产试验田创造谷子、玉米 500 公斤以上丰产纪录，有 44 个青年队获陕西省农业厅和团省委奖励。①

（3）陕北区妇女联合委员会。1948 年 4 月延安光复，延属分区各机关返回延安，5 月，延属分区妇联恢复工作，辖 11 个县（市）妇联。1949 年 5 月，延属分区妇联撤销，所属 7 个县的妇联归陕北区妇联直属。期间，妇联主任更替 3 任，首任主任郝明珠。1949 年 5 月陕北区党委成立后，于同年 6 月成立了陕北区妇女联合委员会。直属陕北区党委领导，下辖绥德、榆林、黄龙、三边分区和延安、延川、延长、子长、志丹、安塞、甘泉 7 县妇女联合组织，机关驻地延安，主任王锦秀（女）。下辖组织机构有：①绥德妇女联合委员会，于 1948 年 8 月成立，隶属绥德地委领导，主任林薇（女）；②三边妇女联合委员会，抗日战争胜利后，三边抗日救国联合会撤销，妇女救国会称妇女联合委员会，直属三边地委领导，1949 年 9 月，与三边地委一并撤销，主任白烈飞（女）。

1950 年 5 月 27 日，陕西省民主妇女联合会延安分区办事处成立，驻地王家坪，设主任 1 人，干事 4 人，辖 12 个县妇联。1950 年 9 月 15 日至 20 日，延安分区召开妇女干部联席会议。会议检查与总结了上半年的妇女工作，部署和制定了今后的工作方向。1956 年 10 月，子长、延川 2 县划归延安专区，专区妇联辖县妇联 14 个。②

（二）延安专员公署

1950 年 1 月 10 日，陕西省人民政府宣告成立，省政府办公厅于 2 月 10 日正式办公。陕北行署划归陕西省人民政府领导。2 月 15 日，省政府决定李景膺兼任陕北行署主任，崔田夫调省政府工作。1950 年 4 月，党中央及西北军政委员会规定："凡设有行署、专署两层组织者取消行署。"因此，陕北行署于 5 月 1 日宣告撤销，另成立了新的延安、绥德、榆林 3 个专署，直属陕西省人民政府领导。

---

① 延安市地方志编纂委员会：《延安地区志》，西安出版社 2000 年版，第 802 页。
② 同上书，第 805 页。

第二章 民主建政

1950年4月，陕西省人民政府决定恢复吴旗县，属定边中心县（相当于分区）所辖。5月1日，陕西省人民政府第十二次政务会议决定：撤销陕北行政公署和黄龙分区行政督察专员公署、定边中心县政府，成立延安行政督察专员公署，管辖延安、安塞、吴旗、志丹、甘泉、延长、富县、洛川、黄龙、黄陵、宜川、宜君12个县。专署专员为张汉武，副专员为郭景龙（1950年5—10月）。5月2日，延安各界千余人召开会议，欢送陕北区一级首长。专署设秘书室、民政科、文教科、卫生科、财政科、工商科、建设科、粮食局、税务局、财经委员会、合作联社、邮政局、公安处、监察委员会。[①]

1950年5月8日，根据省委的编制规定和延安分区的具体情况，分区决定：地委机关需55人，组织部6人，宣传部6人，纪律检查委员会2人，统战部、社会部部长兼职，每部设干事1人，交通人员4人。群众团体、工会5人，青委9人，妇联5人，农会3人，专属需210人；各县的编制均以17人计，交通员、群众团体除外。根据陕西省委4月21日与26日通知，陕北行政区划与干部配备重新决定：取消原黄龙分区与定边中心县；陕北划3个分区，即榆林分区、绥德分区、延安分区；延安分区辖延安、安塞、志丹、吴旗、甘泉、延长、富县、宜川、洛川、黄龙、黄陵、宜君共12个县；任命黑志德为地委书记，王月明为地委副书记，郝志伟为组织部部长，席槐为宣传部部长、高鼎铭为秘书长，李挺为副秘书长。张汉武为专员，郭景龙为副专员，杨作义为公安处处长。

5月11日，延安分区成立整编委员会。行政督察专员公署专员张汉武为主任，组织部部长郝志伟为副主任；宣传部部长席槐、地委秘书长高鼎铭、公安处处长杨作义等6人为委员。通过整编方案：（老区）延安县157人，延长县114人，安塞县113人，志丹县109人，富县120人，甘泉95人，吴旗114人；（新区）洛川152人，宜川151人，黄陵128人，黄龙151人，宜君143人、应编710人，实编725人。区级人员编制：老区标准17个；新区19个。

[①] 延安市地方志编纂委员会：《延安地区志》，西安出版社2000年版，第688页。

1950年5月13日，延安行政督察专员公署制订《延安分区各级人民政府、党委、群众团体整编方案》。延安分区定编358人，其中，行政公署260人，党委69人，群众团体29人。陕西省人民政府决定，减为300人，其中，行政公署221人，党委52人，群众团体27人。当年，实际编制369人，其中，党政群机关219人，其他150人。全区行政编制5798人。1951年，专区行政编制407人，全区行政编制5768人。1952年，专区行政编制304人，全区行政编制5957人。1953年，专区行政编制324人，全区行政编制6242人。1954年，专区行政编制266人，全区行政编制（含县、区、乡）5453人。1955年，专区行政编制296人，全区行政编制5486人。1956年，专区行政编制443人，全区行政编制6597人。[①]

机构定编决定以后，随后就是机构、人员的整编，以及相关职权、资产的移交。资产移交主要是对仓库、物资的清理。为了按期完成整编和清理工作，1950年5月13日，延安分区专署召开政务会议，决定组成整编委员会和仓库物资清理调配委员会分会。整编委员会主任为张汉武专员，副主任是地委组织部部长郝志伟，委员有冯俊德、席槐等5人。这个委员会的任务是按照省政府公布的暂行编制草案，从新划定的延安分区范围内，实行一定的人做一定的事，多余的或不合格的人员，将分别调整或裁减转入生产；仓库物资清理调配委员会分会，由郭景龙、冯俊德、杨作义、李硕、马师冉等11人组成，副专员郭景龙为主任。该会的任务是在40天内，把整个分区所有的国营企业以及党、政、军机关所存一切物资彻底清理完毕，然后呈报上级，统一调度和使用。6月7日，延安分区专员张汉武在《群众报》发表了《正确认识整编工作》的文章，指出要解决对整编工作的认识问题，使政府工作能适应形势的要求，确实加强政府机关的工作能力。

司法机关也同步建立起来。1949年5月，随着陕北行政区党委、政府的建立，陕北行政区也成立陕北人民法院，管辖本区审判

[①] 延安市地方志编纂委员会：《延安地区志》，西安出版社2000年版，第758页。

工作。① 同样，新中国成立后，1950年5月，延安分区成立陕西省人民法院延安分庭，庭长由专员张汉武兼任。1953年1月，改设陕西省人民法院延安分院，院长由代专员、专员席槐兼任。②

1950年10月，延安分区行政督察专员公署改为陕西省人民政府延安专员公署，仍辖延安等12县。专署设秘书室、民政科、文教科、卫生科、财政科、工商科、建设科、税务局、粮食局（1953年1月，改为粮食科）、邮政局、财经委员会、监察委员会和合作社、公安处。之后，增设交通科（1951年1月成立，1955年4月撤销）、计划统计科（1953年3月成立）、林业局（1951年2月成立）。1953年4月，撤销财经委员会。此前，监察委员会于1951年1月改称监察处。

陕西省人民政府延安专员公署领导人一览表③

姓　名	籍贯	职务	任职时间
张汉武	陕西米脂	专员	1950年10月—1952年11月
郭景龙	陕西洛川	副专员	1950年10月—1951年4月
黑志德	陕西延长	专员（地委书记兼任）	1952年11月—1953年4月
席　槐	山西汾阳	专员	1953年4月—1955年2月（1954年2月前为代专员）
郭长年	陕西米脂	副专员	1953年4月—1955年4月
王忠诚	陕西志丹	副专员	1954年10月—1955年5月

（三）县乡政权建设

一个革命政党获得政权后，通过现代民主政治要求的方式组织政权，是其向执政党转变的不可避免的表现。依据表现各革命阶级的最大利益公约数的宪法和相关法律来组织政权，又是现代民主政治要求的基础性行动。中华人民共和国成立后，《中国人民政治协商会议共同纲领》发挥了临时宪法的作用，各地方实行各界人民代表会议制

---

① 延安市地方志编纂委员会：《延安地区志》，西安出版社2000年版，第696页。
② 同上书，第696—697页。
③ 同上书，第688页。

度，起到了地方临时人民代表大会的作用。

随着延安专署党政军等机构的设立，延安地区相关及下属各县也进行了民主建政工作，推动地方基层政权的完善和正规化。一则通过各界代表会议产生各地方政权；二则建立政权机构以及相关的群众组织。政权组织如政府机关、法院、检察院等，群众组织如工会、青年团、农会、妇女组织，等等。

1. 选举而生的地方政权

各相关县的建政工作，执行的是陕甘宁边区政府于1949年2月16日颁布的《陕甘宁边区县、乡人民代表会及县、乡政府委员会选举暂行办法》，办法是为了适应土地改革运动后建政或改组政府的需要。《办法》总则指出"为发扬民主，加强县、乡政权，提高工作效率，进行选举县、乡人民代表会及县、乡政府而制定本办法"。《办法》规定"凡经过土地改革的区域，均应依据本办法进行县乡选举"，"县、乡人民代表之选举，由县、乡选举委员会办理"，"县长、乡长及县、乡政府委员，由县、乡人民代表会选举之"；"县政府由各委员组织委员会，正、副县长为当然委员及委员会主席，决定执行有关县政府之重要事项。另设政务会议（秘书、科长及各委员会主任等组成）"；"乡政府由各委员组成委员会，正、副乡长为当然委员及委员会主席。各委员经县政府批准后，得兼任村长、自卫军连长、治安主任、文书等职务"；"乡政府得根据工作需要，在乡政府委员会下，组织各种委员会"。中华人民共和国成立前后，延安地区相关的县乡政权，就是在该《办法》的指导下成立的。事实上，延安地区县以下基层政权是区乡两级建制。各种组织普遍通过自下而上的选举而产生了领导机构，表现了政权的广泛民主性。

从《陕甘宁边区县、乡人民代表会及县、乡政府委员会选举暂行办法》来看，老区县、乡级地方政权的正规化建设直接联系着土地改革。而延安地区的土地改革运动时间跨度很大，既有中华人民共和国成立前完成的老区，如延安地区北7县，延安、安塞、志丹、吴旗、甘泉、延长、富县，加上时属绥德分区的延川、子长两县；也有其后完成的，如半老区南五县（曾属黄龙分区），洛川、黄龙、黄陵、宜川、宜君。老区的土改工作普遍于 1949 年春天完成，而且老区各县都有普选的经验，因此，截至 1950 年年底，在陕北所属的延安、延长、安塞、志丹、吴旗、富（鄜）县、甘泉，及子长、延川等老区县进行了县乡级普选，召开了县、乡两级人民代表大会（老区因为在陕甘宁边区时期就召开过人民代表会议，所以党代会、人代会届数或单算，也往往合并计算），选举了县、乡两级人民政府的县长、副县长、委员及乡长、副乡长等。南五县解放后先组建了新政权，在新政权领导下召开了各届人民代表会议，由县各界人民代表会议代行县人民代表大会职权，并不是在土改完成后才选举新政府。其中多数县选举了县人民政府县长、副县长、委员。各县人民代表会议召开情况如下：

延安县。1950—1954 年 2 月，延安县各界人民代表会议历经两届，共召开 10 次会议。延安县第一届各界人民代表会议第一次会议，于 1949 年 11 月 17 日召开。该届共召开 4 次会议。延安县第二届各界人民代表会议第一次会议，于 1952 年 6 月 7—10 日召开，该届共召开 6 次会议。

延长县。1950 年 3 月 4—8 日，召开延长县第一届各界人民代表会议第一次会议，选举产生延长县第一届人民政府。本届共召开 5 次会议。1952 年 9 月 5—9 日，召开延长县第二届各界人民代表会议第一次会议。本届共召开 5 次会议。

延川县。1950 年 3 月 14—15 日，召开延川县第一届各界人民代表会议第一次会议，选举产生延川县第一届人民政府。本届共召开两次会议。1952 年 5 月 29 日—6 月 3 日，召开延川县第二届各界人民代表会议第一次会议。第二届共召开 5 次会议。

子长县。1950 年 2 月 28 日—3 月 1 日，召开子长县第一届人民代表会议第一次会议，选举产生子长县第一届人民政府。1952 年 10 月 10—15 日，召开子长县第二届人民代表会议第一次会议。1953 年 12 月下旬，召开子长县第三届人民代表会议第一次会议。该县人民代表会议共举行三届 4 次。

安塞县。1950 年 2 月 28 日—3 月 2 日，召开安塞县第一届各界人民代表会议第一次会议，选举产生安塞县第一届人民政府。第一届共召开两次会议。1952年9月2—7日，召开安塞县第二届各界人民代表会议第一次会议。第二届共召开6次会议。

志丹县。1950年3月8—12日，召开志丹县第一届各界人民代表会议第一次会议，选举产生志丹县第一届人民政府。第一届共召开4次会议。1952年9月3—5日，召开志丹县第二届各界人民代表会议第一次会议。第二届共召开5次会议。

吴旗县。1950年11月6—11日，召开吴旗县第一届各界人民代表会议第一次会议，选举产生吴旗县第一届人民政府。第一届共召开5次会议。1952年9月7—11日，召开吴旗县第二届各界人民代表会议第一次会议。

甘泉县。1949年11月17—20日，召开甘泉县第一届各界人民代表会议第一次会议。会议未进行选举，县长仍由上级任命。1954年2月18—20日，召开甘泉县第二届各界人民代表会议。

鄜县。1950年3月1—7日，召开鄜县第一届各界人民代表会议第一次会议，选举产生鄜县第一届人民政府。1952年8月3—6日，召开鄜县第二届各界人民代表会议第一次会议。

洛川县。1949年10月6—9日，召开洛川县第一届各界人民代表会议第一次会议，选举产生洛川县第一届人民政府。1950年5月26—29日，召开洛川县第二届各界人民代表会议第一次会议。1951年12月5—8日，召开洛川县第三届各界人民代表会议第一次会议。1952年3月2—6日，召开洛川县第四届各界人民代表会议第一次会议。至1953年10月，共召开四届15次会议。

宜川县。1950年1月18—20日，召开宜川县第一届各界人民代表会议第一次会议，会议未进行选举，县长仍由上级任命。1952年7月28—30日，召开宜川县第二届各界人民代表会议第一次会议。两届共召开11次会议。

黄龙县。1949年10月6—9日，召开黄龙县第一届各界人民代表会议第一次会议，会议未进行选举，县长由上级任命。本届共召开6次会议。1952年5月22—28日，召开黄龙县第二届各界人民代表会议第一次会议。本届共召开6次会议。

黄陵县。1949年10月9—11日，召开黄陵县各界人民代表会议第一次会议，选举产生黄陵县第一届人民政府。本届共召开6次会议。1952年5月25—27日，召开黄陵县第二届各界人民代表会议第一次会议。本届共召开6次会议。

宜君县。1950年1月27日，召开宜君县首次各界人民代表会议，选举了常委会。县长由上级任命。本届共召开7次会议。1952年9月，本县第二届第一次各界人民代表会议召开。本届共召开6次会议。

1950年12月8日，中央人民政府政务院第62次会议通过的《乡（行政村）人民代表会议组织通则》和《乡（行政村）人民政府组织通则》，规定了县以下的基层政权建制，作为建设基层人民政权的法律依据。前者规定了乡（行政村）人民代表会议代表资格：凡反对帝国主义、封建主义、官僚资本主义，赞成共同纲领，年满十八岁之人民，除患精神病及被剥夺政治权利者外，不分民族、阶级、性别、信仰，均得当选为代表；乡人民代表会议代表按居民居住的自然情况划分选区，由选民选举之。必要时，可由乡人民政府和乡人民团体共同商定，报区人民政府批准（在不设区人民政府的地区，报请县人民政府或其授权之区公所批准）特邀代表若干人；乡人民代表会议经县人民政府批准，并得选举乡长、副乡长及委员，或决议撤换之；乡人民代表会议设主席一人，副主席若干人，由乡人民代表会议选举之；主席、副主席当选为乡长、副乡长时得兼任。后者规定，乡人民政府委员会由乡人民代表大会选举乡长一人，副乡长及委员各若干人组成之，乡长、副乡长及委员经区报县人民政府批准任命；乡人民政府设文书一人，承乡长之命办理文书事宜，并视工作需要设各种经常的及临时的委员会，其主任委员得由乡人民政府委员兼任。中央人民政府对区级政权也作了规定：区公所设区长一人，副区长、秘书及助理员若干人，由县人民政府委派之；区公所执行县人民政府交办事项，并承县人民政府之命，指导、监督与协助所辖乡人民政府的工作；区公所因工作需要得设各种经常的及临时的委员会。

2. 地方政权主要建设情况

延安地区各县政权建设情况大致如下：

（1）延安县。1949年3月，原延安市并入延安县。10月，延安县政府改称延安县人民政府，设县长、副县长。工作机构有秘书室、一科（民政）、二科（财政）、三科（教育）、四科（建设）、公安局、法院。延安县人民法院为延安市并入延安县后成立，院长赵志清。后由各届人民代表大会选举产生正、副院长，先为徐遵仁（选举时已不在延安，去往汉中地区中级人民法院任副庭长，当选似乎因为代表们信息滞后所致，或徐本人虽离开但并未明文免职。时任院长戴海富）。在拐峁、麻洞川、蟠龙等地设立法庭。1950年，将一、二、三、四科分别改为民政科、财政科、教育科、建设科，增设工商科、计委会、监察署、公安局、武装部。1951年，增设税务局、财委会、县联社。1952年，增设监委会，将原教育科改为文教卫生科。1953年，增设统计科、粮食科、县支行。①

延安县政府设10个区政府和延安市政府（区级建制），64个乡政府。各区政府均设区长1人，文书1人，助理员若干人，各乡政府均设乡长1人，文书1人。1950年6月，撤销了2个区14个乡，全县共设8个区50个乡。1954年4月，延安市政府改为城关区人民政府。②

新中国成立初期，根据《中国人民政治协商会议共同纲领》，延安县召开了各界人民代表会议。1950年至1954年2月，延安县各界人民代表会议历经两届，共召开了10次会议。③

延安县第一届各界人民代表会议。延安县第一届各界人民代表会议第一次会议（如果接续陕甘宁边区计算，为延安县第四届人民代表会议），于1949年11月17日召开，选举成立了由高启祥为主任、刘

---

① 延安市志编纂委员会：《延安市志》，陕西人民出版社1994年版，第455页。
② 同上书，第463页。
③ 同上书，第440页。

永亭为副主任的延安县选举委员会。12月9日，延安县决定从10日开始到20日全县普选县、乡两级人民代表。第二次会议于1951年1月23—28日召开，出席代表46人。选举产生延安县第一届人民政府，选举史纪全为县长，卜吉甫为副县长，徐遵仁（有材料说徐崇仁，似应为同一人）为法院院长。会议听取与审查县政府1950年生产工作总结和1951年生产计划报告，讨论通过县人民政府奖励劳动模范工作计划。第三次会议于1951年6月召开，出席代表52人。会议听取与审查了县人民政府抗美援朝、春耕生产、镇反工作的总结和三夏安排、爱国公约、捐献工作的报告。补选刘世全为县长，张怀壁、刘振旅、方天贵、戴海福、王金生、王耀明为县人民委员会委员。第四次会议于1951年下半年召开，会议听取与审查县政府一、二、三季度的生产工作总结和秋收、冬季生产等工作安排意见的报告。①

延安县第二届各界人民代表会议。延安县第二届各界人民代表会议第一次会议，于1952年6月7—10日召开，出席代表96人，列席5人，选举产生延安县第二届人民政府。会议审查通过政府春耕工作总结，三夏工作安排意见和继续加强抗美援朝、增产节约的工作报告，选举刘世全为县长，方天贵等13人为委员，方天贵、马仁轩、张书林、郭凤梧、刘生勃5人为常务委员会委员。第二次会议于1952年9月5—8日召开，出席代表128人。会上审查通过政府三夏工作总结和秋收、冬麦播种、兴修梯田、水利的安排意见。选举7名政府委员、9名常务委员，选举李有华、翟永德、杨步浩为出席陕西省人民代表大会代表。第三次会议于1952年12月15日召开，出席代表88人，列席2人。会议听取与审查政府冬季生产工作总结，1953年工作计划的报告。审查通过财政收支及今后五年建设方案。代表提出意见及提案114件。第四次会议于1953年2月14—25日召开，出席代表83人。会议听取与审查政府1952年冬季生产总结和春季生产安排报告，讨论通过贯彻《婚姻法》运动月的报告。会上提出提案41件。第五次会议于1953年6月17—20日召开，出席代表84人。会

---

① 延安市志编纂委员会：《延安市志》，陕西人民出版社1994年版，第441页。

议听取与审查政府春季生产工作总结和三夏工作安排报告，讨论通过普选实施计划。会上提出提案和要求101件。第六次会议于1954年2月22日召开，出席代表72人。会议听取与审查政府春季生产工作总结，审查通过1954年推销公债实施办法。①

延安县团群组织活动。1946年7月，延安县重新组建青年联合会（简称青联）。同年9月，根据中共中央《关于建立新民主主义青年团的建议》，在陕甘宁边区青联的指导和中央青委派人直接协助下，延安县青联在丰富区二乡的冯庄村进行试点，于10月和11月分三批发展26名团员，12月16日正式成立了全国农村第一个新民主主义青年团支部——冯庄支部。1949年4月，新民主主义青年团（简称新青团）延安县工作委员会成立（书记陈凤鸣）。② 1949年12月25—30日，延安县第一次团代会召开。出席代表90余人。会议听取团县委的工作报告；确定团委工作的基本任务；选举产生新青团首届延安县委委员9人；常委5人，书记刘生勃。1953年9月1—3日，第二次团代会召开。出席代表116人。会议听取团县委的工作报告；确定主要任务；选出团县委委员7人，常委5人，书记张旭，副书记1人，同时选出出席陕西省团代会代表2名。第三次团代会，1955年8月21—24日召开，出席代表107人，会议听取、审议团的工作报告；选出本届团县委委员11人，常委7人，书记石玉亮，副书记1人。③

工人组织方面，1949年3月，延安县召开第六次工人代表大会，选举产生延安县总工会（主席为贺宏海）。1951年12月，延安县总工会召开第七次（与建国前接连计算）工会会员代表大会，会议选出本届总工会常委9人，主席郭凤梧，副主席1人。1954年10月，延安县总工会召开第八次工会会员代表大会，会议选出本届工会主席张海珊，副主席1人。④

---

① 延安市志编纂委员会：《延安市志》，陕西人民出版社1994年版，第441页。
② 同上书，第429页。
③ 同上书，第431页。
④ 同上书，第433页。

延安县的妇女组织持续发展。土地革命、抗日战争和解放战争时期，延安妇女在中国共产党的领导下建立了延安妇联组织（当时称作妇女救国会，后改称民主妇女联合会），积极参加纺纱织布、缝洗衣服、制作军鞋、救护伤病员以及站岗放哨、盘查奸细、传送情报等各项工作，为夺取革命胜利作出很大贡献。中华人民共和国成立后，延安县民主妇女联合会（简称妇联）1950年4月8—10日召开第四届妇女代表会议（简称妇代会），出席会议的各界妇女代表49人，会议经过民主选举，选出县妇联委员7人，主任边志英，副主任1人。1952年11月23—26日延安县第五届妇代会召开。出席代表69人，列席2人。会议作出号召全县广大妇女积极投入农业生产劳动和参加互助合作运动，坚决贯彻《婚姻法》等4项决议，选举产生新的县妇联委员会，选出委员5人，主任马仁轩，副主任1人。延安县第六届妇代会于1954年8月12—15日召开，出席代表57人，会议着重总结互助合作运动中妇女工作的经验，提出今后工作任务，选出县妇联委员5人，第一副主任高芝茹；第二副主任黄玉玲。[1]延安县第七届妇代会于1955年6月8—10日召开，出席代表72人，会议总结以往的妇女工作，选出县妇联委员6人，主任高芝茹，同时选出出席陕西省第三届妇代会的代表3人。延安县第八届妇代会于1956年11月1—4日召开。出席代表56人。会议总结两年来的妇女工作，讨论通过今后工作的4项决议，选举出新的县妇联委员19人，主任高芝茹。[2]

工商业者组织方面同样接续陕甘宁边区时期的组织发展。1937年春，在中国共产党领导下，正式成立了延安市商会，负责对私营工商业的领导和管理。1951年，商会改名为延安县（1949年2月即由陕甘宁边区政府批准，撤销延安市建制，并入延安县）工商业联合会，延安市工商联的最高权力机构为会员代表大会及其选举产生的执行委员会（简称执委会），日常工作则由常务委员会负责

---

[1] 延安市志编纂委员会：《延安市志》，陕西人民出版社1994年版，第434页。
[2] 同上书，第435页。

办理。

1952年1月,延安县首届工商联会员代表大会召开,大会选举产生了第一届工商联(1952—1954),委员8人(包括正、副主任在内),主任张书林,副主任1人。下设城区9个行业分会和李渠等4个集镇工商分会,青化砭等5个工商小组。第二届工商联(1955—1956),委员17人,主任张友文,副主任2人。下设城区8个同业委员会和集镇4个工商分会,5个工商小组。①

(2)延长县。在政府设置上,在县长、副县长、秘书室下设第一、二、三、四科(民、财、教、建)、司法处、警卫队。1949年,增设公安局、检察署、税务局,原司法处改称县人民法院。1950年,增设粮食科、人民监察委员会,原警卫队编入公安局。1952年、1953年,分别增设工商科、统计科。②

基层政权组织为区、乡政府。区设区长、副区长、秘书、会计、民政助理员、文教助理员、公安助理员、粮食助理员、农会主任、妇女主任、民兵营长各1人,小区各员多为兼职。乡设正、副乡长、文书及不脱产民兵连长、乡农会主任、妇女委员各1人。乡以下按居住条件分行政村、自然村,行政村设行政主任、农会主任各1人,自然村设村长、农会组长、妇女组长、民兵排长各1人。③

延长县第四届各界人民代表大会。作为老区县之一,早在1948年10月前,延长县就进行了第四届各界人民代表大会的选举准备工作,组织了县选举委员会,由7人组成,在32个乡配合生产工作组进行了选举宣传。10月27日—11月30日,在7个乡进行选举,70%以上的选民参加选举。1949年春,31个乡进行了乡选(1948年固临县改称临镇县,1949年2月撤销,原所辖赤峰、庆元、屯儿湾3区划归延长)。两期38个乡的选举中,原任乡长有13名落选,原乡政府委员有21名落选。④由乡人民代表中推选了县人

---

① 延安市志编纂委员会:《延安市志》,陕西人民出版社1994年版,第436页。
② 延长县地方志编纂委员会:《延长县志》,陕西人民出版社1991年版,第389页。
③ 同上书,第415页。
④ 同上书,第382页。

民代表。

新中国成立后,依据《中国人民政治协商会议共同纲领》的原则和精神,1950年3月4—8日,召开第四届各界人民代表大会第一次会议(顺延苏维埃代表大会、参议会届序)。出席会议代表36名,其中:工人代表2名,农民代表8名,商界代表1名,党政代表22名,青年代表2名,妇女代表1名。另有候补代表2名。大会听取《四九年一年来的政府工作及今后工作意见》的政府工作报告,无记名投票进行选举。南怀礼当选为县长。白彦臣当选为人民法院院长。宋世宽、郭志清、卫福祥、李国芬当选为行署代表。选举13名县人民政府委员,通过提案11条,作出《关于大力发展生产建设和文教卫生工作的决议》。11月11—16日,召开第四届各界人民代表大会第二次会议。出席会议的代表29名。南怀礼县长作《全县十个月来的政府工作和五〇年春、夏、秋三季生产总结》的政府工作报告。大会批准1951年生产计划草案。全体代表一致通过,取消冯竹林、刘国章、冯志明3名代表的代表资格。12月19—22日,召开第四届各界人民代表大会第三次会议。到会代表31名。讨论制定了1952年施政方针与计划,补选了6名县人民政府委员。①

延长县第五届各界人民代表大会。1952年9月5—9日,召开第五届各界人民代表大会第一次会议。出席会议代表72名,其中工农代表18名、转业军人代表3名、妇女代表7名、家属代表6名、商界代表1名、干部代表25名、特邀代表2名、列席代表10名。听取政府两年半工作总结报告,讨论通过1953年农副业生产建设计划及有关施政方针,讨论颁发土地、房窑所有证工作。高振汉当选为县长。李献祥当选为县人民政府常务委员会主席。彭仲仁、刑生亮、王秀珍当选为省人民代表。选举15名县人民政府委员会委员和13名常务委员会委员。② 12月10—12日,召开第五届各界人民代表大会第二次会议。出席会议代表62名。高振汉县长报告了五届一次会议代

---

① 延长县地方志编纂委员会:《延长县志》,陕西人民出版社1991年版,第383页。
② 同上书,第383—384页。

表提案的办理情况,建设科李沛业作1952年冬季生产计划和1953年经济建设计划的报告,财政科王宪三作查田工作计划的报告。1953年2月25—27日,召开第五届各界人民代表大会第三次会议。出席会议代表67名。讨论《婚姻法》的贯彻实施,酝酿调整1953年春耕生产计划和经济建设任务。10月7—9日,召开第五届各界人民代表大会第四次会议。出席会议代表71名。讨论通过冬季生产、普选和增产节约等工作计划,并作了相应的决议;听取五届三次会议代表提案办理情况的报告。1954年3月2—4日,召开第五届各界人民代表大会第五次会议。出席会议代表51名。讨论普选、春耕生产、购粮入仓及推销公债工作。①

新民主主义青年团延长县委。1949年4月25日,召开中国新民主主义青年团延长县第一届代表大会,选举成立团县委。1946年4月,成立各界青年联合会,县委宣传部长赵国强兼任主任。1948年春,延长建立新民主主义青年团组织,在交口区碾义沟乡刘坪店、关义田、贺家川等村进行试点,县青联主任崔殿刘(后改名为崔志耀)并各区青年主任参加试点。试点结束后,成立碾义沟乡团支部、交口团区委。是年秋,各区普遍开展建团。1949年4月,召开第一届团代表大会,选举成立团县委,委员会由高洪斌、刘振明、刘兆智、赵玉琢等7人组成,高洪斌当选为书记。团县委下设组织部、宣传部、少年儿童部。同年年底,全县建立团区委3个,团支部33个,团员发展到522名。1953年全县6个团区委全部建立,有团支部42个,团员发展到807名。在社会主义"三大"改造中,各级团组织教育动员广大团员、青年响应党的号召,参加变工队、互助组、农业合作社。宣传《婚姻法》,组织团员。青年学习文化,学习农业科学知识。1954年,第一期建立农业生产合作社3个,有124户入社,其中团员17人,青年158人。团员中有1名任副社长,3名任委员。女团员常秀兰、青年李耀适劝父入社的事迹,为人传颂。1955年7月,召开首届青年社会主义建设积极分子大会,互助合作运动中的先进人

---

① 延长县地方志编纂委员会:《延长县志》,陕西人民出版社1991年版,第384页。

物和基层团干部42名参加会议，9人评为先进个人，受到大会的表彰奖励。①

新民主主义青年团延长县委下设少年儿童部。根据全国第一次少年儿童会议精神，1950年春城关小学首建少先队组织，发展队员23人，编为1个中队，辅导员1人。1955年，18个学校建立少年儿童组织，发展队员718人，编为4个大队25个中队，总辅导员4人、中队辅导员25人，当年组织队员种植向日葵。②

1949年1月，延长县各界妇女联合会更名为延长县民主妇女联合会。1951年，工会重建，由县委组织部兼管。

1953年5月16日，召开延长县工商业联合会首届代表大会。大会代表12人，列席代表11人，邀请代表9人。选举产生延长县工商业联合会（简称工商联），选出工商联执行委员会委员9人，选出常务委员会委员5人，主任委员吴建业；选出监事委员会委员5人，主任委员丁洪慈。工商联成立后，对全县私营商业进行全面调查统计，登记私营企业172户（其中从事工业的36户，从事商业的136户），担负着县城、农村生产和生活资料的供应。同时按行业成立分会。县城有商业行（百货、药铺、布匹、杂货、烟酒、瓷铁、摊贩、纺织品、文具、油盐、机械、五金等）、工业行（铁匠、木匠、小炉匠、裁缝、银匠、毛织匠、染房等）、作坊业（粉坊、磨坊、挂面坊、豆腐坊、轧棉、皮坊等）、饮食服务业（旅店、运输社、饭馆）等。③

（3）安塞县。1949年2月10日，经延安专署批示，将安塞县原7个区41个乡划为6个区39个乡。1952年，区政府改称区公所，设区长、副区长、文书、会计、生产干事、文卫干事、民政干事、财粮专干、统计员、公安助理员、区营长等职。乡仍称乡政府，设乡长、副乡长、文书、除奸主任等职。行政村设主任，自然

---

① 延长县地方志编纂委员会：《延长县志》，陕西人民出版社1991年版，第433—434页。
② 同上书，第436—437页。
③ 同上书，第440页。

村设村长。①

安塞在1948年即实行各界人民代表会议制。各界人代会审议县政府工作报告；制定本县施政方针、政策；审查通过县政府有关工作部门的工作报告；选举县长、副县长、委员。当年，安塞县成立了临时选举委员会，设主任1人，委员7人，开展了普选活动。随后分别于1948年、1949年，在县城真武洞召开了第一、第二两届各界人民代表大会（也称党政农民代表大会）。②

1949年10月，中华人民共和国成立后，在安塞县第四届第一次各界人民代表会议上，改县政府为县人民政府。设县长1人，工作机构设秘书室、监委会、民政科、财政科、税务征收局、公安局、粮食科（1954年更名为粮食局）、县联社（1951年更名为供销合作联合社）、邮电局（1951年更名为邮政局，1953年又恢复邮电局称谓）、武装科（1951年3月改称中国人民解放军安塞县人民武装部，隶属延安军分区领导）、人民法院。1951年设县人民检察署（1954年更名为人民检察院）。1952年10月设中国人民银行安塞支行。1953年设人民问事处、统计科、工商科、建设科。③

1950年1月，改司法处为人民法院。人民法院设院长1人（由县长兼任），副院长1人，裁判员2人，行政书记员（文书）1人，办案书记2人，法警1人，看守所副所长1人（看守所为法院、公安局合管，1953年为公安局一家管理）。1951年4月，改裁判员为审判员，院内成立审判委员会。1953年12月13日，成立第一巡回法庭和人民接待室（1954年撤销）。1954年，为保障全县普选工作的顺利进行，根据省政府关于组织普选人民法庭的指示，县上设立两个普选法庭，巡回服务于普选工作。两庭人员由法院、公安局中抽选，每庭设庭长1人，审判员2人，书记员1人。④

1950年6月，由公安局兼理人民检察业务。10月，成立县人民

---

① 安塞县地方志编纂委员会：《安塞县志》，陕西人民出版社1993年版，第414页。
② 同上书，第391页。
③ 同上书，第401—402页。
④ 同上书，第431页。

检察委员会，由县公安局、法院、组织部、团委、妇联5个部门负责人组成。1951年7月，成立县人民检察署，设检察长1人，秘书1人，隶属于县人民政府和延安检察分院双重领导。检察长任人民检察委员会主任委员，行使检察职权。1952年秋，人民检察委员会吸收县委书记和县长参加，取消团委和妇联两个席位。[1]

安塞县第三届各界人民代表大会。1950年2月28日—3月2日，在县城真武洞召开了安塞县第三届各界人民代表大会第一次会议。出席会议代表41名，其中工人1名、农民10名、妇女1名、学生1名、工商界3名、青年团1名。大会讨论通过安塞1950年生产教育计划；选举冯瑞珍为本届县人民政府县长，冯瑞珍、郭思温、高步升、张庆丰、赵尚元为县政府委员。1951年3月6—10日，在县城第二次会议。到会代表21名，列席30名。大会总结了上年的生产情况，传达了地区本年生产计划会议精神；补选惠书香、冯文英、张琴（女）、彭桂花（女）4人为县政府委员。1951年9月27日—10月2日，召开第三次会议。到会代表36名，其中工人1名、农民8名、机关干部22名、妇女1名、学生1名、工商界2名、青年团1名。另有26名抗美援朝战士和28名干部列席会议。会议总结了安塞县抗美援朝、镇压反革命等工作经验；讨论了优抚工作；通过了1951年秋冬生产计划和冬学计划。1952年6月21—24日，召开第四次会议。出席会议代表46名，其中工人2名、农民14名、机关干部17名、妇女6名、学生2名、工商界4名、青年团1名，列席6名，旁听21名。会议审议了县人民政府《半年来几项主要工作的报告》；讨论了夏收选种、丰产评比、卫生防疫、优抚等项工作。[2]

安塞县第四届各界人民代表大会。中华人民共和国成立后，安塞于1952年进行了一次选举。共选出乡代表1394人（其中男1135人，女259人），7月23—25日，全县各乡分别召开乡人民代表会议，选

---

[1] 安塞县地方志编纂委员会：《安塞县志》，陕西人民出版社1993年版，第437页。
[2] 同上书，第391页。

举出各乡乡长和县人民代表。县代表104人（其中农民占50%，妇女占20%，干部占16%，商人占2%，青年、妇联、军人、医务、文教、合作社、光荣残废占1%），组成了第四届各界人民代表会议。①当年9月2—7日，在县城召开了安塞县第四届各界人民代表大会第一次会议。出席会议代表76名，其中工人3名、农民37名、机关干部17名、部队1名、妇女10名、卫生界1名、工商界2名、青年团1名、荣残军属3名、文教1名，旁听50名，列席14名。会议审议了县人民政府《1952年上半年各项工作总结和下半年任务分配的报告》；会议制定了《爱国公约》；选举高步升为本届县人民政府县长，选出县政府委员17名；选举成立了各界人民代表会议常务委员会，马生智当选为常务委员会主席，常务委员会委员9名。②

1952年12月9—12日，在县城真武洞召开了第二次各界人民代表会议。出席会议代表88名，其中工人4名、农民29名、机关干部28名、部队1名、妇女17名、卫生1名、残退军属2名、青年团1名、文教1名，旁听36名。会议听取审议了县人民政府《关于秋收秋选工作报告》；讨论通过县1953年经济、文化、卫生建设计划及冬季生产计划。③

1953年2月26—28日，在县城真武洞召开了第三次会议。出席会议代表84名，另有妇联代表18名，旁听48名，列席9名。会议听取审议了县人民政府《关于1952年冬季生产总结与1953年春耕生产计划的报告》和县各界人民代表会议常务委员会《工作报告》；再次讨论1953年经济建设计划和贯彻新《婚姻法》计划。

1953年10月19—21日，在县城真武洞召开了安塞县第四届第四次各界人民代表会议。出席会议代表68名，列席15名。会议传达了省上专员、县长会议精神；听取审议了县人民政府《关于普选工作报告》；讨论通过了本县普选计划和1953年秋冬生产、增产节

---

① 安塞县地方志编纂委员会：《安塞县志》，陕西人民出版社1993年版，第398页。
② 同上书，第392页。
③ 同上。

约计划。

1953年12月11—14日，在县城真武洞召开第五次会议。出席会议代表64名，另有26名宣传委员代表和19名乡团支书列席会议。会议听取《国家在过渡时期总路线、总任务的报告》、《粮食统购、市场管理、物资供应的报告》和《关于如何向广大群众开展宣传总路线和粮食统购工作报告》。

1954年2月27日—3月3日，在县城真武洞召开了第六次会议。出席会议代表61名。会议听取了《关于1954年国家经济建设公债的报告》和第三届赴朝慰问团传达报告；审查通过了县人民政府关于1954年农业生产计划和普选工作计划；通过了《给志愿军的一封信》。

安塞县团群活动。1949年5月4日，成立安塞县新民主主义青年团筹委会。安塞县第一届团代会于1950年3月在县城真武洞召开。会议选举王祖培为第一届团县委书记。

第二届团代会于1952年12月25—27日在县城真武洞召开。会议听取了第一届团县委的工作报告；传达了中共七届三中全会精神；会议通过民主选举产生了第二届团县委委员8人，常相忠为书记，乔尚发、李慰慈、王杰为常委。

第三届团代会于1956年8月20—24日在县城真武洞召开，出席代表78人，列席代表4人。会议民主选举产生了本届团县委委员11人，李光耀为书记，刘登云为副书记，李光耀、王世英、尚进前当选为出席省团代会代表。

1949年5月22日，成立安塞县妇女委员会，任世明任书记，并组成妇女联合会。

（4）志丹县。1948年11月—1949年1月志丹县进行了选举，共选出乡人民代表756名。乡人民代表会选出乡政府委员205名，选出县人民代表50名。①

志丹县第一届各界人民代表会议。1949年11月18日，根据

---

① 志丹县地方志编纂委员会：《志丹县志》，陕西人民出版社1996年版，第470页。

《中国人民政治协商会议共同纲领》，召开志丹县首届各界人民代表会议第一次会议。应出席代表59人，实出席44人。会议听取和审议县政府工作报告，讨论制订1950年生产和文教工作计划。根据代表提出的39条意见，作出6条决定：在孙岔沟、马驿河、麻子沟、刘庄设招待站，为过往军、工人员提供食宿，吃粮由全县统筹；对军工人员子女和贫寒农家子女能够上小学的，适当补助粮食和文具；给有10名以上学生在校食宿的学校，雇1名炊事员；鼓励开荒种地，移难民掏种荒地可免征公粮；鼓励农民多种油料作物，凡种油料作物地块免征公粮；农民占而不种的土地，秋后按现耕地评产征粮。① 1950年3月8日召开第二次会议，参加代表39人。选举产生各界人民代表会议常驻委员5人；选举县政府委员，刘世全任县长。

志丹县第二届各界人民代表会议。1952年9月5日，召开第二届各界人民代表会议第一次会议。应出席代表82人，实到会代表72人。听取和审议奥海清县长关于1952年及1953年生产建设、民政、文教卫生、互助合作事业、财政收支等工作报告，并通过贯彻决议。选举产生各界人民代表会议常驻委员5人；选举县政府委员，奥海清当选为县长，王廷璧当选为副县长。在1953年2月3日召开的第三次会议上，作出《关于大张旗鼓地宣传贯彻婚姻法的决议》②，县民主政府改为人民政府，设县长、副县长。工作机构有秘书室、一科（民政）、二科（财政）、三科（文教卫生）、四科（建设）、粮食科、工商科、人民支行、公安局、税务局、邮电局、供销联合社、检察委员会。③ 1949年12月，志丹县人民法院成立。1950年6月，全县设6个区公所，下属乡政府30个。1952年8月，增设1个区公所，乡政府调整为33个。④ 1950年5月，成立志丹县人民检察署，设专职检察员1人，并成立检察委员会，主任由县长兼任。1951年5月，任命白玉山为第一任检察长。

---

① 志丹县地方志编纂委员会：《志丹县志》，陕西人民出版社1996年版，第462—463页。
② 同上书，第463页。
③ 同上书，第475页。
④ 同上书，第485—486页。

志丹团群工作。志丹工会工作由组织部门负责。1951年1月,成立志丹县教育工会,有会员57人,直接受县委领导。1954年8月停止活动,1955年又开始活动,并改称志丹县工会教育联合会。1949年2月,成立中国新民主主义青年团志丹县委员会(由志丹县青救会改名),并建立基层组织,年底发展团员75名。1950年1月19日,新民主主义青年团志丹县第一次代表大会召开,选举产生首届县新民主主义青年团委员会。12月10日,召开了第二次代表大会。到1951年,团县委下辖基层团委5个,团支部22个,团小组66个,团员331名。1954年,基层团委7个,团支部37个,团员597名。[①]

新民主主义青年团志丹县委下设儿童部。根据全国第一次少年儿童会议精神,1950年在城关完小、金鼎普小等学校建立少年先锋队(简称少先队)组织,吸收14周岁以下学生加入,实行大、中、小队编制,辅导员由团组织聘请。年底,建中队1个,小队6个,发展队员120名,辅导员5名。少先队组织对少年儿童进行"五爱"(爱祖国、爱人民、爱共产党、爱劳动、爱科学)教育,培养少年儿童勇敢、诚实、活泼,特别是集体主义精神。少先队员佩戴三角形红领巾。1953年,全县有16所学校建立少先队组织。配备专职和兼职辅导员8名,共设中队5个,小队17个,队员276名。1956年,建队学校发展到23个,有辅导员23名,队员793名。[②]

1948年9月,志丹县青年妇女委员会成立。1949年,县妇女联合会改称民主妇女联合会。区、乡成立相应妇女组织。1950年5月17日,志丹县第一次妇女代表大会召开。

1949年2月,志丹县临时农会和土地登记委员会成立,领导全县土地证发放和地权确定工作。3月土改结束,农会组织自行消失。

(5)鄜县(现富县)。1948年5月3日,国民党黑水寺保长宣告无条件投降。至此,鄜县境内全部光复解放,恢复战前9区1镇(城关改区为镇)48乡行政建置。1948年9月20日,陕甘宁边区政府明令颁布

[①] 志丹县地方志编纂委员会:《志丹县志》,陕西人民出版社1996年版,第453页。
[②] 同上书,第459页。

《县乡人民代表会及县乡政府选举办法》，11月3日，成立选举委员会。1949年1月15日—3月15日，鄜县根据陕甘宁边区政府颁布的"县、乡人民政府选举暂行办法"开展县、乡两级选举工作。进行了选民登记，全县10138户，44288人，有选民24074人，占总人口的54.36%；非选民20214人，其中19809人不够年龄，364人患精神病，41人被剥夺公民权利。选举产生乡代表607名，县代表50名。有51人当选乡长、副乡长，其中32人连选连任。①

鄜县人民政府。根据《县乡人民代表会及县乡政府选举办法》，改县乡参议会为县乡各界人民代表会。鄜县各界人民代表会于1950年3月1—7日在县城召开，到会代表50名（正式代表42名，候补代表8名）。其中县区乡脱产干部24名，农民21名，教师3名，工商业者2名。代表中有妇女7名。县长史正纲到会作《政府工作报告》，会议就发展生产，恢复战争创伤等问题进行了专题讨论。经投票选举，史正纲、宋居义继任县长、副县长。②1950年陕西省人民政府成立后，改陕甘宁边区县政府为县人民政府。1951年2月，改陕甘宁边区鄜县县政府为陕西省鄜县人民政府。县人民政府设县长、副县长、秘书室、民政科、财政科、文教科、建设科、公安局、粮食局、税务局、县联社等办事机构；改司法处为县人民法院，由县长兼任院长；增设监察署与公安局合署办公。基层仍为区乡建置，区设区长、副区长，乡设乡长、副乡长，区配有民政、财政、文教、公安等专职助理员。③

1950年6月，鄜县成立检察署，与县公安局合署办公，公安局长兼任检察长，配专职文书1人。1951年3月，配专职副检察长和检察员各1人，同时成立检察委员会。成员由县委组织部、纪监委和法院、公安局、检察署、民政科等部门的领导同志组成，检察长任主任委员。1952年，检察署与公安局分设，配专职检察长、副检察长和

---

① 富县地方志编纂委员会编：《富县县志》，陕西人民出版社1994年版，第352页。
② 同上书，第353页。
③ 同上书，第360页。

检察员等，独立行使检察职能。但因法制不健全等原因，只对法院审判实行一般监督。①1949年11月，改司法处为鄜县人民法院，院长仍由县长兼任，配专职审判员、书记员等。

鄜县团群工作。1950年5月10—13日在县城召开鄜县首次妇代会。会议专题讨论和动员广大妇女积极发展生产，恢复战争创伤等问题，改鄜县妇女联合会为鄜县民主妇女联合会。选举产生了县妇联委员会，王峰当选为县妇联主任。1952年3月7日至9日在县城召开第二次妇代会。会议专题讨论了宣传贯彻《婚姻法》等问题。选举产生了县妇联委员、常委、主任、副主任和出席省妇代会代表。张英当选为县妇联主任。②

1949年10月，鄜县青年联合会正式改称为中国新民主主义青年团鄜县委员会，下设基层团委和支部。全县首次团员代表大会团代会，于1949年10月17—20日在县城召开。到会代表30名，代表全县350名青年团员。会议的中心议题是在"巩固地向前发展"的思想指导下搞好团的组织建设和思想建设，充分发挥团员青年在发展生产，恢复战争创伤中的突击队作用。会议选举团县委委员7人，候补委员2人，常务委员3人，高兰亭当选为团县委书记。③1952年12月23—26日在县城召开了第二次团代会。到会代表47名，列席代表7名，代表全县700余名团员。会议号召各级团组织及团干部改变作风，创造性地开展工作，动员团员青年积极投入互助合作运动。会议选举产生团县委委员8名，出席省团代会代表2名，王祖培当选为团县委书记。第三次团代会，于1956年9月5—8日在县城召开。到会代表110名。会议的中心议题是在总结整团工作经验的基础上，号召团组织和团员青年，在中共党组织的领导下，巩固高级农业生产合作社，努力生产，使90%的社员群众增加收入，为全面实现全国农业发展纲要而努力奋斗。会议选举产生团县委委员11名，出席省团代

---

① 富县地方志编纂委员会编：《富县县志》，陕西人民出版社1994年版，第368页。
② 同上书，第344页。
③ 同上书，第346—347页。

会代表3名，曹廉生当选为团县委书记。①

新中国成立后，团县委设少年儿童工作部。从1949年10月开始，以小学在校生为主，普遍建立少年儿童队，任务是对儿童进行爱祖国、爱人民、爱共产党、爱学习、爱劳动的"五爱"教育，培养少年儿童具有勇敢、诚实、活泼和大公无私的集体主义精神，入队的条件是凡14岁以下的儿童只要学习用功、义务劳动不偷懒、不吵嘴打架、遵守纪律均可报名编入儿童队组织。凡队员都须佩戴三角形红领巾。少年儿童队后改为少年先锋队，称共产主义接班人。

1951年，鄜县成立工商业联合会（简称工商联）筹备委员会，设主任、副主任和委员等职，组织工商界人士学习中共对工商业的政策、法令等，商定各行业的负责人，为成立工商联创造条件。1951年年底，全县205户248名工商界人士，全部报名参加工商联组织，并选举产生了会员代表。1952年，召开鄜县工商业联合会第一次会员代表大会，宣告县工商联正式成立，并讨论通过了《鄜县工商业联合会章程》。经民主选举，贺云亭等当选为执行委员会主任、副主任。同时宣布成立粮食、商业、饮食、手工业等行业分会，为县工商联的基层组织。②

（6）甘泉县。中华人民共和国成立后，甘泉县政府改称甘泉县人民政府，惠光弟任县长。县政府设秘书室，一、二、三、四科、司法裁判处、公安局、税务局、邮政局、供销联合社，辖4个区公署，20个乡公所（乡政府）。区公署设正、副区长、文书、会计各1人，办事员2人。乡公所设乡长、文书各1人，办事员1—2人。1951年，增设粮食科（1956年7月改称局）。③ 1950年8月11日，成立甘泉县检察署，隶属延安检察分署领导。1951年，改属分署和县政府双重领导。1951年8月，原甘泉县司法裁判处改称甘泉县人民法院，科级建制。院长由县长兼任，设审判员、书记员和法警。

---

① 富县地方志编纂委员会编：《富县县志》，陕西人民出版社1994年版，第347页。
② 同上书，第349页。
③ 甘泉县地方志编纂委员会：《甘泉县志》，陕西人民出版社1993年版，第383页。

第二章 民主建政

1949年11月17—19日，召开甘泉县第一届各界人民代表会议，正式代表32名，列席代表12名。会议学习了毛主席《复电》；研究土登评产和冬季生产；审议并通过1950年经济建议计划。1950年3月，召开甘泉县第一届各界人民代表会议第二次会议，选举产生县政府委员9名，惠光弟当选为县长。① 1954年2月18—20日，召开甘泉县第二届各界人民代表会议，代表40人。会议审议并通过甘泉县政府1954年生产计划、普选和动员认购建设公债等议项，选举白文彩为县长。②

1949年10月10日，中国新民主主义青年团甘泉县工作委员会成立，同时在县城召开首届代表会。会议通过了建团工作报告，选举产生团县委第一届委员会，书记崔汉成，副书记李智信。当年发展团员163人。1952年12月，召开甘泉县第二届团代会，代表39人。会议通过了团委工作报告，选举产生团县委第二届委员会，书记刘玉晋，副书记李智信。

1948年7月，原妇女救国会改称民主妇女联合会。1953年，全县4个区委均成立了民主妇女联合会，各配备主任1人，干事1人。③ 1950年6月21日，召开甘泉县第六届妇女代表大会。大会总结了1949年妇女工作，选举本届执委，李琴当选为主任，选举产生出席陕西省妇女代表大会代表。④

1953年，召开甘泉县工商界代表大会，选举产生本届工商联合委员会，付文科当选为主任。会后，成立"甘泉县工商联合会"（简称工商联）。

（7）吴旗县。1949年8月22日，陕甘宁边区政府决定为援助西北新解放区工作，撤销吴旗县制，原辖地划属定边、靖边、志丹、华池四县。1950年4月19日，陕西省人民政府命令恢复原吴旗县建制，隶属延安地区，王忠诚任县委书记，蔺士魁任县长。县人民政府设县

---

① 甘泉县地方志编纂委员会：《甘泉县志》，陕西人民出版社1993年版，第369—370页。
② 同上书，第370页。
③ 同上书，第473页。
④ 同上书，第474页。

长1人，政府委员15人。政府下设民政科、财政科、文教科、建设科、公安局、粮食局、计划委员会、检察署、法院、联社、秘书室。各科、局、院等均配1—2名正副领导和若干工作人员。① 下辖5个区29个乡。各区均设正副区长各1人，文书1人，办事员2人；各乡均设乡长1人，文书1人，办事员1—2人。②

1950年11月6—11日，吴旗县首届人民代表会议第一次会议在县城召开，历时6天，出席会议的代表38人，其中选举产生代表14人，邀请代表24人。代表们讨论了县政府调整产量及秋收、秋征等方面的工作总结；宣传贯彻《婚姻法》，今后的生产任务等；民主选举了蔺士魁为县长并兼任法院代院长，政府委员15人，法院副院长蔺士耀。第二次会议于1951年11月17—22日在县城召开，历时6天。出席会议代表46人，其中干部代表19人，农民代表9人，工人代表10人，军人代表8人。会议听取了支援抗美援朝的政府工作报告；讨论检查了政府的各项工作；讨论了县政府秋粮征购工作的意见；会议还讨论通过了1952年农业生产计划及贯彻《婚姻法》的决定。③ 第三次会议于1952年9月7—11日在县城召开，历时5天。出席会议代表80人，其中农民代表50人，工人代表6人，工商业代表2人，驻军代表11人，教育代表3人，民主人士代表8人。会议听取了县政府8个月来的工作报告；讨论和通过了1953年生产计划；选举了县长蔺士魁，11位政府委员和3名出席陕西省人民代表大会代表。④

1951年吴旗县成立检察署，编制3人，其中正副检察长各1人，文书1人。⑤ 法院院长由县长兼任，设副院长1人，审判员2人，书记员2人，司法文书1人，法警1人。1953年县人民法院院长始由人

---

① 吴旗县地方志编纂委员会编：《吴旗县志》，三秦出版社1991年版，第581页。
② 同上书，第583页。
③ 同上书，第569页。
④ 同上。
⑤ 同上书，第610页。

民代表大会选举产生，人员编制未变。①

1948年土改期间，吴旗县召开了全县农民代表大会，会后又在各村成立了农会小组。1949年全国解放后，吴旗县农民联合会宣布撤销。1949年元月，吴旗县民主妇女联合会成立（后撤销再恢复），同生荣任主任。随后区、乡妇女组织相继建立。

1950年6月25—27日，吴旗县第一次新民主主义青年团代表大会在县城召开。出席代表23人。大会选举产生了由任加荣、白世英、李士毅、安岱、黄崇廷5人组成的委员会。1952年12月23—25日，第二次青年团代表大会在县城召开。出席代表34人，列席代表7人。大会选举产生了新的委员会。②

（8）延川县（先隶属绥德分区）。新中国成立时，延川县政府有10个工作部门。1950年4月增设检察署。6月，县政府改称延川县人民政府，设正、副县长各1名，政府委员13名。同月增置监察委员会。7月增设粮食局。1951年1月增设交通科。12月，人民司法处成为独立的执法机构。翌年6月，县政府委员有15名。1953年2月，增设统计科，3月邮政局改称邮电局，1954年1月新设工商科。

1949年2月，撤并为6个区政府39个乡政府162个行政村641个自然村。4月，各区政府改称区公所。1950年7月31日全县39个乡缩编为30个乡，每乡配备3名脱产干部。1952年6月增为7个区公所，翌年5月，调整为40个乡政府。③

1949年12月10日—1950年1月15日，延川县进行新中国成立后第一次普选。全县登记选民33595人（女15283人），参选25738人（女10686人），参选率76.6%，无选举权45人（21人被剥夺选举权，24人系精神病患者）。选出乡人民代表1269人，乡长30人（连选连任24人），乡政府委员会委员150人（连选连任114人）；

---

① 吴旗县地方志编纂委员会编：《吴旗县志》，三秦出版社1991年版，第614页。
② 同上书，第653页。
③ 延川县志编纂委员会：《延川县志》，陕西人民出版社1999年版，第443页。

选出县代表50人（女2人）。①

　　1950年3月14—15日，在县城召开第一届各界人民代表会议第一次会议。应到代表50人，实到39人（候补代表5人）。大会听取审议了政府工作、肃特反霸、生产等报告。以无记名投票方式选举贺正明为县长，郝福祥为人民法院院长，郝福祥、冯宣、白向明、高阶为行署代表，选出11名县人民政府委员，县各界人民代表会议第一届常务委员会委员13人，冯士英为常务委员会副主席。1951年2月16—18日召开第二次会议。出席代表42人，列席9人。会议听取了人民政府工作报告，通过了关于迅速加强生产、恢复战争创伤和稳定社会秩序等决议。②1952年5月29日—6月3日，第二届各界人民代表会议第一次会议在县城召开，应到代表110人，实到105人，列席代表10人。会议听取审议了县人民政府工作报告，通过了关于做好夏收、秋播、搞清公粮尾欠和贯彻《婚姻法》等项决议。李虎岗当选为县长，选举15名县人民政府委员会委员和10名常务委员会委员，冯士英当选为常务委员会副主席。1952年11月11—14日召开第二次会议，出席代表90人。大会听取了县人民政府工作报告和关于冬季生产的报告，继续贯彻《婚姻法》的报告，布置民主建政、速成识字、民兵冬训等项工作，选举15名人民政府委员会委员。1953年3月7—9日召开第三次会议，出席代表104人。会议听取了《1952年农业生产基本情况总结和1953年春季生产工作任务》与《关于开展宣传贯彻〈婚姻法〉运动》的报告。1953年6月20—22日召开第四次会议，出席代表57人。会议总结了春季生产，讨论了夏季生产，并作出了相应决议。1954年2月21—24日召开第五次会议，出席代表58人。会议听取了关于如何开展普选工作的报告、粮食工作的基本情况和1954年农业生产工作意见的报告，关于国家过渡时期总路线和粮食政策报告；讨论了粮食统购统销任务的分配；通

---

① 延川县志编纂委员会：《延川县志》，陕西人民出版社1999年版，第427—428页。
② 同上书，第423页。

过了会议决议和县普选工作计划。①

1948年2月—1949年4月，延川县进行整团建团运动，全县计有青年团员119名，其中女团员19名。整顿期间，发展新团员324名，其中女团员34名。1949年2月，县青年联合会改称新民主主义青年团延川县委员会（简称青年团延川县委）。②

1949年11月9—13日，中国新民主主义青年团延川县第一届代表大会在县城召开，出席代表31名。会议选举产生青年团延川县第一届委员会。至1950年1月，团县委辖5个区委、26个团支部、12个临时支部、99个团小组，全县计有团员546名，其中女团员78名。③ 1951年3月3—7日，中国新民主主义青年团延川县第二届代表大会在县城召开，出席代表30名。会议总结1950年工作，部署1951年工作，选举产生青年团延川县第二届委员会。

1949年县妇联改称延川县民主妇女联合会。12月10—11日，延川县第一届民主妇女代表大会在县城举行，出席代表23名。会议提出了织布纺线、支援前线、搞好生产的任务，选举产生了县民主妇女联合会，主任王瑞华。1951年5月16—18日，延川县第二届妇女代表大会在县城举行，出席代表29名。会议总结了首届妇代会以来的工作，提出了拥军优属、妇女扫盲等任务，选举产生了延川县民主妇女联合会第二届执行委员会。1952年10月20—23日，延川县第三届妇女代表大会在县城举行，出席代表55名。会议听取并讨论了妇女工作报告和1952年冬季妇女工作计划。选举产生延川县民主妇女联合会第三届执行委员会。④

（9）子长县（先隶属绥德分区）。1950年2月28日—3月1日，子长县各界人民代表大会首届一次会议召开，樊志杰当选为县长。1950—1954年，本县共召开三届4次各界人民代表会议，经过民主协商，产生各界人民代表。各界人民代表委员会于1955年撤销。

---

① 延川县志编纂委员会：《延川县志》，陕西人民出版社1999年版，第423页。
② 同上书，第408页。
③ 同上。
④ 同上书，第410页。

1950年，县人民政府下设秘书科（编制15人）、民政科（编制5人）、财政科（编制7人）、建设科（编制6人）、监委会（编制2人）、检察署（编制2人）、教育科（编制5人）、工商科（编制2人），人民法院（编制8人）、公安局（编制12人）、民警队（编制68人）。1953年设计划统计科，人事科（前属县委编制）并入民政科。武装部改称兵役局，划归政府编制（前属县委编制，后划归中国人民解放军建制）。① 县级基层政权为区、乡政府。区政府设正副区长2人，秘书兼会计1人，民政、文教、公安、粮食、武装各配备助理员1人，伙夫、交通2人。乡政府编制3人，即乡指导员、乡长、文书。行政村设行政主任，自然村设村长。②

1949年9月，子长县司法处改名为子长县人民法院。1950年3月1日，县各界人民代表会议选举副院长1人，主持法院日常工作，院长一般由县长兼任。1950年7月，县人民检察署成立，黄锐任检察长，1954年10月更名为县人民检察院。

1950年3月，子长县工会成立。1952年4月，召开子长县工会首届会员代表大会，选举王光年为主席，并根据绥德专区办事处指示，先后组建团结煤矿、杨家园子煤矿、新庄库煤矿、县联社、农具厂和县人民银行等6个基层工会，全县会员145人，占职工总数的18%。1953年12月，改称子长县工会联合会。至1962年，全县基层工会发展到27个，会员1310人，占职工总数的51.80%。③

1949年12月11—14日，中国新民主主义青年团子长县委员会首届代表大会在瓦窑堡召开，正式代表38人，列席代表19人，大会听取和讨论徐子昌代表青年团子长县筹委会所作的工作报告，选举产生了首届委员会。在首届一次全委会上选举徐子昌为书记。全县共有团支部32个，团小组92个，团员376人。1951年3月、1954年8月分别召开了第二、第三届团代会。④

---

① 子长县志编纂委员会：《子长县志》，陕西人民出版社1993年版，第530页。
② 同上书，第533页。
③ 同上书，第506页。
④ 同上书，第510页。

1950年1月18日，县委决定成立子长县民主妇女联合会。同年2月，召开子长县第三届妇代会（接续陕甘宁边区时期），选举秦君为主任。1952年11月，第四届妇代会在县城召开，到会代表54人，选出本届执委11人，常委5人，陈瑞雪为副主任（主持工作）。①

1950年3月，全县工商业者举行首届代表会议，成立子长县工商联合会，选举产生执行委员会委员11人，常务委员会委员6人，石殿元任主任委员。1951年，工商业联合会对全县私营工商业进行全面调查，按行业设立分会。1950年5月2日，陕西省人民政府发布划分区域命令，本县划归绥德分区管辖。

（10）宜川县。1948年3月3日，宜川解放，县新政权成立，第一任县委书记为封应书，县长白彦博。全县设7个区39个乡，121个行政村，535个自然村。② 4月，全县建立了富云、丹阳、康平、永安、城关5个区人民政权，30个乡政权。5月，在城关5乡、康平4乡、富云4乡、丹阳5乡等地组织贫农团。6月23日，遵照中国人民解放军副司令员彭德怀电示精神，在全县广泛发动群众成立贫农协会，实行减租减息。

1949年4月，全县组织起乡农会30个，农会小组388个，有会员2729名，减租粮114675公斤，退租6190公斤，免租10946公斤。③ 10月，县、区、乡3级政权机构干部基本配齐，县政府设立秘书处、一科（民政科）、二科（财政科）、三科（教育科）、四科（建设科）、公安局、税务局、邮电局等8个工作机构。并设立了县人民法院，设审判员、书记员、办事员、法警共8人，由县长兼任院长。全县行政区划为7个区，39个乡121个行政村。

宜川各界人民代表大会。1949年10月14—16日，宜川县各界人民临时会议召开，出席会议代表66人，均由各民主团体推荐产生。会议总结了宜川县解放以来的工作。讨论了土地改革工作规划，1950

---

① 子长县志编纂委员会：《子长县志》，陕西人民出版社1993年版，第513页。
② 宜川县地方志编纂委员会：《宜川县志》，陕西人民出版社2000年版，第591页。
③ 同上书，第17页。

年农业生产计划、工商业、治安、学校及社会教育、青年、妇女工作等问题。

1948年，县、乡人民政府和各级干部都由上一级政府和党组织任派。根据中央人民政府委员会发布的《县各界人民代表大会通则》规定，1950—1954年宜川县共召开各界人民代表会议两届12次。代表名额由县人民政府根据全县人口、地理等情况确定。由乡农民代表大会或农民大会推选农民代表，工商、文化教育、青年、妇女界和党政军界的代表，由县、区、乡各界群众会议推选。

1950年1月18日，宜川县第一届各界人民代表大会第一次会议召开。到会代表94人，会议主要讨论和布置了土地改革工作，并决定开展生产自救，镇压反革命，宣传新政策，取缔封建恶习。2月1—3日，宜川县首届农民代表大会召开，参加代表96人[①]，会议主要讨论通过1949年生产工作和1950年生产计划，解决土地改革中一些问题。土改后农会取消。

1950年7月28日，宜川县第二届各界人民代表大会第一次会议召开。9月召开了第二次会议，选举赵正隆为县长和由15人组成的县政府委员会。

1950年5月5日，根据中共中央指示，撤销陕北区黄龙分区，宜川县划归延安专区管辖。宜川县由7个区改为6个区。8月，全县区公署改为区公所。10月，宜川县粮食局成立。1951年12月，县检察署、民政局相继成立，同时建立由县长、监委主任、县委秘书及有关政法部门领导人组成的检察委员会。

宜川县团群工作。1949年3月，成立宜川县工会，设正、副主任各1人，委员3人，罗景山为主任。任务是团结工人、吸收会员，壮大、发展工会组织，在人数较集中的行业（木匠）中，建立基层工会委员会，在人数较少分散的行业中设组织员或工会小组。1950年共有职工443人，会员96人。1951—1952年建立基层工会5个，发展会员52人。1953年为配合县委、县政府进行社会主义改造运动，

---

① 宜川县地方志编纂委员会：《宜川县志》，陕西人民出版社2000年版，第575页。

成立宜川县工会联合会筹备委员会，为召开宜川县工会联合会第一次代表大会做准备，并整顿了基层组织。①

1948年3月，宜川解放后，宜川县委成立青年工作委员会，在县、区、乡开始组建基层团组织，建支部18个，发展团员207人。1949年6月，陕北团代会后，县委改青年工作委员会为中国新民主主义青年团宜川县筹备委员会，由高侠任主任，1949年10月属黄龙分区团委领导。②1950年2月15—21日，召开中国新民主主义青年团宜川县第一届代表大会，出席代表40人，正式成立中国新民主主义青年团宜川县委员会，委员会由7人组成，邓士荣任书记，内设秘书处、组织部、宣传部、学校少年工作部等。会议号召全县青年团员投身于支前、反霸、镇反、土改的斗争中去。5月，改归延安团地委领导。基层组织按照本县所属区、乡人民公社设基层委员会，各行政村设支部委员会，随行政建置调整而变更。1949年10月为7个区39个乡设5个区团委，团员1180人，有农村支部35个，学校支部10个，机关支部4个，总支1个，团小组174个。1950年2月，全县有区团委5个，团总支1个，支部49个，小组174个，共有团员1180人。③

1953年11月22—26日，召开第二届县团代会，会议选举团县委委员会由11人组成，刘杰成任书记，选举出席延安分区团代会的代表。

1950年4月27日，宜川县召开首届妇女代表会，出席代表47人，正式成立宜川县民主妇女联合会（简称妇联），高兰英任主任。

1948年，宜川解放后，成立宜川县商会，负责组织各商号工商户参加剿匪、支前、反霸等工作。1950年4月，改称为宜川市工商业联合会，1951年12月19日，重新改组为宜川县同业公会。1952年1月，召开了宜川县第一届工商业职工代表大会，出席代表32人，

---

① 宜川县地方志编纂委员会：《宜川县志》，陕西人民出版社2000年版，第644页。
② 同上书，第647页。
③ 同上书，第647—648页。

大会通过成立《宜川县工商业联合会》，岳立业任主任。下设7个股。① 1953年4月28日，召开宜川县第二届工商业联合会代表大会。会议选举产生宜川县工商业联合会第二届常务委员会和执行委员会，由岳立业任主任。

（11）洛川县。1948年3月25日洛川县城解放，26日，中共黄龙地委批准成立中共洛川县委、任命县委书记张俊贤、县长郭景龙。4月26日，中共洛川县委、洛川县人民政府迁入县城。同月，县下设区、乡、行政村、村会，城关设市。区设区长、副区长、秘书、会计、民政、财粮、文教、公安、建设干事各1人，农会主任、妇女主任、民兵营长各1人。乡设正副乡长、文书与不脱产的民兵队长、农会主任、妇女委员各1人。乡下按居住条件编为自然村，设村长、农会组长、妇女组长、民兵排长各1人。几个相邻的自然村编为行政村，设行政主任、农会主任各1人。②

1948年5月，县人民政府设一科（民政）、二科（财政）、三科（教育）、武装科、保安科、司法处与县大队；同年8月，设立洛川县民主妇女联合会。1949年3月7日，开展群众性的四反（反恶霸、反不公、反特务、反贪污）斗争，在斗争中多数村会、农会逐步建立。10月，土地改革全面开始，至1950年4月22日结束。经过土改，各乡农会普遍建立，乡妇联陆续成立。1952年农会裁撤。

1949年6月成立了洛川县司法处，设裁判员、书记员各1人，处长由县长兼任。1950年1月改司法处为洛川县人民法院，院长仍由县长兼任。1951年4月裁判员改称审判员，院内设立了审判委员会。

1950年6月成立了洛川县人民检察署，配检察长1人，由公安局长兼任，另设专职检察员1人。1951年配副检察长1人，干部增加为4人；3月24日成立检察委员会，检察长任主任委员。1952年配检察通讯员3人。③

---

① 宜川县地方志编纂委员会：《宜川县志》，陕西人民出版社2000年版，第657页。
② 洛川县志编纂委员会：《洛川县志》，陕西人民出版社1994年版，第145—146页。
③ 同上书，第166页。

洛川县各界人民代表会。各界人民代表会议由军事管制委员会和人民政府邀请各界代表参加。各界人民代表会议，选举县长、副县长、法院院长、检察院检察长，审查和批准国民经济计划和财政预决算的执行情况。1949年10月，召开洛川县第一届各界人民代表会。出席会议代表58人。会议听取了李占江县长的《政府工作报告》，作出了洛川县《关于建立新政权，剿匪锄奸、支援前线，加强拥军优属、反对买卖婚姻及进行土改》的决定，选出了由13人组成的常务委员会，高朗亭任主任，王振清任副主任。

第二届各界人民代表会议第一次会议，于1950年5月26—29日召开，出席代表55人。会议听取了县委副书记王安民的《国内外形势和土改工作总结报告》；县长薛天敏《春季生产救灾工作执行情况的报告》；通过了《洛川县1950年生产建设计划》决定成立洛川中学，选出由9人组成的常委会，薛天敏任主任，郝玉堂任副主任。第二次会议于1950年7月21—26日召开。会议总结了上半年生产工作，讨论了夏季借、征公粮和各界人民对干部作风的意见等问题。第三次会议于1950年10月30日—11月5日召开，出席代表42人。会议听取并通过了县长薛天敏《关于夏季借、征公粮总结和副业生产的报告》；县委书记郝玉堂《关于土地登记评定产量计划报告》；推选出以薛天敏、郝玉堂为正副主任的土登评产委员会。第四次会议于1951年3月9—12日召开，出席代表54人，列席代表19人。讨论通过了《爱国公约》，奖励了各界模范代表和聘请代表。第五次会议于1951年6月11—13日召开，出席代表56人。会议听取了县长薛天敏《关于春季生产总结报告》，选举出洛川县人民委员会常务委员7人，薛天敏任主任。

第三届各界人民代表会议第一次会议于1951年12月5—8日在洛川师范礼堂召开，出席代表45人。会议听取了《关于贯彻执行婚姻法的情况报告》、《关于继续开展镇压反革命工作的报告》；成立了中国抗美援朝总会洛川分会；补选了9名常务委员会委员，王安民任副主任委员。

第四届各界人民代表会议第一次会议于1952年3月2—6日在洛

川师范礼堂召开，出席代表84人。会议讨论通过了1952年生产计划与进行反贪污、反浪费、反官僚主义的三反工作报告；增选了26名代表，选举王殿芳为县长，马逵为县人民法院院长，还选出县常务委员会委员11名，王殿芳为主任委员。第四届各界人民代表会议第二次会议，是与第一次互助组长会议联合召开的。时间从1952年6月13日开始，16日结束。出席代表57人，其中有互助组长16人，劳模5人，各区区委书记、区长列席了会议。会议听取了县长王殿芳《关于民主建设和开展优抚工作的报告》，总结了防旱抗旱工作；布置了夏收、夏选、夏耘工作和1952年夏借征公粮任务。选举李茂盛、徐平山、成文举、杨德山为出席省各界人民代表大会代表。① 第三次会议，于1952年9月1—4日召开，出席代表85人。会议听取了县长王殿芳《关于夏收、夏选工作总结及下半年农村生产计划（草案）报告》，民政科科长徐平山的《民主建设工作报告》，改选了常务委员会，选出了出席省人民代表大会代表。② 第四次会议于1952年12月4—16日召开，出席代表105人。会议听取了县长王殿芳《关于一年来民主建设工作和农业税收工作的报告》。第五次会议和县妇女代表会于1953年2月23日在洛川师范联合召开。人民代表68人，妇女代表15人，出席了会议。会议听取并讨论通过了县长王殿芳《关于贯彻婚姻法计划》《1952年工作总结和制定1953年经济建设计划的报告》。第六次会议，于1953年10月14—16日召开，出席代表78人。会议听取并通过了代县长张发云《关于全面进行普选工作和农业生产互助合作问题的报告》与《开展增产节约运动的报告》。③

洛川县团群工作。中华人民共和国成立后，洛川县工会工作由县委代管。1949年县委设工会专职干部1人；1952年增为2人，1953年成立洛川县工会筹备委员会，由县委组织部部长负责工作；同年5

---

① 洛川县志编纂委员会：《洛川县志》，陕西人民出版社1994年版，第132页。
② 同上书，第132—133页。
③ 同上书，第133页。

月根据"七大"工会章程,成立了洛川县工会联合会。① 1949年10月3—7日,召开了洛川县首届青年团代表大会。当时下属5个团支部;1950年之后,有团区委7个,总支委1个,正式支部51个。② 1949年10月,奉中国新民主主义青年团中央建立统一的中国少年儿童队的决定,县城职工子弟小学等校建立起组织;1953年6月改称少年先锋队(简称少先队)。

1949年12月11日,召开工商界人民代表会,民主产生了洛川县工商联合会(会前产生了工业、商业、摊贩三个行业会)。

(12)黄陵县。1948年5月7日成立陕甘宁边区黄陵县政府,隶属黄龙分区。县长岳嵩主持召开第一次政务会议,讨论县政府机构编制人选与区乡人民政府机构人选。县政府由正、副县长、各科室负责人、社会知名人士组成政务委员会。县政府设秘书处,分政务、事务秘书,负责办理公文、记日常内务和县长交办事宜。一科(民政)负责行政区划,干部管理,社会福利救济、军烈属优抚、复员转业军人安置、民事调解、卫生防疫。二科(财政)承办公粮收支,税款征收、经费支付、审计账目。三科(教育)负责全县中小学教育、社会教育、文化和体育活动。四科(建设)负责农业、水利、交通、农贸工商。司法处,负责法律宣传,贯彻承办律师事务,保护公民正当权益。保安科,负责社会治安保卫、刑事案件侦破、罪犯拘押管教、监所管理。1950年设武装科,负责民兵训练、兵员征集。③

1950年黄陵县转属延安地区行政公署管辖。1951年3月17日改称黄陵县人民政府,内设机构未变。1952—1955年,除将部分科改为局外,还增设了税务局、统计局、财政经济委员会、计划委员会、文教卫生科。

1949年7月黄陵县有5个区,22个乡。区设区长、副区长、秘书、会计、民政勤理员、文教助理员、治安助理员、粮秣助理员、财

---

① 洛川县志编纂委员会:《洛川县志》,陕西人民出版社1994年版,第224页。
② 同上书,第221页。
③ 黄陵县地方志编纂委员会:《黄陵县志》,西安地图出版社1995年版,第434页。

政助理员、农会主任、妇女主任、民兵营长各1人。乡设正、副乡长、文书、不脱产的民兵队长、乡农会主任、妇女委员各1人。行政村（几个自然村组成）设行政主任、农会主任各1人。自然村设村长、粮秣员、农会组长、妇女组长、民兵排长各1人。至年底共建起4个区公署（所）、18个乡政府、61个行政村、247个自然村。基层政权直接组织人民开展四反（反恶霸、反贪污、反特务、反不公）、两减（减租、减息）斗争，恢复生产，支援前线。①

1951年3月30日，县人民政府政务会研究决定，区按数序，乡按地名称谓。乡政府设正副乡长、文书各1人；设生产建设委员会、设调解委员会、优抚委员会、文教卫生委员会、义务救灾委员会、治安保卫委员会。各设不脱产委员1人。乡以下政权组织未变，此时全县共5个区政府，22个乡政府、75个行政村、386个自然村。②

黄陵解放后冯力生首任中共黄陵县委书记、岳嵩首任黄陵县人民政府县长。区、乡人民政府领导干部均由上级指派，行政村、自然村两级基层干部由群众选举产生。

黄陵县各界人民代表会议。黄陵县各乡分别在1948年冬至1949年春召开了农民代表会议，选举了出席县农民代表会议的代表。1949年10月9—11日，黄陵县各界临时人民代表大会召开。

1949年11月，黄陵县召开第一届各界人民代表会议第一次会议，出席会议的代表131人。会议在庆贺全县解放的同时，决定了全县工作的重点是：肃清反动残余势力、巩固新生政权。会议讨论了土改的方针、政策和划分地主、富农成分的方法。1950年2月1—3日召开了第二次会议，出席会议的有工人、农民、军队、妇女、机关（党政）、工商界、青年等各方面代表共51人，会议听取和审议了黄陵县人民政府《1949年政府工作和1950年生产建设规划》的报告。第三次会议，于1950年5月27—29日召开，出席代表60人（工人代表4人、农民代表25人、学生代表1人、妇女代表7人、工商界代表3

---

① 黄陵县地方志编纂委员会：《黄陵县志》，西安地图出版社1995年版，第437页。
② 同上。

人、军队代表1人、党政机关代表9人、文教界代表5人,其他代表5人)。代表中党员33人、共青团代表7人、无党派人士20人。会议听取和审议了县政府关乎春耕生产工作的报告,动员布置了救灾、夏耕、夏收工作;通过了夏粮征购办法等决议;选举出任彦堂、鲁宗明为出席省各界人民代表会议的代表;刘克荣当选为县长。第四次会议于1950年7月22—24日召开,出席代表60人(男53人、女7人)。会议传达了省人民政府关于1950年夏征公粮的办法;听取和审议县人民政府关于本县夏季征借公粮的实施意见和夏收、夏耕工作安排。① 第五次会议于1950年11月3—5日召开,出席代表50人,占应出席代表人数的82%,其中男43人、女7人。会议听取和审议了《县政府关于1950年生产建设规划执行情况和秋征工作》的报告,讨论并通过土地登记和评产工作计划,选举产生土地登记评产委员会,选出委员9人,主任刘克荣(县长)、副主任1人。② 第六次会议于1951年3月12—14日召开,出席代表41名,会议听取和审议县人民政府关于1950年夏收夏征工作情况和1951年农业生产规划的报告。③

1952年5月26—27日召开了第二届各界人民代表会议第一次会议,出席代表61人(男54人、女7人),占应到会代表人数82%,其中农民代表27人,妇女代表7人、工商界代表3人、军队代表1人、党政机关代表19人,青年代表2人、文教卫生界代表1人、民主人士代表1人。会议听取和审议县人民政府关于春季生产总结及防旱、抗旱和夏收工作安排意见的报告,讨论通过《动员一切力量积极参加夏收夏选,有计划地巩固互助组,开展爱国丰产竞赛运动》和《继续深入开展增产节约运动,发展农业生产》的决议。会议选出县人民政府委员9名,刘克荣为县长,刘德政为副县长。选出第二届各界人民代表会议常务委员会委员9名,主席刘克荣、副主席马作斌;

---

① 黄陵县地方志编纂委员会:《黄陵县志》,西安地图出版社1995年版,第425页。
② 同上书,第425—426页。
③ 同上书,第426页。

选出法院院长1人。第二次会议于1952年9月28—30日召开，出席代表82人（男69人，女13人），占应到会代表人数的92%，其中党员代表49人，无党派人士33人。会议听取和审议了县人民政府关于政府工作和建设工作情况的报告；讨论通过了1953年生产建设纲要和增种冬小麦，秋收秋选以及进一步做好建设、整顿互助组工作的安排意见。会议改选第二届各界人民代表会议常务委员会，选出委员10人，主席马作斌，副主席刘怀义，选出县人民委员会委员5名，县长刘怀义，选举郭明礼、郑文卿2人为出席省人民代表会议代表。并做出关于发展农业生产进一步做好民主建政工作，继续深入开展爱国卫生运动等决议。第三次会议于1952年12月12—14日召开，出席代表75人，列席代表8人。会议听取和审议县人民政府关于开展互助合作运动，加强人民民主建设工作的总结报告。听取民政科、财政科、建设科等关于优抚、秋征入库、冬季生产的工作情况汇报。讨论通过了关于加强农业互助合作运动和继续加强人民民主建设工作的决议。第四次会议于1953年2月3—5日召开，出席代表69人，会议中心是讨论如何做好贯彻婚姻法的问题。第五次会议于1953年9月15—17日召开，出席代表58人，列席代表12人，会议听取和审议1953年10月开展基层普选的计划和县人民政府关于秋收、秋选的工作报告。讨论通过了关于做好基层普选，搞好秋收、秋选工作的决议。选举刘怀义为第二届各界人民代表会议常务委员会主席，选举副主席2人，选举刘德政为县长。① 第六次各会议于1953年12月3—6日召开，出席代表40人，列席代表10人。会议听取和讨论关于国家在过渡时期的总路线和总任务及国家粮食政策的报告，通过关于实行粮食统购统销政策的决议。②

1952年，根据省人民政府民政厅关于民主建政工作指示，黄陵县人民政府抽调9名干部组成民主建政工作组在道南乡进行试点。在广泛民主基础上选出乡人民代表，由代表选举产生了正副乡长和

---

① 黄陵县地方志编纂委员会：《黄陵县志》，西安地图出版社1995年版，第426页。
② 同上书，第426—427页。

第二章　民主建政

委员（委员有生产建设、调解、优抚、文教、义仓、救灾、治安保卫等）。1953年根据省、地指示精神，对全县乡、村基层政权通过民主评议普遍进行了一次整顿，乡人民政府改称乡人民委员会，建立了乡人民代表会议制，明确规定：①乡人民代表会为乡行使职权最高机关，乡人民代表会议闭会期间，由乡人民委员会行使职权；②乡人民代表会每年可召开4—5次，研究讨论生产建设，支援前线，处理代表提案；③区不召开代表会，可召开代表座谈会，商讨行政生产事宜。

1948年5月1日，成立黄陵县司法处，隶属陕甘宁边区黄龙分区高等法院领导，处长由县长兼任，设裁判员1人，书记员1人，专职看守员1人，法警2人（由县警卫队战士兼任）。1949年12月1日，司法处改为黄陵县人民法院，院长由县长兼任。1950年法院设院务会，5月18日成立县审判委员会，由县委书记、县长、公安局等参加，具体业务由审讯小组负责。① 1950年6月30日，根据陕西省人民政府指示，成立黄陵县人民检察署，设检察长1人，专职检察员1人，同时成立检察委员会，由纪检、法院、公安、组织、民政等部门负责人组成。1951年4月设专职副检察长1人，检察员2人。1952年配聘兼职检察通讯员4人。②

黄陵县团群工作。1948年10月，黄陵县青年联合会成立，主任委员少平、委员韦明海、戴路、郝玉堂、寇维元。同年12月，康岩底乡梨园村建立起第一个农村团支部，张宏儿为支部书记，有团员6名。1949年4月，全县已建立了3个区团委、2个区团筹委、38个团小组、团员发展到271名；9月，成立黄陵县团县委筹委会。10月13日召开中国新民主主义青年团黄陵县第一次团代会，将黄陵县青年联合会更名为中国新民主主义青年团黄陵县委员会，书记刘金玉，设组织部长，宣传部长和少年队负责人各1人。③

---

① 黄陵县地方志编纂委员会：《黄陵县志》，西安地图出版社1995年版，第457页。
② 同上书，第459页。
③ 同上书，第414页。

1949年7月，黄陵在各小学逐步建起少先队组织，年底共有少先队组织95个，队员发展到1000余名。1952年全县少先队组织已增加到193个，队员2120名，占全县少儿总数量的30%。1953年，有少先队组织214个，队员2236名，辅导员46名。主要是号召儿童学习少先队的基本知识和英雄模范人物。①

1949年全国解放后，延安地委为黄陵配备郭珍等6名妇女干部，主持县上妇女工作。1950年4月，黄陵县妇女联合会正式成立，5月16日召开全县首届妇女代表大会，郭珍当选为县妇联主任。随之各区、乡相继成立妇代会。

1952年10月29日，召开县工商联首届代表大会。选举张耀堂为主任，并决定每年召开一次会员代表大会。

解放后，黄陵县18个乡，61个行政村，都成立了农会，其主要任务是同村干部主持解决各种战勤负担，监视地方恶霸言行，揭露敌特反动组织，处理群众纠纷。土改期间，农会积极召集农民群众大会，宣传新政策，并组织贫雇农小组开展工作，保证全县土改工作的顺利进行。1950年，全县农会会员发展到1541名。人民公社化后，农会停止活动。②

（13）黄龙县。1947年10月4日，黄龙第一次解放后，黄龙地委在石堡镇召开群众大会，宣布黄龙县政府成立。设立民政科、财政科、文教科、建设科、保卫科和秘书室，隶属黄龙分区领导。同时成立10个区委和区公署，组建县、区政权，景志仁任县长。黄龙县大队、保安科相继成立，县长景志仁兼大队长，赵智翔任保安科长。1948年3月，宜（宜川）瓦（瓦子街）战役结束，黄龙得到彻底解放。县政府迁回石堡镇。春，县政府设立护林委员会，由县长、建设科长、财政科长、保安科长任委员，贾自立任主任。1948年4月11日，中共中央西北局决定景志仁任县长。17日，中共黄龙县委召开建政后第一次扩大会议，确定广泛发动群众，肃清各地散匪。8月，

---

① 黄陵县地方志编纂委员会：《黄陵县志》，西安地图出版社1995年版，第415页。
② 同上书，第418页。

设立黄龙县司法处。10月8日，县政府设立党组，景志仁任党组书记。1949年10月，改保卫科为公安局。1950年增设武装科（4月）、人民检察委员会、财政委员会、供销社理事会、花纱布公司。11月改黄龙县政府为黄龙县人民政府。1951年，护林委员会更名为陕西省黄龙山林区管理处。5月，成立黄龙县人民武装部。10月增设人民问事处。1952年9月8日，增设工商科（1956年12月撤销工商科，成立商业局）。1953年1月，林世贵任县长。3月27日，县政府设统计科。4月，成立护林防火指挥部。1954年1月，成立地方病防治委员会。4月，成立运输委员会，改统计科为计划统计科。12月，成立计划委员会，改供销合作社为供销合作联社。

黄龙县各界人民代表会议。第一届黄龙县临时人民代表大会1949年10月6—9日召开，出席各界代表61人，列席71人（其中机关干部30人，教员、学生41人）。会议听取并审议了《建政以来政府工作报告》，讨论了肃清反动残余势力和发展生产支援前线等项工作，通过关于治安、疾病、生产建设等6个议案。卫青山为代县长。本届共召开会议6次，在1951年3月召开的黄龙县第五次会议上，选举产生由11人组成的黄龙县第一届各界人民代表大会常务委员会，李景熙当选为县长。[1] 第二届各界人民代表会议于1952年5月22—28日召开，出席代表79人。会议决定从第二届各界人民代表会议起代行人民代表大会职权，选举了本届12人组成的常务委员会和县人民政府，李景熙任县长兼任常委会主席。大会讨论并通过县人民政府《四年来的施政工作总结及今后的工作方针、任务》，选举出县人民政府委员、县长、法院院长。本届共召开会议6次，曾作出《继续开展爱国卫生运动的任务、方针、计划》、《贯彻国家在过渡时期的总路线、总任务》、《贯彻中央人民政府关于粮食统购统销政策问题》等决议。

基层政权，1948年全县共设10区、65乡、665个自然村。[2]

---

[1] 黄龙县志编纂委员会编：《黄龙县志》，陕西人民出版社1995年版，第396页。
[2] 同上书，第406页。

1950年3月，区划调整，设7个区，将65个乡合并为55个乡。1951年春进行了第一次乡人民代表大会选举。先成立选举委员会。根据建政通则，采用投豆子、举手、写票3种办法，选出了乡人民代表大会代表928人，乡长、副乡长48人，乡人民政府委员310人。①

1949年10月黄龙县司法处改称黄龙县人民法院。由县长兼任院长，设审判员、书记员各1人，看守员、法警各1人。1951年2月县法院将看守所移交公安部门管理。1952年成立县审判委员会，下设审判小组，审判人员增为7人。4月，成立县临时人民法庭，1953年11月，成立县人民法院巡回法庭，人民法院接待室。②

1950年8月成立黄龙县人民检察署。由公安局长兼任检察长，配备副检察长1人，办理检察业务。1951年5月成立黄龙县检察委员会，由中共黄龙县委组织部、监委会、法院、公安局、检察署、民政科负责人组成，检察长任主任委员。1952—1954年，先后配备检察干部5人，设置检察通讯员14人，主要是对法院审判依法实行监督。③

1948年，中国人民解放军副司令员彭德怀电示："在发动农民运动中，可成立县农民协会，发动一个广泛的合理负担减租减息的群众运动。"秋天，中共黄龙地委成立黄龙县农民协会。县委书记张文辉兼任协会主席，刘呈祥任副主席。农民协会按照依靠贫农、雇农，团结中农的政策，积极参加肃匪反霸斗争，废除封建地租剥削制度，变封建半封建土地私有制为农民土地所有制。宣传党的政策，组织发动群众，登记垦区居民户口及各阶层土地财产，协助政府进行土地登记。1950年，农民协会主席由县委书记郝登洲兼任。1951年，郝登洲调离黄龙，高基接任主席职务。12月，农民协会组织终止活动。

黄龙县团群工作。1948年，成立陕西省黄龙县青年工作委员会

---

① 黄龙县志编纂委员会编：《黄龙县志》，陕西人民出版社1995年版，第400页。
② 同上书，第426页。
③ 同上书，第430页。

（简称青委会），由中共黄龙县委宣传部部长冯剑涛兼任青委会书记。1949年2月，中国新民主主义青年团陕西省黄龙县委员会（简称青年团）成立，属青委会的下设机构，马瑞章任青年团书记，配备干事3人，办理日常工作。同时，在本县二区（界头庙）山户村重点培养积极分子，建立了山户团支部。①

1952年11月16日，在县城召开第一届中国新民主主义青年团代表会。其议程是发展团员，成立支部，壮大队伍。张抗胜当选团县委书记。1954年10月2日，在县城召开第二届代表会。会议听取团县委的政治报告，选举产生新民主主义青年团黄龙县第二届委员会，选举出席省团代会代表。张全喜当选为团县委书记。本年，全县共建立团支部32个，发展团员510人。

1950年，在全县各小学组建中国少年儿童先锋队。主要任务是教育少年儿童热爱祖国，遵守纪律，团结友爱，努力学习，争当共产主义事业接班人。1953年，更名为中国少年先锋队。

1950年8月29日，黄龙县民主妇女筹委会成立。配备了妇女干部，建立了43个乡妇女联合会组织，有妇女委员126名。1952年11月28日—12月2日，在县城召开黄龙县第一届妇女代表会议，出席代表58人，列席10人。大会听取和审议了黄龙县民主妇女筹委会的工作报告，通过了1953年的工作计划和大会决议，选举第一届联合会委员会和出席省妇代会代表2人。王菊勤当选为妇联主任。大会将黄龙县妇女筹委会改为黄龙县民主妇女联合会。② 1954年8月10—14日，在县城召开第二届妇代会，代表65人，列席19人。大会选举产生了新的妇联委员会，高照章当选为妇联主任。③

1953年5月，成立黄龙县工会筹备委员会，设专职干部两人。发展工会会员，教育工人围绕党在过渡时期的总路线，发展生产，为完成第一个五年计划而努力工作。

---

① 黄龙县志编纂委员会编：《黄龙县志》，陕西人民出版社1995年版，第454页。
② 同上书，第456页。
③ 同上书，第456—457页。

(14)宜君县（后属铜川）。1948年3月10日宜君解放，宜君县人民政府成立。冯德厚任代理县长，雷振东任副县长。先属黄龙分区。1950年黄龙分区撤销后，改属延安专区领导。1948年6月6日，中共中央西北局正式任命中共宜君县委组成人员：书记杨西林，副书记王生廉，常委杨西林、王生廉、冯德厚等6人。本月，宜君县警备大队成立。同时，加紧了地方政权的建设。7月11日，全县建政工作基本结束，设置区政府6个，乡政府31个，行政村100个。8月，成立金锁区。同月，县司法处成立。11月26日，中共宜君县政府党组成立。党组由5人组成，冯德厚任党组书记。

1949年10月19日，宜君县首次召开了各界群众临时代表会议，邀请各界代表共同讨论总结了宜君解放以来的工作，安排部署了土地改革工作。1950年1月27日，宜君县召开首次各界人民代表会议，出席代表44人，听取了县长王永禄作的代表会筹备报告，选举常委会，张英瑜、孟春荣分别当选为第一任主席、副主席。2月3—5日，第二次会议召开，选举王永禄为县长。1950年1月—1953年11月，先后召开了两届13次宜君县各届人民代表会议，出席会议的代表有全县党、政、军、工、农、商、学、青、妇和民主人士，着重讨论各个时期的生产建设和社会改革工作。一届七次会议上，民主选举了县人民政府县长张守顺，政府委员11人、人民法院院长等领导人，开始代行人民代表大会职权。[①]

中华人民共和国成立后，1949年11月21日，县司法处改称宜君县人民法院。1948年春宜君解放后，8月，成立了宜君县司法处，县长兼任处长。配备审判员1人，书记员1人，法警1人。1949年11月21日，司法处改为宜君县人民法院。县长兼任院长，配备副院长兼审判员1人，书记员2人，看守、法警各1人。1953年11月8日，设立了宜君县人民法院人民接待室。[②]

---

① 宜君县志编纂委员会：《宜君县志》，三秦出版社1992年版，第436—437页。
② 同上书，第457页。

第二章 民主建政

1951年1月，设立宜君县人民检察署，编制1名干部。①

1949年5月，宜君县成立工会筹备委员会，杨升财任筹备委员会主任。经过两个月的筹备，7月正式成立宜君县总工会，李玉堂任主任。

宜君解放后，1948年冬到1949年春季，全县普遍建立了农会组织。1949年5月14日经黄龙地委批准成立了"宜君县农民协会"，委员6人，主任陈福明。6月，各区农民协会相继召开农代会。全县土改前有乡农会33个，小组14个，会员3216人。到1950年4月有区农会6个，乡农会30个，村农会153个，小组576个，农会会员4659人，有会员户占全县总农户的41.5%。②

1949年5月14日中国新民主主义青年团宜君筹委会成立，刘树信任主任。随着形势的发展，团员青年逐步组织起来。1950年3月26日召开了团的第一次代表大会，成立了中国新民主主义青年团宜君县委员会。团县委筹建以后，积极发展壮大团的队伍，吸收进步青年入团。1950年全县团员发展到763名，其中女团员占到团员总数的21.4%。③

1949年7月8日在分区妇女联合会指导下，成立了宜君县妇女联合会筹委会，设委员7人，筹委会主任白秉章，副主任王珍。1950年3月12—14日召开第一届妇女联合代表会，出席代表31人，列席代表3人。大会选举产生了宜君县民主妇联执委会，成立了县民主妇女联合会，选出执委9名，王珍当选主任，谭爱珍当选副主任。

1949年6月中共宜君县委决定成立商会。其任务是：大力宣传党对工商业者、小商、小贩的保护政策。即使大商贾，只要接受共产党的领导，服务于人民，党和人民同样欢迎。商会会长先后由毛福堂、刘元德担任。

---

① 宜君县志编纂委员会：《宜君县志》，三秦出版社1992年版，第466页。
② 同上书，第425页。
③ 同上书，第429页。

二 第一部《中华人民共和国宪法》颁布后延安地区的政权建设

中华人民共和国成立后,经过几年国民经济的恢复和发展,社会秩序的稳定,加上地方政权各界人民代表会议的经验,以及社会主义改造的启动,为进一步召开人民代表大会准备了条件。

(一)《中华人民共和国宪法》颁布

1953年新年,《人民日报》发表元旦社论,向全国人民提出了当年的三项任务,其中之一就是"召集全国人民代表大会,通过宪法"。不过,因部分地区遭受严重自然灾害,此项任务在当年没能完成,推迟到1954年,但为人民代表大会召开而进行的普选在1953年如期启动。1953年3月1日,毛泽东以中央人民政府主席的名义,颁布施行了新中国第一部《选举法》,并进行了普选试点。1954年4月15日,中央选举委员会和政务院联合作出《关于召开省、市、县人民代表大会几个问题的决定》,要求县以上各级政府于8月前召开人民代表大会,完成全国人民代表大会代表的选举工作。

制定和颁布宪法,是第一次全国人民代表大会的重要任务。1954年6月14日,中央人民政府委员会第三十次会议讨论通过了《中华人民共和国宪法》(草案)。两天后,《人民日报》全文刊登宪法草案并发表社论,号召全国人民讨论宪法草案。一时间,一场大讨论在全国范围内掀起。6月15日,延安专区宪法草案讨论委员会成立。委员会由13人组成,地委书记白志明任主任,专署专员席槐任副主任,并下设办公室,由6人组成。6月21—25日,延安专区举行宪法草案宣传骨干训练班。参加训练的共有42人,其中专区级的报告员4名。同时专署派了4名同志分赴吴旗、志丹、黄龙、宜川4县,进行传达和协助工作。

1954年9月15—28日,第一届全国人民代表大会在北京举行。会议制定和颁布了中国历史上第一部人民的宪法——《中华人民共和国宪法》。会议通过了《关于政府工作报告的决议》《中华人民共和国全国人民代表大会组织法》《中华人民共和国国务院组织法》《中华人民共和国法院组织法》《中华人民共和国人民检察院组织法》《中华人民共和国地方各级人民代表大会和地方各级人民委员会组织法》《关于中华人民共和国现行法律、法令继续有效的决议》。《宪法》和《组织法》规定："地方各级人民代表大会是地方国家权力机关。""地方各级人民委员会,即地方各级人民政府,是地方各级人民代表大会的执行机关,是地方各级国家行政机关。"

(二)延安县人代会、政协会的召开

1. 延安县首届人民代表大会

为响应中央号召,在1953年2月2—6日在延安召开的延安专区第二次宣传员代表会议上,关于人民代表大会制度的宣传成为会议确定的重点内容之一。延安专区随即准备普选人大代表。5月28日,延安专区成立指导普选工作办公室。代专员郭长年任办公室主任。经研究在延安县先进行试办,以便总结经验,培养干部,来推动全区的普选工作。同时决定,从6月1—16日,抽调15名干部进行培训。7月24—29日,延安专区普选试办乡——延安县李家渠、姚店、贾庄3个乡基层选举试办工作,分别开完了选举大会。并积极收集提案,准备召开人民代表大会。试办的同时,全专区的选举工作也在推进。1953年4月开始,延安专区进行了第一次人口普查,以1953年7月1日0时为基准。配合人口普查,完成了选民登记。

选民登记后,1954年延安县开展新的普选运动。凡居住在本县区域,年满18周岁以上的公民,不分男女性别、职业、民族、党派、文化程度等都有选举权和被选举权(不包括被剥夺政治权利者和精神病患者)。2月,延安县进行新中国成立后第一次选举工作,首先通过反复酝酿,民主协商,提出乡代表候选人,然后召开选举大会,以无记名投票方式,选出乡人民代表大会代表915人,区人民代表大会代表 44 人，县人民代表大会代表 81 人，县人民委员会委员 15 人。①

延安县首届人民代表大会第一次会议于 1954 年 7 月 21—25 日在延安召开，历时 5 天，出席代表 57 人，县级科、部长等 13 人列席了会议。会上听取审议县长林世贵代表县政府所作的《政府工作报告》和互助合作运动、农业生产、粮食统购统销工作报告；听取和审查基层选举工作报告。学习讨论了《中华人民共和国宪法》（草案），作出在全县学习宣传宪法草案的决议。选举席槐、党晴梵、何增兴、杨步浩 4 人为陕西省首届人民代表大会代表。这次会议，由于宪法未正式公布，未选举县人民委员会组成人员。

延安县首届人民代表大会第二次会议于 1954 年 11 月 13—16 日在延安召开，历时 4 天，出席代表 49 人。会上听取审议《政府工作报告》和 1954 年秋征秋购、冬季生产安排报告；讨论通过征集补充兵员等事项。12 月，陕西省人民检察署延安专区分署改称陕西省人民检察院延安分院。1955 年 2 月 1 日，陕西省人民法院延安分院易名为陕西省延安地区中级人民法院，院长不再由行政官员兼任。

延安县首届人民代表大会第三次会议于 1955 年 3 月 17—21 日在延安召开，历时 5 天，出席代表 43 人。会上听取审查 1954 年互助合作、农业生产工作报告。讨论了 1955 年互助合作及农业生产任务。选举林世贵为县长，何增兴为副县长。选举刘永亭、高芝茹、赵然、王志英、李生儒、韩起祥、贾汝福、马伯援、侯同文、梁志鸿、李瑞德、贾焕章、张海珊、李有华、马兰英、贺士财、杨步浩、井应开、张友文为人民委员会委员。选举刘德成为法院院长。②

2. 延安县第二届人民代表大会

1955 年 5 月，陕西省人民政府延安专员公署改称陕西省延安专员公署。公署内部机构经历几次合并与调整。1956 年 4 月，秘书室与民政科合并为第一办公室；文教科与卫生科合并为第二办公室；财政科、粮食科与税务局合并为第三办公室；工商科改建为第四办公室；

---

① 延安市志编纂委员会：《延安市志》，陕西人民出版社 1994 年版，第 451 页。
② 同上书，第 442 页。

计划统计科与建设科合并为第五办公室。保留林业局（1951年2月设立）、水利局（1957年1月设立）、农产品采购局（1956年4月设立）、公安处、监察处。

1956年10月9日—11月9日进行了第二次普选，历时30天。在县选举委员会领导下，进行了人口登记，全县共有选民64350名，其中男38780人，女25590人。划分606个选区，共有61049名选民参加选举（男36479人、女24570人），参选率为95.4%，经过无记名投票选举，共选出乡、镇人民代表大会代表862人，其中男669人，女193人，县人民代表大会代表93人。①

延安县第二届人民代表大会第一次会议于1956年11月16—20日在县城召开，历时5天，出席代表76人。会上听取审议县人民委员会和法院工作报告，讨论通过了1956年度征集补充兵员工作。选举刘永亭为县长，选举万玉冰、王志英、梁志鸿为副县长，选举马伯援、董志宏等19人为县人民委员会委员。②

3. 延安县政协首届全体委员会议

1955年，中国人民政治协商会议延安县委员会正式成立。是年春中共延安县委即授权宣传部（当时兼办统战工作），召集各人民团体和有关单位负责人开会，酝酿讨论建立政协组织问题，经各方提名，充分协商，确定了政协筹委会委员名单，并推选出县委副书记、县长刘永亭为筹备会负责人，下设办公室，负责具体筹备工作。

1955年10月15—17日，召开政协延安县首届第一次全体委员会议，出席委员35人，其中共产党员15人，占委员总数的42.9%，党外人士20人，占57.1%。会议听取了政协筹委会的工作报告，提出了今后工作安排，选出政协常委11人，主席由刘永亭兼任，副主席马伯援（无党派民主人士）。③

---

① 延安市志编纂委员会：《延安市志》，陕西人民出版社1994年版，第451—452页。
② 同上书，第442页。
③ 同上书，第426页。

4. 延安县政权机构变动

1955年3月，延安县首届人民代表大会按照《中华人民共和国宪法》（草案）精神，将县人民政府改称县人民委员会，由县长、副县长、委员组成。

1954年，增设工业科、交通科，将原工商科改为商业局，原建设科改为农林水牧局，检察署改为检察院，统计科和计委会合并为计划统计科。1955年，撤销监委会，分计划统计科为计委会、统计科。1956年，秘书室改为办公室，粮食科改为粮食局，工业科改为工业局，原文教卫生科分设为文化科、教育科、卫生科。

1955年，区政府改称区公所，为县人民委员会派出机构，行使一个区域的行政管理职能，同时乡政府改称乡人民委员会。全县设9个区公所，51个乡人民委员会。1956年6月，全县将9区53个乡（含2个乡级居委会），合并为7区35个乡。[1]

（三）县级基层政权建设

1. 吴旗县

吴旗县基层选举始于1952年8月。县上成立了选举委员会，首先进行了人口调查和选民登记。全县人民不分性别、职业、民族、党派、文化程度等，凡年满18周岁以上的公民（不包括被剥夺政治权利者和疯傻人口）都参加了选举，选民们充分认识到参加选举的重要意义，并感到当家做主的自豪。参选积极踊跃，先通过反复酝酿，民主协商，提出乡代表候选人，最后召开选举大会，以无记名投票的方式，选出乡人民代表，再召开乡人民代表大会，选举产生乡人民委员会。[2]

1954年2月20日至3月底，历时40天，吴旗县进行了一次大规模的普选工作。在吴旗县选举委员会的领导下，对本县6个区，32个乡，115个行政村进行了详细的人口调查登记。全县共有7743户，

---

[1] 延安市志编纂委员会：《延安市志》，陕西人民出版社1994年版，第463页。
[2] 吴旗县地方志编纂委员会：《吴旗县志》，三秦出版社1991年版，第566—567页。

45861人，其中男24076人，女21785人；经过登记后共有选民22651人，其中男12359人，女10292人。全县共划分了394个选区，共选出代表547人，其中男468人，女79人。代表中中国共产党党员172人，占代表总数的31.4%；共青团员12人，占代表总数的46.98%；干部51人，占代表总数9.34%。全县32个乡于20—24日先后召开人代会，选举了乡人民委员会，参加会议的代表占总代表的70%以上。①

首届吴旗县人民代表（大会第四次）会议于1954年7月13—17日在县城召开，历时5天。会议应到代表65人，实到代表47人，列席代表14人。会议听取了蔺士魁县长《关于半年来互助合作运动情况和今后工作意见》的报告；李双成副县长《关于1954年上半年主要工作总结和夏季生产工作的意见》的报告；选举了出席陕西省人代会代表。大会通过认真讨论，一致通过了县政府的两个工作报告。推举蔺士魁、齐兰英（女）为省人民代表。②

第二次会议于1955年1月2—4日在县城召开，历时3天。出席会议代表36人，列席代表12人。会议讨论了1955年冬季生产工作、兵员征集工作、合作化工作等问题；讨论了《吴旗县1956年发展规划意见》。

1956年10月，吴旗县又进行了一次基层选举工作，历时14天。选举首先进行了深入普遍的宣传活动，采取由党内到党外，由干部到群众划片包干的办法，登记选民和选民资格审查与代表候选人提名等问题，都是在广泛宣传教育的基础上进行的，由于广大群众思想认识明确，使选举、普查工作进行顺利。各乡均于10月26日前后张榜公布了选民名单，填发了选民证。全县15个乡共有选民资格的公民14011人，其中男8157人，女5864人，依法被剥夺选举权的46人，疯傻不能参加选举的11人。代表候选人采取由上而下提名，然后交

---

① 吴旗县地方志编纂委员会：《吴旗县志》，三秦出版社1991年版，第567页。
② 同上书，第570页。

群众酝酿讨论的方法，共选出代表315人，其中女性代表63人。①

1956年11月28日—12月1日，吴旗县第二届人民代表大会第一次会议在县城召开，历时4天。出席会议代表48人，列席代表22人。会议听取了李双成代县长《关于吴旗县1954年至1956年的主要工作和今冬明春的工作意见》的报告；听取了吴旗县法院院长王荣甫《关于吴旗县1955年至1956年法院工作》的报告。代表们对上述两个报告进行了认真讨论，提出了当前工作中存在的问题和改进意见，并作出了决议。会议选举了李双成为县长、刘森甫、柳生荣为副县长、19名政府委员和法院院长。②

2. 延川县

1953年10月，延川县进行了两个试点乡的普选。随后于1954年2月21日—3月27日进行了全县普选，选举分三个阶段。第一阶段，宣传普选政策、核实户口、登记选民；第二阶段酝酿代表候选人，召开选举大会，选举代表；第三阶段召开乡人代会，选举乡政府，整顿基层组织。全县有选举权者34113人，丧失选举权179人（16人被依法剥夺选举权，163人系精神病患者），31760人参选，参选率93.1%。选出乡人民代表645人（连选连任327人），乡人民委员会委员258人（连选连任134人），选出乡级各种工作委员会委员1038人（民政210人，财粮192人，文教192人，生产235人，治安209人），人民陪审员84人，村长688人（连选连任440人），选出县人民代表62人（女11人）。③

1954年6月30日—7月3日，延川县首届人民代表大会第一次会议在县城举行，应到代表62人，实到41人。大会听取并审议了李虎岗县长所作的政府工作报告和雷建国所作的县法院工作报告，学习讨论了《中华人民共和国宪法》（草案），选举杜永福、张名扬、白锋梧为省人民代表。

---

① 吴旗县地方志编纂委员会：《吴旗县志》，三秦出版社1991年版，第567页。
② 同上书，第570页。
③ 延川县志编纂委员会：《延川县志》，陕西人民出版社1999年版，第428页。

1954年9月25—28日，在县城召开第二次会议，到会代表42人。会议听取和审议了《县人民政府工作报告》，讨论了1955年农业生产发展、互助合作、棉花棉布统购统销工作，通过了会议决议。

1955年3月12—15日，第三次会议在县城召开，出席代表45人。会议听取并审议了《县人民政府工作报告》和《1954年财政决算与1955年财政预算报告》，讨论了1955年农业生产、发展互助合作工作，通过了会议决议。选举李虎岗为县长，雷建国为县人民法院院长，选举产生了县人民委员会委员15人（女2人）。①

1955年12月31日—1956年1月3日，于县城召开第四次会议，到会代表31人。会议听取审议了互助合作、水土保持、生产救灾等工作报告，通过了会议决议，李虎岗当选为县人民委员会县长。

1956年9月18日成立11人组成的县选举委员会，选举第二届人代会代表。普选于11月5—28日进行，共登记选民37314人，依法剥夺选举权37人，精神病患者102人，参选选民35038人（女15249人），参选率93.9%。选出乡人民代表568人（女83人），其中连选连任264人；乡长25人，副乡长7人（女1人），乡人民委员会委员269人（女25人），其中连选连任19人。选出县第二届人代会代表66人（女15人），其中连选连任19人；中共党员40人，非党人士26人；贫农29人，中农37人。②

1956年11月12—15日，县第二届人民代表大会第一次会议在县城召开。应到代表66人，实到47人。会议听取并审议了《县人民委员会工作报告》《1955年财政决算和1956年财政预算报告》《县人民法院工作报告》，通过了会议决议。选举县人委委员17人（女2人），李虎岗连任县长，张国杰、杜永福为副县长。③

3. 甘泉县

为准备召开人民代表大会，甘泉县成立了县、乡两级选举委员

---

① 延川县志编纂委员会：《延川县志》，陕西人民出版社1999年版，第424页。
② 同上书，第428页。
③ 同上书，第424页。

会，下设办公室，于 1954 年 2 月 20 日—4 月 2 日进行第一次普选。各乡均召开人民代表大会，选民直接选出乡代表 226 名，其中农民代表 210 名，选出乡长 19 名。选举产生县代表 42 人，其中农民代表 27 人，干部代表 11 人，商人代表 2 人，军队代表 1 人，独立劳动者代表 1 人。①

甘泉县首届人民代表大会。1954 年 7 月 24—27 日，甘泉县召开第一届人民代表大会第一次会议，应出席代表 42 人，实出席 41 人。会议听取并审议了县政府工作报告；讨论下半年生产建设、互助合作、夏粮收购等工作；选举白文彩为县长，选出县人民政府委员 13 名，选举白文彩、李兴福为出席陕西省第一届人民代表大会代表。

1954 年 9 月 20 日，原甘泉县检察署改称甘泉县人民检察院，隶属分署领导，免受县政府领导。同年，人民法院设专职院长，不再由县长兼任。

1955 年，恢复工会联合会，下辖基层工会 5 个，共有会员 77 人。

1955 年 10 月 26 日，召开甘泉县第七届妇女代表大会，代表 27 人。会议讨论 1955 年工作任务，改选执委和常委。

甘泉县第二届人民代表大会。1956 年 1 月 10 日—2 月 20 日，全县进行第二次普选。划分选区 94 个，登记选民 11489 人，参选率 86%。选出乡代表 309 人，选出乡长 11 名，副乡长 14 名（其中女 9 名）、乡委员 109 名，选举县人民代表 37 名。②

1956 年 12 月 6—20 日，召开第二届人民代表大会第一次会议。应出席代表 38 人，实出席 29 人。会议听取并审议了甘泉县人民委员会工作报告、预决算报告及 1955 年农业生产发展与发展互助合作任务报告；选举缑志琏为县长，李芝兰为法院院长，汪志荣为检察院检察长。选出县人民委员会委员 15 名。

1956 年 9 月，召开甘泉县第三届团代会，代表 72 人。崔振文作团委工作报告。会议通过了"发扬民主，开展批评与自我批评活动"的

---

① 甘泉县地方志编纂委员会：《甘泉县志》，陕西人民出版社 1993 年版，第 374—375 页。
② 同上书，第 375 页。

决议，讨论制订工作计划，选举产生团县委第三届委员会，书记崔振文，副书记李树斌。①

4. 安塞县

安塞县于1954年7月12—14日，在县城真武洞召开了第一届人民代表大会第一次会议。出席会议代表38名，代表缺席21名。大会听取审议了县人民政府《关于一年半来几项主要工作报告》；讨论通过了县1954年农业生产、互助合作、粮食统购统销等项工作计划；讨论学习了《宪法》（草案）；选举高步升、毛凤翔、阎振俗为出席省一届人民代表大会代表。1954年9月23—26日，在县城真武洞召开了第二次会议。出席会议代表31名，代表缺席28名。大会讨论棉花、棉布实行计划收购、供应以及秋季生产、互助合作等问题。1955年3月17—21日，在县城真武洞召开了安塞县第一届人民代表大会第三次会议。大会讨论通过了安塞县1954年生产工作总结和1955年生产计划；审查了1955年财政预算；选举高步升为县人民委员会县长，王健为副县长，委员13名，白正钢为县人民法院院长。② 从此，县长不再兼任人民法院院长职务，法院院长由县人民代表大会选举产生。

在本次会议上，改县人民政府为县人民委员会（简称县人委），选举产生第一届人民委员会。人委会设县长1人，副县长1—2人。工作机构设办公室、民政科（1958年改称民政局）、财政科（1958年9月改称财政局）、文教科（1957年10月改称文教卫生科）、建设科（1957年改称商业局）、供销合作社、邮电局、统计科（1958年改称计划统计科）、税务局、中国人民银行安塞支行（1957年撤销，并入人行）、公安局、法院、检察局、武装部（1954年改称兵役局，仍隶属延安军分区）、人民问事处。1956年增设交通科（1957年撤销，1958年另设工交科）、卫生科（1957年并入文教卫生科）和中

---

① 甘泉县地方志编纂委员会：《甘泉县志》，陕西人民出版社1993年版，第470页。
② 安塞县地方志编纂委员会：《安塞县志》，陕西人民出版社1993年版，第393页。

国农业银行安塞县支行（与人行合署办公）。①

安塞县第二届人民代表大会于 1956 年 11 月 16—19 日，在县城真武洞召开了第一次会议。出席会议代表 40 名，代表缺席 21 名。大会审议了县人民委员会《两年来的工作总结和当前几项工作的报告》、县人民法院《两年来的工作报告》；选举王健为本届县人民委员会县长，马顺卿、沙金玉为副县长，委员 21 名。②

1954 年 12 月，根据《人民检察院组织法》，改县人民检察署为县人民检察院，隶属中共安塞县委和延安检察分院双重领导，对县人民代表大会负责并报告工作。同时，撤销县人民检察委员会，成立审批委员会。

5. 延长县

延长县 1953 年成立 13 人组成的选举委员会，下设 3 人组成的办公室。1954 年 3 月 1 日—4 月 10 日，全县进行普选。共登记选民 35765 人，有选举权的 35581 人，丧失选举权的 184 人（65 人被剥夺选举权，119 人系精神病患者），共有 32184 人参选。选出乡人民代表大会代表 898 人。选出乡管委会委员、县第一届人民代表大会代表。③

1954 年 7 月 18—21 日，召开第一届人民代表大会第一次会议。应到代表 66 名，实到代表 53 名。会议内容：讨论贯彻总路线，加强工农联盟，促进工农业生产，开展互助合作；检查政府工作；讨论、决定夏供与夏粮入仓任务；选举谢怀德、惠世昌、寇学增、吴志忠为省人民代表；通过拥护并组织群众讨论《宪法》（草案）的决定。

1955 年 2 月 10—13 日，召开第一届人民代表大会第二次会议。应到代表 69 名，实到 40 名。大会审议延长县 1954 年农业生产互助合作及 1955 年任务的报告。选举惠世昌为县长，李生凡为法院院长。院长始由人民代表大会选举产生。

---

① 安塞县地方志编纂委员会：《安塞县志》，陕西人民出版社 1993 年版，第 402 页。
② 同上书，第 393 页。
③ 延长县地方志编纂委员会：《延长县志》，陕西人民出版社 1991 年版，第 382 页。

1955年12月10—12日，召开第一届人民代表大会第三次会议。应到代表67名，实到44名。会议审议和讨论1955年征兵、冬季生产、大力开展水土保持工作和今冬明春农业合作化等报告，审查一届二次会议代表提案办理情况，补选县人民委员会委员。

1956年3月8—10日，召开第一届人民代表大会第四次会议。应到代表67名，实到47名。听取并审议惠世昌县长所作的《延长县十二年规划及一九五六年农业生产任务》的报告，检查政府工作，批判干部"右倾保守思想"。传达中共中央《关于（1956—1967年）全国农业发展纲要四十条》。

1956年10月3日—11月1日，全县进行第二次普选。成立选举委员会及其办公室、两个普选巡回法庭。登记选民35394人。被剥夺选举权的68人，丧失选举权的精神病患者134人，35192人参选。选出乡代表405人，乡镇长23人，副乡镇长26人，县人民代表59人。[1]

1956年11月27—30日，召开第二届人民代表大会第一次会议。应到代表59名，实到55名。会议检查县人委、人民法院两年的工作，批判主观主义、官僚主义及命令主义思想作风，讨论确定生产合作、兵役等重大工作，选举县长、副县长、人民委员会委员。王志浩当选为县长。

6. 富县

1954年春，富县进行新中国成立后的首次普遍选举。全县经过选民登记，选举产生乡人民代表大会代表。乡级代表会议选举产生县人民代表大会代表61人。[2] 第一届人民代表大会于1954年7月10—14日在县城召开。代表61人，出席51人，会议听取并审议了《政府工作报告》和《互助合作运动与粮食统购统销工作报告》。学习讨论了《中华人民共和国宪法》（草案），选举产生出席省人民代表大会代表。

---

[1] 延长县地方志编纂委员会：《延长县志》，陕西人民出版社1991年版，第382页。
[2] 富县地方志编纂委员会：《富县县志》，陕西人民出版社1994年版，第352页。

1956年9月，富县举行第二次普选。全县经过选民登记，划分选区，选举产生乡人民代表大会代表。乡代表大会选举产生县人民代表大会代表，组成第二届人民代表大会。第一次会议于1956年11月28日—12月2日在县城举行。出席代表62人，会议听取并审议了县人民委员会工作报告和法院工作报告。选举产生县人民委员会委员15人，王增详当选为县长，李金元、韩海旺当选为副县长，张忠亮当选为法院院长。自此，县长不再兼任法院院长，从此，县人民法院开始走上独立办案的轨道。

1955年6月，改富县人民政府为县人民委员会，设县长1人，副县长2人，改建设科为农林水牧局，增设工商科、交通科等。1954年，根据《人民检察院组织法》，改检察署为鄜县人民检察院，独立行使批捕、起诉、出庭支持公诉和自行侦察等工作。

1955年5月14—19日，富县召开了第三次妇代会，到会代表54人。会议动员全县妇女积极投入农业合作化运动。会议选举产生县妇联常务委员9人，阮银秀当选为县妇联主任。同时选举产生出席省第三届妇代会代表2人。①

7. 子长县

子长县于1954年成立了县、乡（镇）选举委员会，划定选区，公布选民名单、候选人姓名及候选人情况。决定全县统一选举日进行选举。各乡镇首先相应召开人民代表大会。听取和审议乡、镇人民政府、人民公社管理委员会工作报告，选举产生乡长、副乡长、镇长、副镇长等，再经过乡镇人民代表大会间接选举县人大代表。之后，历届人民代表大会审查和批准本县国民经济和社会发展计划、预算及其执行情况的报告；听取县人民政府和人民法院、人民检察院的工作报告；各届人民代表会议选出本县县长、副县长和县人民法院院长、县人民检察院检察长。

1954年6月29日—7月3日，子长县第一届人民代表大会召开首次会议，应到代表83人，实到60人。会议主要总结了上届各界人

---

① 富县地方志编纂委员会：《富县县志》，陕西人民出版社1994年版，第344页。

民代表会议以来的政府工作，讨论了随征代购、夏季生产、发展互助合作、讨论《宪法》（草案）。会议选出谢绍生、惠文明、魏民选等3位省人民代表。

第二次大会于1954年11月19—21日举行，应到代表83人，实到65人，到会代表占代表总数的84%；另有特邀代表21人。会议总结上届人民代表大会决议执行情况；讨论贯彻粮食统购统销政策；棉布供应和市场管理；学习县人民委员会组织法；宣传总路线，以提高人民代表的社会主义思想觉悟。

第三次大会于1955年5月3—6日举行，应到代表83人（其中男73人、女10人），实到65人（其中男59人、女6人），另有机关单位列席代表28人。会议选出县长王建勋，副县长惠文明，法院院长张升祖，人民委员会委员呼汉卿等13人；补选张德生为省人民代表；决定县人民政府改为县人民委员会。①

1956年11月25日，子长县第二届人民代表大会召开第一次会议，补选县长白炳文。

1955年，县政府改称县人民委员会，政府秘书室改称人委办公室，教育科改称文教科，检察署改称人民检察院，设粮食科、税务局。1955年4月始，县长不再兼任法院院长。1956年，计划统计科改称计划委员会，建设科改称农林水牧局，工商科分设工业局、商业局、工商行政管理局和手工业联社。

1955年3月，子长县第五届妇代会在县城召开，到会代表46人，列席9人。大会选举产生本届执委会（7人），选举高瑞芬为主任。②1955年12月、1956年11月，团县委分别召开了第四、第五届团代会。1956年，县工商联贯彻省工商业联合会执委会会议精神，着手对私营工商业改造。

8. 志丹县

1954年2月19日—3月30日，志丹县开始进行新中国成立后的

---

① 子长县志编纂委员会：《子长县志》，陕西人民出版社1993年版，第523页。
② 同上书，第513页。

第一次人大代表普选。地、县、区、乡四级277名干部参加选举工作，以区组成7个工作队，以乡组成33个工作组，司法机关组成4个巡回法庭，裁决选举中的法律条件。划分选区338个，登记选民23004人，占总人口56%。全县17607名选民参加选举，参选率77%。共选出乡人民代表513人，妇女占17%，共产党员占37.1%。乡人民代表大会选出乡政府委员170人，县首届人大代表50人（其中妇女3人），选出人民法院陪审员92人。本次选举除市镇乡采取无记名投票外，其他乡均采取投豆或举手方法。①

1954年7月9—11日，志丹县召开首届人民代表大会第一次会议，应出席代表50人，实到会代表44人。大会听取讨论县人民政府工作报告，选举奥海清、刘培基为陕西省首届人大代表；作出关于生产建设、夏粮计购、发展合作化、依法纳税、公债认购、宣传《宪法》等6个方面决议。首届人民代表大会共召开4次会议。1955年3月8—11日召开第二次会议。选举产生县人民委员会由15人组成，奥海清为县长，汪四季为副县长；选举杨张林为人民法院院长；补选杨玉亭为陕西省第一届人大代表。②

1956年9月24日—11月10日，全县进行第二次普选。登记选民24480人，占总人口55.4%。参加选举23483人，参选率95.92%。选出乡代表470人，其中妇女110人，共产党员182人，脱产干部51人，连选连任214人。乡人民代表会选出县人大代表50人，其中妇女15人，共产党员25人，上届代表22人。③

1956年12月8—10日，召开第二届人民代表大会第一次会议。应出席代表50人，实到会代表34人，列席7人。大会听取和审议人民委员会《关于一年来的工作总结及今后工作意见》的报告和人民法院工作报告。选举产生人民委员会由17人组成，县长任青云，副县长汪四季、石有贵；选举法院院长杨张林。第二届人民代表大会共

---

① 志丹县地方志编纂委员会：《志丹县志》，陕西人民出版社1996年版，第470页。
② 同上书，第463页。
③ 同上书，第471页。

召开3次会议。

1955年3月,县人民政府改称人民委员会,由县长、副县长、委员组成。内部机构变更较多。年内新成立统计科、计划委员会,秘书室改为办公室,撤销检察委员会。1956年,将三科分为教育科、文化科、卫生科,四科改为农林水牧局,粮食科改粮食局,工商科改商业局,增设农产品收购局、农业支行、交通科、手工业联合社、工业科。

1955年3月,乡人民政府改称人民委员会。1956年4月,区划调整,保留5个区公所、22个乡人民委员会。[1]

1954年11月,改为志丹县人民检察院,编制3人,设检察长、检察员、秘书各1人。1955年6月,撤销以行政长官领导的检查委员会。[2]

1955年3月第一届人民代表大会第二次会议上选举产生法院院长,县人民法院成为独立的审判机构。

1951年1月,成立志丹县教育工会,1954年8月停止活动,1955年又开始活动,改称志丹县工会教育联合会。1956年年底,又由邮电、银行、专卖公司、贸易公司、食品公司、百货公司、粮油加工厂7个单位建起工会小组,会员发展为154人。[3] 1956年,少先队建队学校发展到23个,有辅导员23名,队员793名。[4]

9. 宜川县

1954年1月后,根据中央人民政府委员会发布的《选举法》,实行选举制,准备召开人民代表大会。1954年1月,宜川县首先在程洛乡进行普选试点。后全县普选从1954年2月21日开始至4月2日结束,历时41天。在全县7个区的37个乡开展首次普选工作。为加强普选工作,成立了宜川县、乡选举委员会,下设办公室,由政法部门16人组成临时法庭,负责监督和查处选举中的违法事件。全县划

---

[1] 志丹县地方志编纂委员会:《志丹县志》,陕西人民出版社1996年版,第486页。
[2] 同上书,第519页。
[3] 同上书,第450页。
[4] 同上书,第459页。

分 14 个选区，设立选民登记站和选民审查小组，确定选民资格，张榜公布选民名单，然后召开选民大会酝酿乡人民代表候选人，候选人由选民和选举领导机构推荐提名，经反复讨论最后由全体选民确定，并在选举前 5 天张榜公布。正式召开选民大会，采取无记名投票方式进行。全县选民 29666 人，参加选举的选民选票 28683 人（票），占选民的 96.7%，选出乡人民代表 670 人。在乡人民代表大会上选出宜川县第一届人民代表大会代表 60 人。①

宜川县第一届人民代表大会第一次会议于 1954 年 7 月 20—24 日召开，应出席大会代表 61 人，实参加会议代表 46 人，县政府各科长及县委各部长 30 人列席了大会。会议动员全县人民为进行社会主义改造和社会主义建设而奋斗；大会听取和审议了 1952 年以来的县政府工作报告和 1954 年下半年互助合作发展意见；学习讨论了《宪法》（草案），听取和审查了基层选举的总结报告。根据中央选举委员会、政务院 1954 年 4 月 16 日中选字第 48 号联合命令附件《对于召开省、市、县人民代表大会的问题的决定》第 2 条（省、市、县本届人民代表大会，不在首次会议选举其本级人民政府）的规定，没有选举本届委员会组成人员。上届县政府委员会仍执行本届政府的工作职责。第二次会议推选第一届县人民委员会由 15 人组成，原县长赵正隆调出，由上级调来王锦荣代理县长。② 第二次选举于 1956 年 10 月 16 日开始 11 月 10 日结束，登记选民 32323 人，按照选举程序，选举产生了宜川县第二届人民代表大会代表 61 人。③

宜川县第二届人民代表大会第一次会议于 1956 年 11 月 21—24 日召开，应出席代表 61 人，实到会代表 54 人，列席代表 33 人。会议听取并审议了县人民委员会工作报告，肯定了工作成绩，1956 年虽受两冻一旱的自然灾害，粮食作物仍获丰收，比 1955 年提高 51%。并听取了法院工作报告，1955 年和 1956 年财政预、决算报告。第二

---

① 宜川县地方志编纂委员会：《宜川县志》，陕西人民出版社 2000 年版，第 574 页。
② 同上书，第 576 页。
③ 同上书，第 574 页。

届县人民委员会由 19 人组成，选举马尚斌为县长，共举行会议 3 次。①

1955 年，在第一届县人民代表大会第二次会议上选举县政权机构，称县人民委员会，设正、副县长各 1 人，下设秘书室、民政科、财政科、工商科、建设科、计划统计科、文教卫生科、检察署、人民法院、公安局。人民法院 1954 年开始审判独立。1955 年，县人民代表大会上选出第一任院长赵正隆（县长兼任）。

1955 年 11 月 20—23 日，宜川县工会召开第一次代表大会，出席代表 22 人，代表全县 709 名会员。会议明确工会的中心任务是：围绕党在过渡时期的总路线，配合社会主义改造运动，研究讨论职工队伍发展，政治文化教育，劳保福利等问题。选举产生宜川县工会联合会，第一届委员会由 9 人组成，常务委员会由 5 人组成，县委书记乔登科兼任主席。1956 年，工会在职工中开展以增产节约、技术革新为内容的社会主义劳动竞赛。

1955 年 6 月 26—30 日，在县城召开宜川县工商联第三届代表大会，出席代表 55 人，列席代表 6 人。大会要求动员工商业职工积极参加公私合营，完成社会主义改造，为社会主义建设服务。会议选举出第三届工商联常务委员会和执行委员会。

10. 洛川县

洛川县于 1954 年 2 月 10 日开始了第一届人大代表的选举，4 月 5 日结束。全县有选民资格参选的 42666 人，无选举权的 869 人（被剥夺选举权的 664 人，精神病患者 205 人），共选出乡人民代表 740 人，选出正、副乡长 72 名，乡人民委员会委员 315 名，村长 752 名，居民组长 405 名。②

1954 年 7 月 19—23 日，召开了洛川县第一届人民代表大会第一次会议，出席代表 53 人。会议听取并通过了县长张发云的《洛川县政府两年来的工作总结及 1954 年的工作报告》，讨论当年生产、互助

---

① 宜川县地方志编纂委员会：《宜川县志》，陕西人民出版社 2000 年版，第 576 页。
② 洛川县志编纂委员会：《洛川县志》，陕西人民出版社 1994 年版，第 139 页。

合作与夏粮收购工作；选出崔田夫、张寒彬、张鸿普为出席省第一届人民代表大会代表。洛川县第二次会议于1955年3月22—26日召开，出席代表54人。会议听取并审议通过了县长张发云《关于1954年几项主要工作的总结和1955年工作任务的报告》、财政科科长畅民权《关于1954年财政决算和发行公债的报告》，选举胡永清为洛川县人民法院院长，刘志兴为洛川县人民检察院检察长，张发云、胡永清、刘志兴等17人为洛川县人民委员会组成人员。① 洛川县第一届人民代表大会第四次会议于1956年1月2—4日召开，出席代表54人。会议听取并审议通过了《1955年农业生产基本情况和1956年工作任务报告》、《1955年征集兵员的工作报告》，选举王文锦为洛川县县长。② 1955年2月，县政府撤秘书科，设办公室，撤销建设科、设农林水牧局、计划统计科。

11. 黄陵县

根据中央人民政府委员会第22次会议《关于召开全国人民代表大会及地方各级人民代表大会的决议》和陕西省人民委员会关于普选工作的部署，黄陵县于1954年2月27日—4月14日进行了第一次普选，历时43天，全县划分为137个选区，共登记选民20452人，其中男11110人，女9342人，占总人口的57%，参加选举人口19762人，占选民人数的96.7%，选出乡人民代表大会代表434人，其中男347人，女87人，各乡镇分别召开人民代表大会，选出乡人民委员会正副乡长和委员，选出县人民代表大会代表46人，其中男38人，女8人。③ 普选中，由县法院、监委会、检察署3个部门组成5人临时法庭，解决选举中的法律问题。

黄陵县第一届人民代表大会第一次会议于1954年7月2—5日召开，出席代表35人（男30人、女5人），列席代表37人，会议听取和审议了县人民政府关于上半年政府工作总结及今后意见的报告，通

---

① 洛川县志编纂委员会：《洛川县志》，陕西人民出版社1994年版，第133页。
② 同上书，第133—134页。
③ 黄陵县地方志编纂委员会：《黄陵县志》，西安地图出版社1995年版，第427页。

过了开展互助合作为中心的农业增产运动和广泛开展《宪法》（草案）的宣传决议。选出刘德政、郑文卿为出席省第一届人民代表大会的代表。第二次会议于1955年3月21—25日召开，出席代表36人（男32人、女4人），列席代表23人。会议听取审议了县人民政府1954年农业生产情况和1955年农业生产计划的报告。选出县人民委员会委员11人，县长刘德政，副县长1人，法院院长1人。第三次会议于1955年12月28—29日召开，出席代表33人（男27人、女6人），列席代表28人。会议听取和审议县人民委员会关于1955年征兵工作总结报告和1955年冬到1956年春发展互助合作社的计划报告；听取生产科关于1955年冬农业生产计划执行情况的检查汇报，并通过批准上述两个报告的决议。第四次会议于1956年10月10日召开，出席代表23人。会议听取和审议县人民委员会关于1956年农业生产发展规划的报告。选举出任谦和孔繁勤为出席省第二届人民代表大会的代表。[①]

1955年6月22日，黄陵县人民政府改称为黄陵县人民委员会（简称县人委），设正、副县长各1人，内设办公室、民政科、文教科、工交科、计划统计科、财政科、农林水牧局、粮食局、税务局、公安局、采购局、邮电局、商业局、兵役局、服务局、银行、供销社、法院、检察院。

1955年12月23日，人民检察署改为人民检察院。1956年9月19日，成立由法院院长、审判员、代审判员组成的审判委员会。

1956年5月，组建县工会联合会（后称工联）。8月，成立县工会筹委会，年底建成基层工会10个，发展会员325名。[②]

1956年1月15日，召开县工商联第二届代表大会，选举吴永胜为主任，会议根据社会主义改造高潮的要求，修订《工商业章程制度》。

12. 黄龙县

黄龙县第一届人大代表选举于1954年2月15日开始，4月5日

---

① 黄陵县地方志编纂委员会：《黄陵县志》，西安地图出版社1995年版，第429页。
② 同上书，第416页。

结束，历时40天。全县7区40个乡共划分选区247个，登记选民35552人，参加选举选民23442人，占选民人数65.94%。选出区、乡人民代表588人，其中女124人。①

黄龙县第一届人民代表大会第一次会议于1954年7月1—3日召开，出席代表50人。大会学习讨论了《中华人民共和国宪法》（草案），选举出席省人民代表大会代表，选举张立明为县长。本届共召开会议5次，曾作出全县选举、人口普登、工作计划等重大决议。

黄龙县第二届选举于1956年10月11日开始，11月1日结束，历时22天。全县划分选区195个，登记选民23339人，占全县人口总数63.9%，参加选举选民22240人。选出区、乡人民代表大会代表537人，其中女128人。②

第二届人民代表大会第一次会议于1956年11月24—27日召开，出席代表57人。大会审议《县人民委员会两年来工作总结及今后工作意见的报告》《关于1955年财政决算和1956年财政预算执行情况的报告》《县人民法院两年来工作报告》，选出19人组成的县人民委员会，选举戴海福为县长。

1955年6月，改县人民政府为县人民委员会，改秘书室为办公室。1956年5月，增设文教、卫生、交通科，改建设科为农林水牧局，粮食科为粮食局，林业指导站为森林管理处，增设农产品采购局。撤销购销管理部，设供应管理部和采购经理部。增设陕西省新华书店黄龙县支店。

1954年9月，法院始实行陪审、公开审判制度。1955年始法院院长由县人民代表大会选举产生。1955年1月，根据《人民检察院组织法》，改检察署为黄龙县人民检察院，设检察长、副检察长各1人，秘书1人，检察员、助理检察员各1人。承担批捕、出庭公诉、实施法律监督的职责。③

---

① 黄龙县志编纂委员会：《黄龙县志》，陕西人民出版社1995年版，第400页。
② 同上。
③ 同上书，第430页。

1954年10月2日，黄龙县新民主主义青年团在县城召开第二届代表会。会议听取团县委的政治报告，选举产生新民主主义青年团黄龙县第二届委员会；选举出席省团代会代表。张全喜当选为团县委书记。1954年，全县共建立团支部32个，发展团员510人。1955年，团县委实行部长、指导员制，下设组织部、宣传部、学少部、军体部、秘书室。共青团黄龙县委员会结合本县中心工作，开展了爱国增产节约教育运动，号召团员带头加入农业合作社。是年，有883名农村团员和3382名先进青年加入了农业生产合作社。1956年8月25日，在县城召开第三届代表大会，会议讨论了第二届委员会工作报告，选举产生第三届团委员会及出席团省委代表会代表。张全喜当选为团县委书记。[1]

1955年，团县委设立中国新民主主义青年团陕西省黄龙县委员会少年儿童部，发展少先队员1074人，约占少年儿童总数3988人的26%。少先队员的条件是：学习努力，遵守纪律，团结同学，尊敬师长。少先队员佩戴三角形红领巾。[2]

13. 宜君县

1954年，宜君县举行第一次公民选举，参加选民29735人，占总选民31146人的95.5%。共选出乡镇人民代表617人，县人民代表63人。[3]

宜君县第一届人民代表大会第一次会议于1954年3月11—14日召开。会议审议了历年来县政府工作报告，学习了《宪法》（草案），作出了"认真搞好夏季生产工作，充分发挥税收工作的作用，做好公购粮统购统销工作"的决议，选举姜成山、白俊亭、张守顺、董玉凤为出席省人代会代表。1954年12月20—22日召开了第二次会议。会议审议了县政府工作及互助合作报告，作出了"大力开展以互助合作为中心的农业生产运动"的决议。1955年3月10—13日召开了第三

---

[1] 黄龙县志编纂委员会：《黄龙县志》，陕西人民出版社1995年版，第454页。
[2] 同上书，第456页。
[3] 宜君县志编纂委员会：《宜君县志》，三秦出版社1992年版，第446页。

次会议。会议讨论了制订发展互助合作计划,作出了"积极响应党的号召,搞好兵员征集工作"的决议;选举张守顺为县人民委员会县长,徐平山为副县长,蔺士耀为人民法院院长。1956年1月1—4日召开了第四次会议。会议听取审议《今冬明春互助合作规划和1955年生产计划执行情况的报告》。1956年3月11—13日召开了第五次会议。会议审议了《1955年县政府工作总结和1956年工作意见的报告》以及县司法工作报告。①

1956年,宜君县举行第二次公民选举,参加选民29640人,占总选民30368人的97.6%。共选出乡人民代表519人(其中妇女代表116人,占代表总数的22.4%);选出县人民代表51名(其中妇女代表10名,占代表总数的19.6%),组成了宜君县第二届人民代表大会。②

1956年11月27日—12月2日,宜君县第二届人民代表大会首次会议召开。会议审查了县财政预决算和一届五次大会提案处理结果,听取了蔺士耀所作《宜君县法院工作报告》,选举张守顺为县长,徐平山、白玉山、杨星海为副县长,县人民委员会委员19人,蔺士耀为法院院长。

1955年3月19日改称宜君县人民委员会。县政府更名宜君县人民委员会,设县长、副县长,以及职能部门,将原政府秘书室改称为县人委办公室,县检察署改为人民检察院,成立供销合作社。6月撤销监察委员会。

1956年,成立交通科、农产品采购局;4月撤销财委会;7月改粮食科为粮食局,建设科为农林水牧局;8月改工商科为商业局;10月4日将原计划统计科改称为计划委员会、统计科,文教科分为文化科、教育科,设卫生科;12月撤销农产品采购局,业务移交供销合作社,同时设工业科。③

---

① 宜君县志编纂委员会:《宜君县志》,三秦出版社1992年版,第439页。
② 同上书,第446页。
③ 同上书,第453页。

1956年，宜君县商会改名为工商业联合会，周金有为执委会主任，郭进怀、刘元德、刘久令、毛福堂为副主任，下设办公室，工商业联合会是党领导下的私人工商业者的联合组织，代表工商界合法利益。

1955年5月13—17日，宜君县召开第二届妇女联合代表会。会议总结了上届妇联代表会以来的工作，制定了工作规划，选举产生了第二届执委会，王菊芹当选主任。

各地人民代表大会的召开和第一部《中华人民共和国宪法》的通过，为地方政权的正规化建设奠定了民主和法制的坚实基础。地方人民代表大会除乡一级外，采取了间接选举的方式，即首先由选民酝酿提出乡（镇）人民代表候选人，随即召开选举大会，选出乡（镇）人民代表。然后，召开乡（镇）人民代表大会选举产生县人民代表。新中国成立初期，经济基础还比较落后，交通通讯条件不发达，这种间接递进选举方式，正与这种国情基础相匹配。

这一时期政权建设的一个突出亮点是，行政长官原则上不再兼任法院院长，法院院长直接由人民代表大会选举产生，依法独立行使审判职能，检察院也获得了相对独立地位。这使政权建设向现代政治文明迈出了可贵的一步。

各地方群众团体组织继续完善。在党的领导下的各种群众组织，是党组织联系各界群众的桥梁。政府机构调整中的重心与重点，如部门的改组、新增或撤销，与党和政府的工作重点直接挂钩。延安地区在人民代表大会代表选举的过程中，各县纷纷组织巡回法庭，以法律保障公民权利的实施，也迈出了现代政治文明建设的可喜一步。

第三章 土地改革和农业互助合作运动

一 土地改革

土地改革是中国人民在中国共产党领导下，彻底铲除封建剥削制度的一场深刻社会革命，是中国民主革命的一项基本任务。土地改革运动满足了农民的土地要求，激发了群众的革命热情，使解放战争获得了政治、经济和军事力量的源泉，有力地保证了人民解放战争的胜利。同时，土地改革运动满足了占农村人口绝大多数的农民的土地需求，也构成了新的基层政权合法性的来源。

陕甘宁边区时期，延安地区是较早迈出土地革命步伐的模范区。1946年5月4日，中共中央将刘少奇起草的《关于土地问题的指示》作为党内文件发布各解放区贯彻执行，这就是著名的"五四指示"。"从地主手中获得土地，实现耕者有其田"的基本方针，被视为中国共产党土地改革运动正式开始的标志。后来在全国土地会议上，刘少奇也认为："'五四指示'是由减租减息到彻底平分土地的过渡政策。"[1] 1947年10月，规定"彻底平分土地"的《中国土地法大纲》颁布实施，土地改革进一步深入。

新中国成立后，起临时宪法作用的《中国人民政治协商会议共同纲领》规定，国家要"有步骤地将封建半封建的土地所有制改变为农民的土地所有制"。1950年6月30日，中央人民政府委员会通过

---

[1] 《刘少奇选集》（上卷），人民出版社1981年版，第368页。

和颁布实施《中华人民共和国土地改革法》，成为指导土地改革的基本法律依据。《土地改革法》公布以后，土地改革运动在有3.1亿人口的新解放区有计划、有步骤地开展。各地政府都派出土改工作队深入农村，领导土改运动。各地土改工作队深入农村访贫问苦，培养积极分子，逐步把群众发动起来，建立以贫雇农为核心的农民协会，作为土改执行机关。随后，进行划阶级，开展对地主阶级面对面的斗争。在斗争胜利的基础上，由农民协会没收地主的土地和财产，分配给无地、少地的农民，并在分配完成后进行复查，由人民政府颁发土地证，整顿与加强政权和民兵组织，引导农民发展生产。到1952年9月为止，除新疆、西藏等少数民族地区及台湾省外，全国普遍实行了土地改革。

（一）北部老区的土地改革和土登评产

延安地区的土地改革情况比较复杂，可分为中华人民共和国成立以前及之后两种情况。实施时间在1946年5月到1950年春天完成。北部原延属分区延安、延长、延川、子长、安塞、志丹、甘泉7县和吴旗（曾属三边分区）、鄜县（曾属黄龙分区）属老区，新中国成立前土地改革已经实施。南部五县宜川、黄龙、洛川、宜君（1983年划归铜川市管辖）、黄陵，则是新中国成立后进行的土改。

土地改革完成后，西北地区继之以土登评产。土登评产的意思是：土地登记、确定地权；评定产量、分地定产。土地登记，确定地权，就是明确农民的土地所有权，这是土地改革最主要的成果确定。评产，就是评定每块地的粮食产量。土登评产所评的产量，不是指现实的产量，也不是指当年的产量估计，评产是指以耕地在平常年成下全年所应收获的产量评定。评产一方面为确定农民负担提供依据，因为新中国成立初期的征粮面临着一个依据实际产量到固定税收的转变；另一方面对农民的生产起督促作业。按评产征粮，迫使农民有保证乃至提高粮食产量的压力。

1. 延安北部老区的土地改革

延安老区的土地改革在解放战争中基本完成。老区的一部分经历了1935年的土地革命，抗日战争时期又经历了长期的减租减息和公平负担政策，土地占有已在很大程度上实现了平均化。因此总体上看，这一地区的土改主要以"抽补"、"调剂"为主，行动并不剧烈，与土登评产并无明显区别。在这一地区，土登评产往往作为土改的同义语。各县的土改与土地评产大致情况如下：

（1）延安县。1946年冬到1947年春，延安县在各村进行了一次"抽肥补瘦"，填平补齐的土地调整工作，以解决10余年来迁入农户的无地问题和农民之间出现的土地数量不均与质量差异。后由于战争在陕甘宁边区全面铺开，土改工作处停滞状态。1948年冬至1949年春，中共延安县委、县人民政府，根据中央和陕甘宁边区政府"在土地革命不彻底的地区进行复查和彻底的改革"的决定，进行了土登评产（或称二次土改）。土改运动揭露了地主恶霸、土豪、劣绅向农民反攻倒算、霸占农民财物的罪行，追回了大批的黄金、国宝、白银、银圆、洋烟等财物，烧毁了地主、恶霸据以剥削农民的文约、契约、账簿等，经过土地登记，评定产量，按户重新颁发了土地证。地分三等九级，确定常年产量，农民按土地等级交纳公粮（农业税），做到合理负担。[①] 全县将91917亩土地，2076间（孔）房窑，分给无地少地的1571户、11233人。

（2）安塞县。1947年为了解决土地问题，县上开展了土地复查。2月，县委派出工作团首先在四区二乡进行了为期一个月的土地复查，主要查有无漏划的地主、富农，有无地富私自收回土地和反攻倒算现象。该乡共查出地主私自收回土地近600亩，又重新分给原划分给的农民。同年，中共中央在本县七区五乡进行了土地复查试点。12月，县上对三、五、七区所辖16个乡进行了土改。其间，本县土改出现了过"左"的现象。有的富农被"扫地出门"，有的被吊打、捆绑，有的还被列为镇压（杀）对象。1948年2月开始纠偏，对1947年错划并"扫地出门"的四五十户对象，作了妥善安置。如向错划户赔情道歉，分掉的财产如数归还。有的东西当时没有，则要求分主

---

① 延安市志编纂委员会：《延安市志》，陕西人民出版社1994年版，第182页。

打欠条，待有时归还。在纠偏中还结合进行了定产、发证（土地证和房窑证），对定错成分的作了重新划定。1948年秋冬开始土登评产，至1950年3月结束。这次土登评产，先后有地区、县、乡、村各级干部1280人参加，基本查清了全县的土地实况，确定了地权，解决了各类纠纷1569起。绝大部分无地户得到了土地，99％以上的农户达到"耕者有其田"的目的。从各个方面安置了移难民，从根本上解决了土地革命以来遗留的地界不公、地界不清、地权未定、农民负担不合理的现象。①

（3）吴旗县。1947年10月《中国土地法大纲》颁布实施后，吴旗县抽调133名干部分赴各区，根据《土地法大纲》，"抽补、调剂"，没收6户地主多余的土地2633亩，征收48户富农多余的土地14118亩，抽调了216户新富农多余的土地54126亩，分配公地35417亩。全县雇农259户，1058人，分地21604亩；贫农277户，1906人，分地26929亩；中农50户，275人，分地33062亩。② 对经过土改地权已宣布确定的，不再变动。自己耕作或雇人经营以及出租、典当、买卖皆可自由，用以安定与提高农民的生产情绪。

（4）延川县。1947年10月，延属分区派出驻延川土改工作团，11月，工作团抵达延川县，12月延川县成立农会临时委员会和土地委员会，各区、乡相继成立农会和土地委员会，领导土改运动。县农会派出3个工作团，分赴各区宣传《中国土地法大纲》，协助区、乡开展土改运动。初期受"左"倾思潮干扰，强调"满足贫雇农要求，不走地富路线"，忽视了"团结中农，不损害中农利益"的基本原则，在20余天内，全县土改由8个试点乡迅速发展到34个乡，斗争了119户地主、富农。各区、乡不同程度出现侵犯中农利益，拔高阶级成分，对地富实行过火斗争的现象。

1948年1月14日，县委召开土改工作会议"纠偏"，会上强调

---

① 安塞县地方志编纂委员会：《安塞县志》，陕西人民出版社1993年版，第238页。
② 吴旗县地方志编纂委员会：《吴旗县志》，三秦出版社1991年版，第213—214页。

土改的基本方针是"依靠贫农，巩固地联合中农，消灭地主阶级和旧式富农的封建半封建的剥削制度"。会议认为本县经过1935年土地革命运动，全县96%的人都有土地耕种，只有少数移、难民缺乏土地。因此，土改重点应放在抽补调剂上，将公地、庙地、公窑分给少数无地、无窑户。同时，会议提出纠正本县划分阶级成分时把中农定成富农和过火斗争地、富的倾向，决定复查阶级成分，退还不应没收的财物，继续在原定8个乡进行试点。会后纠正错误，向错斗的117户赔情道歉，退还财物。在复查纠偏、稳定群众生产情绪的基础上实行抽补调剂。9月中旬，延川县召开县、区、乡三级干部会议，部署土改的收尾工作。随后抽调534名干部（包括不脱产干部）在全县开展以评定成分、确定地权、评定产量工作。根据西北局划分阶级成分的指示，各乡对阶级成分重新做了一次评定。同时，整顿了基层农会，全县由原来7个农会48个小组增加到59个农会697个小组，会员由478人增至6902人。

（5）子长县。1947年12月，子长县各级农会（小组）成立，全面开展了土登评产工作。依据地委"南家湾会议"精神，工作分审查成分、土地调剂、分等级、复查4个阶段进行。1948年初，在审查成分中，由于对政策理解掌握不够准确，对剥削关系缺乏研究，无原则降低地主、富农成分标准，犯了"左"倾错误。随后，重新审定阶级成分，对无地和少地的农户进行土地调剂和分配。土地来源一部分是原留的公地；另一部分是从富裕中农和新富农以及部分农民中实行抽肥补瘦办法调整出的土地。据1948年5月县政府统计：西二区、北一区、瓦市区13个乡共调剂分配土地4060垧，窑、房239孔（间），其中分配公地2507垧、公房130孔（间），私人调剂土地1553垧，窑、房109孔（间），新分户382户1297人，分地3075垧，人均2.37垧；补地户178户865人，补地1265.50垧，人均1.46垧。北二区地广人稀，无地户每人分4—5垧。瓦市区四乡人稠地少，无地户人均分地1垧。通过调剂，解决了无地和少地户的生产、生活问题，全县进一步实现了

第三章 土地改革和农业互助合作运动

"耕者有其田"。①

子长县把土地划为水地、川地、湾塌沟条地、山地4大类地别，每类地别根据土质、坡度陡缓、方向、远近分为上地、中地、下地，分4级12等或3级9等，然后核定不同类别、不同等级土地的常年产量，为征收农业税提供依据。

1949年8月，全县开展为期2个月的土地面积复查工作，各地采取地籍调查、抽查核实、逐块丈量等办法查出隐报土地面积，基本核实了全县耕地面积。在土地复查的基础上，进行了土地、房窑登记发证。

（6）延长县。1947年冬至1949年春，延长县开展土地改革运动。运动对7个乡的土地进行复查、登记、调整和评定产量。通过调查和群众自报，互查及逐块登记，共查出无人管的公荒、社地、公地792.45亩，遗亲地595.5亩，庙社地732亩，黑门地（户主全部死亡，无人继承的）412亩，双份地755.5亩，夹损地749亩，总计4037.45亩。确定了7个乡6566人10万亩耕地的所有权。7个乡共给740户无地移民调整土地3559亩，给118户少地农户补给土地2787亩。在调整土地中，鼓励和欢迎多地农户自动退让土地，7乡94户自动退让土地2510亩。7乡总计土地为100350亩，评出常年产量为7908.49石（每亩常年产量平均7升8合，人均粮食1石2斗），约折合237.25万公斤（每石以150公斤计）。②

（7）甘泉县。1948年秋，甘泉县进行土改纠偏，改定成分。随后，全县开展"土地改革补课"运动，废除封建地主土地所有制，实现了土地农民所有制，重新调整土地分配使用不公的现象，使土地改革进一步彻底、合理化。从公地、庙地、弃地、黑地、绝产地及没收的土地中，采取先抽后补、抽完再补、调剂搭配的办法，解决了没地、少地农民的土地问题。③

---

① 子长县志编纂委员会：《子长县志》，陕西人民出版社1993年版，第173页。
② 延长县地方志编纂委员会：《延长县志》，陕西人民出版社1991年版，第159—160页。
③ 甘泉县地方志编纂委员会：《甘泉县志》，陕西人民出版社1993年版，第147页。

·113·

（8）志丹县。1947年2月—1949年3月，志丹县进行了土地改革运动，分三期对全县7个区38个乡169个行政村全面进行土地复查、抽补、调剂、登记和换发土地证，确定地权，评定产量。其政策是：征收封建残余地主多占的土地，鼓励和欢迎富农、中农和部分土地多的贫雇农自动退出多余土地，解决无地或少地者（主要是移、难民）的土地问题。全县共查出公地47340亩，夹杠地5616亩，庙地717亩，遗弃地23132亩，绝门地（无继承人的）2238亩，没收地主多余地810亩，16户富农退出3021亩，329户中农退出38588亩，147户贫农退出20457亩，2户雇农退出123亩，共计142032亩。给1100户4344人无地者（主要是移、难民）分配土地115806亩，人均27亩，给384户1871人少地的贫雇农和中农调剂土地26226亩，人均14亩。并按三等七级（川上地每亩1.7斗，川中地每亩1.2斗，川下地每亩0.8斗；塌地每亩1.3斗；山上地每亩1斗，山中地每亩0.8斗，山下地每亩0.4斗）评出常年产量，作为计征农业税的依据。①

志丹县土改中还重新划分了农村阶级成分。与1935年土改时比较，地主由原48户降为3户，富农由原160户降为52户（大部分是中农上升为新富农），新划定富裕中农100户（大部分是原贫农和中农上升的），中农由原666户升为2275户，贫农由原4821户降为3799户，雇农由原1100户降为974户（贫、雇农中含有土地革命后从东路移来的1900户难民在内），工人由原121户升为123户。地富占总户数的0.75%，富裕中农和中农占32.4%，贫农和雇农占65.15%，工人占1.68%。②

（9）鄜县。1948年10月—1949年3月，鄜县进行土地改革，全县无地缺地的2129户、8459人分得土地34.19万亩，并发土地证和房窑证。③ 颁发土地房窑证，是依据陕甘宁边区于1949年2月16日

---

① 志丹县地方志编纂委员会：《志丹县志》，陕西人民出版社1996年版，第142页。
② 同上。
③ 富县地方志编纂委员会：《富县县志》，陕西人民出版社1994年版，第102页。

发布的《陕甘宁边区颁发土地房窑证办法》而进行的，目的是"为确定土地改革后各阶层人民之土地、房窑所有权，保障其不受侵犯，以促进与发展生产"。《办法》规定："凡土地问题已解决的地区，不论原有或分得的土地、房窑均应依照本办法进行登记，发给土地、房窑证。"《办法》确定了新发土地、房窑证作为所有权的唯一合法证据，"各户领到新发之土地、房窑证后，原有之约据证件，一律缴出，当众焚毁"。

2. 延安北部老区的土登评产

陕北老区的土登评产，基本是从1948年10月开始。政府按行政村派了工作组，不过工作进行得比较粗糙。如延安县1948年下半年的土登评产，只是在重新登记每家每户实际耕种土地面积、产量和牲畜、生产资料的基础上，重新核定了农村的阶级成分。延安老区经历过土地革命，农村阶级成分也定过；另外的地区归属中共彻底控制也比较早，抗日战争中经过减租、清算等政策，地主、旧式富农大为减少，土地的平均化水平也比较高，加上很多地方地广人稀，土地并不稀缺。战争又刚刚过去，农民们，包括部分旧日地主富农的表现尚可。所以，这次阶级成分划分很"粗糙"，南泥湾金砭村鉴于"胡匪侵犯之后，牛羊被杀，财产被劫"，没有计算各户的剥削收入，"一律划为贫农"[①]。延安也有地方一律划为中农，如梁村。吴满有所在的柳林乡吴家枣园，有牲口的就划为中农，没有的就划为贫农。大部分地区土登评产大概到1949年3月结束。

中华人民共和国成立后，1949年11月11日，陕北区行政公署发出填发土地登记证指示，提出填发土地登记证五条步骤：①发动群众，以自报公议、民主评定、三榜定案的办法，以达到正确的效果。②评定土地等级，计算土地产量，一定要因各地的具体情况，划分不同区域，评定土地等级和产量，以免发生不良现象。③在登记土地房窑前必须先固定其数目，等级分清，产量确定，四界划清，没有纠纷

[①] 南泥湾社教分团：金砭大队公开清理审定阶级成分试点工作的报告，延安市宝塔区档案馆藏，全宗号088，案卷号091，第1页。

然后登记。④在填写登记证时务必认真慎重，一律用毛笔正楷，不得潦草，更不得涂抹挖补，如有必须加盖乡长名章。⑤土地证填好，经区乡政府及土地登记委员会审核后，由村民大会宣布发给本主。

由此，北部老区进行了土登评产的复查和再评工作。1950年1月7日，安塞县政府制定出土登评产工作8条措施，对全县746户无地户和327户缺地户划补土地47923亩。1950年，甘泉县总结土地改革工作，进行"土登评产"，发给土地证书。复查全县耕地总数为182883亩，人均9.55亩。延安县也作了对农村土地进行登记、评产和调剂余缺等一系列工作，为部分缺地少地农户解决地不够种的困难。这个工作与部分地区尚未完成的土登评产结合，总体上到1950年春天结束。

土登评产过程中，也是逐步修正错误，找到合理处理办法的过程。如延川评产初期，因缺乏经验，机械地将土地划分为三等九级。套级评产，出现许多压地、压产和评产不公现象。为搞好评定土地常年产量，县土地委员会于1949年冬在禹居区文安驿村和城市区拐峁村进行评产试点，根据各区土地好坏划分为4个评产经济，供各地参考。永远区垧产2.35斗，永胜区垧产2.3斗，永平区、延水区垧产2.25斗，城市区、禹居区垧产2.15斗，全县平均垧产2.25斗。具体做法是：根据土地多少和土质好坏，采取地与地比、村与村比、乡与乡比、区与区比的办法，评一户小结一户，评一村总结一村。至1950年春，全县6个区39个乡508个村评定产量和土地登记工作结束。

结合土登评产，老区开展开门整党工作。农村各党支部在实行党内外民主运动中普遍公开，公开吸收群众中的先进分子入党。群众中的先进分子在群众的举荐与党委批准下入了党。

（二）南五县半老区的土改与土登评产

1. 延安地区南部五县土改与土登评产运动

延安地区南部五县的土改运动，可能是因为有老区作为依托，一般来说，也是进行比较早的。1949年秋，宜川、黄龙、黄陵、洛川、宜君各县开始土改。同样因为有北部老区的土改作参考，土改结束后即进行了土登评产工作，甚至于土改也是在土登评产委员会领导下进行的。

按照土改的经验，新区土改之前普遍进行了减租减息。1949年3月，毛泽东在中共七届二中全会上的报告中曾指出：新区农村的任务是"首先有步骤地展开清剿土匪和反对恶霸即地主阶级当权派的斗争，完成减租减息的准备工作，以便在人民解放军到达那个地区大约一年或者两年以后，就能实现减租减息的任务，造成分配土地的先决条件；同时必须注意尽可能维持农业生产的现有水平不使降低"。一般情况下，减租是依照党的"二五减租"政策，将地主、富农原地租减低25%；减后租额超过土地正物的35%的，要减低至35%。减息是对地主、富农所放的账债的利息，减到不超过社会借贷关系许可的程度（一般为分半利息）；已收利息等于本的一倍者，停息付本，超过本数的两倍者，其债务废除。这项政策的实施，对保证农民群众获得实际利益，具有十分重要的意义。在土地所有制未变的情况下，减租减息运动，初步调整了千百年来农村分配制度上的不合理现象，减轻了贫雇佃农的经济负担，为土地制度彻底改革作了必要的思想和物质准备。

土地改革期间，各地均按照党中央关于划分阶级成分的政策，即地主占有土地等生产资料，但有劳不劳，靠剥削生活；富农虽自己劳动，但剥削他人剩余劳动达到其家总收入的25%；且其剥削时间都在临解放前连续三年；富裕中农有剥削，但剥削量不到总收入的25%；中农一般有土地和生产工具，自己劳动生产，有的还受人剥削；贫农、雇农仅有少量土地或无地，靠租种田地和出卖劳力生活等界限，发动群众逐户划定了阶级成分。

（1）宜君县。1948年10月下旬，宜君县委抽调干部在北区二乡、中区二乡进行减租减息工作试点。12月25日，东区、中区、北区减租减息工作全面开始。1949年3月底以上3个区的此项工作基本结束。1949年4月，城区、南区、西区开展减租减息工作。6月底，全县减租减息工作结束。1949年春，中共宜君县委发动人民群众，开展反恶霸、反贪污、反特务、反不公的"四反"斗争，进行生产建设，支援解放战争。9月，全县开展土改宣传工作，在东区榆舍村进行土改试点工作。10月8日，中共宜君县委传达贯彻黄龙地委关于划定农村阶级成分指示，成立土地改革工作团，制订土改计划。10月19日，宜君县召开第一次各界群众代表会，部署土地改革工作。随后，土地改革运动展开。全县参加土改的脱产干部共173人（包括陕北行署、黄龙专区干部78人）。运动分两期进行：第一期，东、北、中3个区；第二期，西、南、城3个区，先后历时5个月。到1950年3月，全面完成土改任务。① 全县共划定地主110户，富农317户，富裕中农327户，中农2797户，贫农5359户，雇农1255户，小商374户，其他成分259户。在此基础上，依据土改法规，没收地主和征收富农的长余土地共计121350亩，征收公庙及祠堂土地31333.9亩、学田5683亩，总计158367.4亩；没收房屋2812间，窑4092孔，耕畜、农具、粮食等浮财折麦子6000石。以上所征收没收的土地、房屋、耕畜、农具等财产，均全部分配给贫农、雇农和缺少土地的一些中农。同时，还全部废除了地主、富农的高利贷剥削，并焚毁了债权契约。从而，彻底消灭了封建土地所有制，实现了耕者有其田。广大劳动人民翻身解放做主人，欢天喜地地歌颂中国共产党，劳动生产积极性空前高涨。②

（2）黄陵县。1949年年初，中共黄陵县委在全县各乡镇清匪反霸，减租减息。中共黄陵县委、黄陵县人民政府根据《减租减息条例》和《惩治不法地主条例》，发动群众向恶霸地主及富农进行说理斗争开展减租减息。黄陵县减租的办法是，对地主、富农、祠堂、庙宇、学校、教堂出租之地实行"四六"减租（即减去原租额的40%）；租额过高者实行对半减租；对活租者按出租人所得不得超过收获量的25%进行减租，伙种按原租额减去20%；新开垦荒地，土地所有者三年之内不得收租。贫雇佃农所欠地主、富农、祠堂、庙

---

① 宜君县志编纂委员会：《宜君县志》，三秦出版社1992年版，第130页。
② 同上书，第131页。

宇、学校之旧租不论多寡一律废除。减息的办法是：对农民所欠地主恶霸之旧债一律废除；欠富农旧债付息超过原本50%者停息分期付平；付息与原本相抵或稍有超过者，停息付原本的40%—50%，一本一利者本利一律免付。[①]

1949年10月7日开始，在全县4个区8个乡开展土地改革工作。根据《中国土地法大纲》和党中央土地改革总路线，结合本县实际，采取"中间不动，两头平"政策，黄陵县从1949年10月中旬开始，到1950年5月中旬，分3期开展了土地改革运动。土改工作大致都经历了宣传政策，发动群众，整顿健全农会组织，开展诉苦说理，土地丈量，评定成分，征收没收分配地主土地及财产财物和善后处理等工作阶段。在土地改革工作中，各乡、村都普遍成立了农民代表会和农民协会。土地改革的重大问题都要经过农民代表会或农民协会讨论决定。

按照《中央人民政府政务院关于划分阶级成分的决定》和补充决定，黄陵县对全县18个乡6764户进行了阶级成分划分。其中，划定地主36户，占总户数的0.3%；富农105户；占总户数的1.5%；富裕中农322户，占总户数的4.8%；中农2402户，占总户数的35.5%；贫农3087户，占总户数的45.6%；雇农293户，占总户数的4.30%；小商业者236户，占总产数的3.48%；工人76户，占总户数的1%；城市贫民85户，占总户数的1.2%；其他122户，占总户数的1.8%。没收地主土地2938.66亩，征收富农长余土地6931.45亩，收回学田、庙地、公地等6283亩，共计16153.11亩；没征收地主、富农及学堂庙宇房屋715间，窑洞502孔；没收耕牛107头，马、骡、驴大家畜28头，羊子335只，猪55头；没收粮食219.21石，银元181个，农具及日常用具等折麦2229石。1914户农民（其中贫农1050户，雇农253户，中农552户，手工业者31户，小商28户）在土改中分得土地16563.93亩，窑洞542孔，房屋746间，浮财（包括牲畜、粮食、衣物、农具及日常用具等）折麦

[①] 黄陵县地方志编纂委员会：《黄陵县志》，西安地图出版社1995年版，第118页。

2910.57石，基本满足了贫苦农民的要求。地主在土改中，也分到略低于农民土地数量的一份，为其逐渐成为自食其力的劳动者提供了条件。①

（3）宜川县。1949年，全县减租695.02石，退租37.5石，免租663.4石，有1200多户受益。8月，县委书记高光华带10名干部到丹阳区二乡党湾乡西坪塬村试办土地改革，10月4日结束。9月5日，举办第一期土改学习班。10月，土地改革全面展开。10月14—16日，宜川县各界人民临时会议召开，出席会议代表66人，均由各民主团体推荐产生。会议讨论了土地改革工作规划。根据宜川县的实际情况与干部条件，土地改革的方法是有重点的波浪式的推广。具体步骤分为：一、广泛宣传政策，了解情况，调查研究，初步整顿各种组织，成立贫雇农小组；二、丈量土地，评定等级，划定成分；三、进行斗争，没收与分配土地；四、改造基层政权，建立党团组织，开展生产。1949年10月结束在丹阳区2乡进行土地改革试点后，第一批分3期，完成富云乡、永安乡、康平乡、丹阳乡和城市5区的土地改革；第二批完成白水乡和河清2区的土地改革。全县7个区分为4期的次序为：第一期以富云区为中心，包括富云、康平、永安、丹阳等7个乡；第二期以永安区为中心，包括富云、康平、永安、丹阳10乡；第三期以和平区为中心，包括城市、丹阳、康平11个乡；第四期包括白水、河清、丹阳11个乡。参加土地改革的干部共129人，其中分区派来95人，分为7个工作组。② 1950年4月，土地改革全面结束。全县评定成分：地主101户，富农227户，占总农户2.67%，占总农业人口的5.58%，富裕中农599户，中农3076户，贫农5384户，雇农1298户，其他1545户，没收地主土地和征收富农多余土地78799亩，连同收回的公田、庙田24310亩，共103109亩；耕牛523头，驴92头，骡子6头，马5匹，羊2525只，猪154头，房1454间，窑2841孔，厦90间，没收的其他财物有：麦613石（合101145公斤）；豆子73.6石（合14720公斤）；

---

① 黄陵县地方志编纂委员会：《黄陵县志》，西安地图出版社1995年版，第118—119页。
② 宜川县地方志编纂委员会：《宜川县志》，陕西人民出版社2000年版，第197页。

银元1378元；黄金2.4两，银子985.7两；农币250233万元，另有衣物、农具等财物，折合小麦2711石，有6348户农民分得土地89749亩。① 1951年10月开始颁发土地房屋所有证，共分3期进行，于1952年2月结束。

（4）洛川县。1949年10月5日，洛川县土地改革全面开始，至1950年4月22日结束，历时8个月。土改中，全县共查实划定地主106户，800人，人均占地15亩；富农340户，3994人，人均占地18亩（比地主的地质差）；中农13124户，58820人，人均占地8亩；其他户792户，2477人，占地极少。没收地、富土地26252.06亩，窑（房）3800孔（间），耕畜560头，猪羊838头，农具3629件，粮食1707.08石，钱财15145元（人民币），银元1161块（硬币）。通过土改运动，全县无地或少地的农民分得了土地、牲畜和农具等生产资料。② 经过土改，各乡农会普遍建立，乡妇联陆续成立。统计出全县人口为65591人，土地517775.5亩。

（5）黄龙县。1949年，中共黄龙县委成立土地改革登记评产委员会，由高基（县委副书记）、李景熙（县长）分别担任主任、副主任，另有4个科室及学联、妇联负责人参加。抽调干部111人，编为3个工作组，分赴白马滩区庙后乡、柏峪乡、中心乡，圪台区砖庙梁乡，孙家沟门区柳沟乡进行土改试点，历时4个月。除圪台区砖庙梁乡未统计外，其余4乡的社会阶层登记结果是富农9户、富裕中农8户、中农192户、贫农708户、雇农18户、小商贩19户、佃农78户，总计1032户。耕地13721亩。其中：富农9户，94口人，有耕地907.8亩，占4乡总面积的8.8%；雇农18户，29人，有耕地38亩，人均0.76亩，占4乡总面积的0.27%；富农人均土地为雇农人均土地的79.8倍。富农主要剥削方式为雇工剥削。农忙雇短工，平时雇长工，少则1—2人，多则4—5人。每年长工工钱约为1.2石。同时进行地租剥削，将大量的耕地出租给

---

① 宜川县地方志编纂委员会：《宜川县志》，陕西人民出版社2000年版，第197—198页。
② 洛川县志编纂委员会：《洛川县志》，陕西人民出版社1994年版，第228页。

无土地或土地少的农民耕种，获得地租收入。地租有分成和定额两种。分成即耕种者将收获的粮食按一定比例交给富农，对半或四六分成；定额是耕种者每亩向富农交纳2斗租子。还兼有放债剥削，主要是放粮、钱，利息不等。①

土改试点结束后，中共黄龙县委于1950年根据上级指示，作出了"进行农村土改、土登评产"的决定，其政策方针是："依靠贫下中农、团结中农、肃匪反霸，废除封建地租剥削制度，实现耕者有其田。"工作步骤是，宣传党的方针政策，组织发动群众，登记户口及阶层土地财产占有情况；整顿各级农会组织，吸收土改积极分子；丈量土地，没收地、富多余财产；分配和登记土地、评定产量，确定地权，颁发土地房产所有证书。

黄龙县土改、土登评产分两期进行。第一期于1950年11月10日—12月20日，在4个区（白马滩、石堡、三岔、界头庙）29个乡进行；第二期于同年12月21日—1951年1月30日，在3个区（圪台、崾崄、观亭）26个乡开展工作。全县通过土改、土登评产共没收地、富土地4294亩，祠堂176亩，粮食97石；人民币（新币）19.37万元；羊30只；大麻1285公斤，分给328户贫、雇、佃农民，计1059人。占总户数的31.5%，占总人口的25.3%。其中，312户分得房窑219间（孔），粮食97石，新人民币10.85万元，大麻785公斤，木板81块。②

1951年11月25日—1952年3月21日，黄龙县政府分别给全县10181户农民颁发了《土地、房产所有证书》，共分土地23万亩，人均4.3亩。土地改革极大地调动了农民的生产积极性。1951年全县农业总收入196万元，粮食总产1450万公斤，平均亩产粮食52公斤，大麻亩产50公斤。分别比1949年增长60%、118.5%、34%和20%。③

---

① 黄龙县志编纂委员会：《黄龙县志》，陕西人民出版社1995年版，第141页。
② 同上。
③ 同上。

2. 延安地区南部五县土改与土登评产工作总结

南五县的土改中,党和政府注意保护贫雇农的利益。1950年6月15日,中共延安地委为贯彻中共西北局关于当年的夏收指示,给洛川、宜川、黄陵等县发出指示,要求"夏收中对地主富农在去冬土改中被分出的麦田,凡加工投资应确实按照当时当地实际工资计算出来,由地主、富农负责偿还,反对价格太高或太低的偏向,也反对机械的一般化的规定价格"。这个指示保护了分得土地的贫雇农利益。10月初,延安分区专员公署发出布告,在黄龙、洛川、宜川、宜君、黄陵5县进行土地登记,评定常年产量,颁发土地证,保护农民土地所有权。

发动群众被认为是搞好土登评产工作的主要关键。首先要解除群众的顾虑。群众对土登评产工作的顾虑主要是:①怕吃亏、怕不公。②怕多负担。③怕分地(怕把自己的地分给别人)。为打破群众顾虑,各工作组下乡后,首先召开党团员、干部、民兵、妇女等各种会议,结合实际进行政策宣传,说明土登评产的主要意义是为了确定地权、发展生产、负担公平合理。用官方劝诫的话语就是,"要是土地不报实,自己压下别人登记就成别人的,同时将来给儿儿孙孙做下害了,如果打官司没有证据就易被别人占去","产量评定后按比例税计征,负担公平合理,好劳动多打粮也不多征,二流子少打粮也不少征"。这样的道理深受群众认可。

针对群众思想作了政策宣传后,一般经过充分的酝酿讨论,进行评议会的工作。评议会首先选出村评议小组,各组产生代表,又召开全乡代表会议(土改一般以乡为单位),讲清了土评委员的任务,当委员的人一定要认真负责,敢说公道话,没有私心,不怕惹人。经过大家的认真讨论,用投豆、投票、举手等方式选出乡土登评产委员(7人至9人)。

最重要的是工作队在评产过程中的实际表现,也就是发动群众工作的主要考验。这要求工作队相信群众,尊重群众的意见,同时要掌握工作的发展情况与效果。

调查研究掌握典型材料评好标准,是作好评产工作的重要一环。

标准定不好,评产就不会符合实际,或高或低。如黄龙县二区五乡评产中,群众最痛恨张纯亭(敌伪保长有恶行为),结果评得很高,有报复现象。其他依此比评,结果该乡产量没有评好。四区六乡工作组只依作务较好产量高于一般的两户作为典型,结果都评高了。评产就走了弯路。

联评互比随评随比,是铲平区与区、乡与乡、村与村、户与户之间圪楞(差距)的主要方法。圪楞的产生主要是因为各工作组下乡后,不和邻组取得联系,各做一套。

对土登评产中出现的问题进行合理的解决,对错误进行及时的纠正。在评产过程中,工作组与群众基于所处地位不同,对产量定位的追求不同。工作组有追求评高的倾向,而群众往往有评低的要求。在工作中要求工作组掌握好政策,既要把群众发动起来,不能包办代替,又要掌握真实情况做到心中有数,及时纠正错误。凡把群众真正发动起来的地方,让群众大胆放手去搞,工作组只掌握工作发展情况与效果,评产就可搞好,否则工作就要走弯路。

土登评产的各个环节,除了政策宣传环节,其他各环节中都可能出现问题,需要注意解决。评选土登评产委员,要评选出比较公正的人,并照顾各村各阶层群众都有代表参加。有的乡急于求成,没有经过酝酿讨论,就成立乡土评委员会,然后成立村评议小组,因此混进不良分子。如某乡将二流子选出当村评议组长。也有个别地方在乡选举时,工作组为了使为群众所不满的积极分子当选,便私自给积极分子多添豆,形成变相包办代替。

评产工作中,干部包办代替也是要避免的,否则工作难免走弯路。一区四乡干部包办代替,以致和群众对立,评产形成讨价还价。在评某块地时,群众说每亩评4斗,干部不答应,提出要评5斗多,群众也不答应,于是就吵起来。群众说:"评那么多不行",又说:"你们说多少就多少的话,何必要我们。"干部说:"把我们叫来做啥哩",群众又说:"我们说的不对你们闹下多少算多少。"这样闹个不休,结果二天只评了19亩,还把产量压低了。

评产中要掌握好标准,工作队要对真实情况做到心里有数,发现

第三章 土地改革和农业互助合作运动

问题及时纠正,这样评起来真实可信,群众容易接受。评产工作做得比较好的都是正确地评好标准后,通过党团员积极分子带头自报公议,互相评比,发现问题并即时予以纠正,这样进行评产顺利完成。如一区六乡二行政村评产工作,就是事先有了可靠的心中数,第一天评产就抓得很紧,评第一块坡地可评1.5斗,只评了一斗,当时就开会检讨,教育群众,评第二块平地时就很顺利,依据实际情况评了4斗。因此六天内评完该行政村1521亩地,平均产量3.23斗苞谷,并且还抽人帮助别的行政村。四区五乡评产中,工作组、乡长怕把产量压低,行动方法简单,没和群众商量,引起群众不满,如说"压低产量不行,非评到几斗几升才对"。因此有的群众说"你看能评多少算多少",又说,"不是要讲民主吗"?经检讨后改进工作方式,大家意见取得一致,工作就很顺利。边丈边评,一天就丈评187亩(第一天只丈评88亩)。

最后要铲平区乡间的圪塄。各区乡评定产量后,因为主粮种类及种植作物等的不同,再加上主观差距,区与区之间、乡与乡之间形成"圪塄"。黄龙县第一期土登评产中,4个区29个乡,以小麦为主粮的有12个乡,以苞谷为主粮的有17个乡。评产中,一般干部经验缺乏,领导上预先对整个工作特别是典型材料的研究掌握不够,个别干部在工作中不负责任,作了群众的尾巴,使产量压低,还有一般干部存在宁高勿低的思想,开始使产量普遍提高。结果圪塄很大。第一期16个乡的评产结果,一区4个乡每亩平均2.8斗苞谷,二区5个乡每亩平均1.9斗小麦,三区3个乡每亩平均为2.6斗小麦,四区4个乡每亩平均3.82斗苞谷。最高每亩评为一石苞谷,最低为一斗苞谷,各区相差圪塄很大。群众也有反映产量评得过高。四区四条梁有几个老乡在闲谈中说:"咱那地还能打六七斗?叫评吧,评得重了咱不种他狗日了。"发现上述问题后,经过反复评比研究确定进行修正,铲平圪塄。一区每亩平均3.448斗;二区每亩平均3.528斗;三区每亩平均3.983斗;四区每亩平均3.321斗,四个区总平均每亩为3.536斗(标准物应该是苞谷)。经过反复评比较接近实际。各地圪塄铲平,一般群众反映还好,认为所评产量可以打下。

南部五县土登评产的过程大同小异。各县按专区的指示执行，评定了各地的产量，如洛川评估全县平均亩产为 2.333 斗（每斗约为 35 市斤）。

评定产量是计征农业税的基础。粮食征收在评定常年产量后按比例征收，有利于征收工作的简化和易掌握。如 1948 年富县按土地等级评定的常年亩产 1.46 斗，按 25% 计征公粮 10150.6 石；实际缴纳公粮 13337 石，占常年总产量的 32.8%，拿出当年总产量的三分之一支援了解放战争。新区在土登评产前是采"持征收征借，打击地主，孤立富农，稳定中农"的征粮政策，如洛川解放后的征购方法就是预借。1948 年夏粮收获前，新成立的洛川县人民政府为了支援前线和解决部分人民的口粮，抽调干部到农村动员有存粮的农户向国家预借粮食，全县共预借粮食 6361 石（至 1952 年用收缴的公粮分期还清）。1949 年以自然村为单位，由群众选出评议小组，经民主评议、小组审定，把粮食征购任务落实到各农户，按户计征。宜君县派出干部教育群众揭发地富分散粮食，躲避筹粮，抵抗征借政策，企图将粮食负担推给群众的阴谋。干部深入群众，走访贫雇农、受过地富欺压剥削的人以及到过边区态度公正的群众，采取拉家常、谈生活、诉痛苦等方式，进行耐心的侧面调查，了解地富全部粮食情况，才使筹粮任务顺利得以完成。宜君县从 1948 年 6 月 17 日—1949 年 10 月 27 日共征购军粮 3.87 万石，军草 113.333 万斤。征购征收征借，必然要投入大量的人力物力及时间成本。而土登评产后，工作就简化许多，只需按率计算落实即可，而减免等也有据可依，如洛川县，1950 年实行土地登记，按田块好坏分等，评定常年产量（简称常产），以各户总产量按省定累进率算出征粮数（累进计征）。对烈属、军属、困难户实行减免，1952 年共减免公粮 1229252 市斤。

二 农业互助合作运动的开展

在农事耕作中，陕北农村早有互助形式。但农民之间互助合作数量少、规模小，具有临时性，只限于本族和至亲好友之间，有的在互助合作过程中含有剥削成分和许多不合理的因素。陕甘宁边区时期（特别是大生产运动期间），中国共产党大力提倡在劳动中"组织起来"，生产互助在延安地区有了很大发展。土地改革以后，农民生产积极性普遍高涨，展现出一派劳动致富的新景象。刚刚得到土地的农民最感缺乏的是牲畜、农具等生产资料，迫切要求组织起来，发展生产。为适应广大农民的要求，本着"自愿"、"互利"的原则，延安地区大力发展变工队、互助组。互助组有长年互助和临时互助两种形式。临时互助组，根据农活需要，组织临时性季节性的劳动互助，也叫"变工组"，或"变工队"，农闲时分散经营，农忙时变工互助，收获归己。常年互助组，有简明的全年生产计划和临时活路安排。产品除留公用部分外，根据土地、耕畜农具、羊子及劳动工日等，按比例分配或以工换工或计价结算。互助组共同劳动，解决缺乏劳动力、耕畜和农具的困难，土地、耕畜、农具等生产资料及收获产品仍属私有。

（一）农业生产互助合作的开展

1951年，中央讨论《关于农业生产互助合作的决议（草案）》以后，延安专区顺应时势，对互助合作运动积极发展，并尝试稳步提高。1951年6月27日，延安专区成立互助组竞赛评判委员会，并制定了组织评判与奖励办法的规定。张汉武任主任委员，委员有惠光第、白全盛、张维锦、高锦涛、李凡一、高尔谦、侯同文、关瑞庭、冯文德、申长林等。评判委员会积极促进延安地区互助合作运动的开展。延安地区不但大量发展临时互助组，也注意提高质量，促进临时互助组提升为长年互助组，并在一些地方试办合作社。1950年延安全区组织起来的劳动力占总劳力的50.5%，其中有互助组404个，1678户，占总农户的1.1%。1951年互助组发展到865个，4271户，占总农户的3%。1952年春有15889个劳动力，占总劳力的66.60%，其中有8个互助组成了初级合作社。

1. 北部老区县的农业生产互助合作运动

延安县为进一步解决农业生产中劳畜力不足的矛盾，从1951年开始，在原有互相变工扎工习惯的基础上，引导农民建立各种形式的生产互助组织。1952年夏，全县有12700多个劳力加入互助组，占到年末农业总人口64834人的19.7％，当年粮食总产2532万公斤，比1949年总产1890万公斤增长近34％。1951年中共延安县委在柳林等村试办农业生产合作社。

吴旗县土地改革后，广大贫农、雇农和部分中农分到了土地和牛羊牲畜。生产情绪得到了进一步提高和稳定。但由于他们刚刚翻身，经济基础还比较薄弱，加之受个体经济的限制，在生产中发生的许多困难不好解决。县委领导全县人民，按照积极发展，稳步前进的方针和自愿互利的原则，把农民个体经营引向互助合作的道路。1953年春季，按照中央指示，吴旗县通过示范和帮助，各区、乡在个体经营的基础上由几户或十几户农民在自愿互利的基础上组织起长年互助合作组。其土地、耕畜等生产资料仍归私人所有，只是在劳动上工变工的集体进行。至1955年，全县有60％的农户都参加了互助组，大多数能发挥集体生产优势，增加了粮食产量和经济收入。较为突出的是杨青和郭畔两个互助组，曾被县上树立为典型。但也有一些互助组因缺乏经验，春季组织，秋季散伙。据统计，1953年全县共组织起120个互助组，参加者848户，5725人。1954年发展为173个，参加者1060户，6716人。1955年发展到288个，参加者994户，15262人。①

1949年年底，延川县第二次土地改革运动基本结束，农民重新组织互助生产。1950年，全县组织4029名劳动力参加扎工队、变工队。1951年，全县有互助组604个，入组农户3476户，劳动力3573名，畜力1051头（匹），互助组占有耕地30580亩。1952年，县政府制定"大量发展合作互助来提高单位面积产量"的农业生产方针。全县建立常年互助组17个，劳力98名，临时性、季节性互助组增至1029个，参加劳力5016名。11月，县上召开首次互助合作代表大会，奖励了模范互助组。1953年8月，召开延川县第二次互助合作代表会议。随即，全县掀起大办互助组高潮。至年终，全县组建常年

---

① 吴旗县地方志编纂委员会：《吴旗县志》，三秦出版社1991年版，第214页。

互助组 151 个，入组 798 户 1259 人；临时互助组 1080 个，入组 7825
人。1954 年 2 月，县委举办互助组长训练班。4 月，发出《关于加强
农业生产互助合作的指示》。5 月，县委设互助办公室。11 月，再次
举办互助组长训练班。当年，全县建立常年互助组 465 个，入组 2267
户，占组织起来农户的 31.9%。临时互助组减为 1043 个 4843 户，占
组织起来农户的 68.1%。1955 年，常年互助组发展为 586 个 3293
户，占组织起来农户的 44.7%。临时互助组减为 838 个 4074 户，占
组织起来农户的 55.3%。[1]

1952 年，甘泉县全县有农业生产合作社 2 个，11 户，47 人，长
年定型互助组 17 个，临时互助组 595 个，参加劳动力 3053 个。1953
年，全县发展农业生产合作社 3 个，长年定型互助组 56 个，临时互
助组 362 个，共 421 个组（社）、2140 户、2371 个劳动力，占全县总
户数的 55%。由于统一经营，打破地界，节省劳力，提高作务工效，
亩产达 73.5 公斤，比自耕农田产量增长 28 公斤。[2]

1950 年，子长全县组织农忙变工队 2815 个，互助组 1097 个，参
加劳力 7251 人。1952 年，境内有常年互助组、临时互助组 1135 个，
耕地仍属私有，为有组织的集体经营。同年，境内创办湫滩沟农业生
产合作社和徐家砭农业生产合作小组。[3]

1950 年冬，志丹县县委、县政府号召全县农民在"自愿互利"
的原则下组织互助组。金鼎区金鼎山村组织起第一个互助组。次年
春，金鼎区东沟湾村、旦八区白叶沟村先后组织起互助组。在他们的
带动下，全县临时互助组、常年互助组相继组建，到 1951 年夏，全
县共组建各种形式的互助组 637 个，入组劳力 3478 个，占总劳力的
30.4%。到 1952 年春，全县已建起互助组 847 个，其中常年互助组
21 个，入组劳力达 6123 个，占总劳力的 91%。互助组实行生产资料
私有，集体劳动，工日结算的管理办法，解决了一些农户缺劳，一些

---

[1] 延川县志编纂委员会：《延川县志》，陕西人民出版社 1999 年版，第 158 页。
[2] 甘泉县地方志编纂委员会：《甘泉县志》，陕西人民出版社 1993 年版，第 168 页。
[3] 子长县志编纂委员会：《子长县志》，陕西人民出版社 1993 年版，第 223 页。

农户缺畜的矛盾,促进了生产的发展。①

1950年春,安塞全县恢复变工队193个。同年夏秋期间,又发展劳动互助组142个,参加劳力758人。当年,全县共有农业劳动互助组335个,参加劳力1581个,占到农业总劳动力15800个的10.01%。② 1951年,县政府干部深入农村,发展农业互助组。当年组建长年互助组72个,入组农民420户;临时互助组发展到934个,入组农民7442户。1952年,常年组发展到150个,参加农户851户,占总农户的7.4%。1953年,常年组发展到158个,入组农民896户;临时组发展到1234个,入组农民5804户,参加互助组农户占全县总农户的55.9%。③

1951年延长全县组织起临时互助组778个,入组人数达4530人。1952年,发展到1484个,并出现常年互助组41个,参加人数8991人。1953年,对全县互助组分批整顿,互助组数发展到912个,其中有常年互助组217个,临时互助组695个,入组农户达4654户,占全县总农户的40%,入组劳力5364名,占全县总劳力数51.5%,互助组耕种土地161515亩,占总耕地的32%。农业生产互助组中,组员的土地、农具、牲畜等生产资料属个人所有,组员集体劳动,收益归各户,解决了单干户因劳力、牲畜、农具等不足影响生产的困难。④

富县土地改革以后,农民生产积极性普遍高涨。刚刚得到土地的农民最感缺乏的是牲畜、农具等生产资料,迫切要求组织起来,发展生产。为适应广大农民的要求,县委决定依靠贫农、下中农,巩固地团结中农,本着"自愿互利"的原则,大力发展变工队、互助组,要求积极发展,稳步提高。

1952年和1953年,在全面开展变工互助的基础上,对互助组进行分批整顿,宣传党在过渡时期的总路线,使许多临时性的季节互助组转变为常年互助组。除农业生产外,不少互助组还开展了工副业生产。互

---

① 志丹县地方志编纂委员会:《志丹县志》,陕西人民出版社1996年版,第142—143页。
② 安塞县地方志编纂委员会:《安塞县志》,陕西人民出版社1993年版,第145—146页。
③ 同上书,第146页。
④ 延长县地方志编纂委员会:《延长县志》,陕西人民出版社1991年版,第160页。

助组的经营管理办法是：在土地归私人所有的前提下，根据农活需要排列先后次序，合理使用劳畜力。人工畜工当日记载，按月、按季或半年结算一次。以工还工为主，工资或实物找差额，初步实行了男女同工同酬，人工畜工等价交换。由于互助组，特别是常年互助组初步接受了先进的生产技术，改进了耕作制度，进行了农田基本建设，所以在同等条件下，互助组的单位面积产量一般都高于自耕户。至1953年年底，全县长年互助组发展到978个，入组农民5952户，占总农户的56.4%。①

2. 南五县农业生产互助合作运动

南五县半老区虽然没有北部那样的先例样板，但在土改后农民们同样产生了互助合作的要求。因此，南部五县的互助合作运动同样开展得轰轰烈烈。

1950年，黄陵县土改工作在全县完成后，当时个体农民普遍缺少劳力、农具和耕畜等基本生产资料，农业生产难以进行，迫切需要组织起来、互助合作、发展生产。广大农民分得了土地，生产积极性空前提高，也感到一家一户分散经营的小农经济不利于农业生产的发展。1950年7月，一些群众自发地组织起变工队（即临时季节性互助组），进行换工互助。1951年，中共黄陵县委因势利导，在全县按照以"自愿互利、等价交换、民主管理"三大原则，到年底建立互助组772个，入组农户3286户，占总农户的41.1%。其中，常年互助组246个，临时性互助组526个。农村互助组的建立和发展，对农业生产的迅速恢复和发展起了积极促进作用。但是，一些互助组未解决好组织管理问题，没有发挥多大作用，甚至还影响了农民走互助合作化道路的积极性。1952年10月，针对存在问题，中共黄陵县委按照"整顿、完善、巩固、发展"的原则，开始对全县互助组进行了为期3个月的全面整顿。在整顿中，撤销了103个条件不成熟质量不高的互助组，巩固完善了127个互助组，新发展互助组92个。1953年全县互助组发展到1101个，入组农户4687户，占总农户的65.5%，参加劳力5499个，占总劳力的

---

① 富县地方志编纂委员会：《富县县志》，陕西人民出版社1994年版，第115—116页。

72%。其中，常年互助组418个，入组农户2033户，占组织户数的42.9%，参加劳力2449个，占组织劳力的44.8%；临时性互助组683个，入组农户2654个，占组织户数的56.6%，参加劳力3028个，占组织劳力的55.6%。农业生产互助组在土地所有权不变的基础上，实行农户之间的劳动互助，较好地解决了个体农民缺劳、少畜、农具不全的具体困难。特别是常年互助组由于初步实行了生产计划，劳动安排和产品按比例合理分配等制度，初步显示了集体生产的优越性，为引导个体农民走合作化道路，加快农业社会主义改造步伐，奠定了基础。①

黄龙县经过土改、土登评产工作，贫苦农民获得土地，生产迅速发展。在生产经营上也出现了劳力不足与缺少牲畜、农具等困难。一家一户的个体经营方式阻碍着生产力的发展，因此，农民中蕴育着组织起来，发展生产，走合作化道路的欲望。解放初，中共黄龙县委、县政府就派干部下乡组织农业互助组。互助合作组是个体农民自愿结合，互助生产，民主选举组长，协商安排活路，人工与畜力合理换工的农业生产形式。1949年2月，崾崄区太地塬乡农民黄占奎自发联合28户农民建立起第一个常年互助合作组，有男女劳力28个，饲养17头牲畜，耕地1105亩，当年产粮182石。每劳分粮6.5石，显示了组织起来发展生产的优越性。至1957年全县组建互助组1347个，入组农户6643户，占全县总户数的62%。互助组的普遍建立，促进了农业生产的发展。1953年全县粮食总产达到1886.5万公斤，人均产粮595.5公斤，是解放后第一个高产年份。②

宜川县土地改革后，部分农民因缺劳少畜，发展生产遇到困难。1949年10月中共宜川县委根据中共中央《关于农业生产互助合作的决议（草案）》，按照自愿互利的原则，在党湾乡景阳村试办农业生产互助组，全村35户，有29户参加了临时互助组，基本上解决了单干缺劳少畜的困难。接着，县委还在韩家圪创办了全县第一个临时互

---

① 黄陵县地方志编纂委员会：《黄陵县志》，西安地图出版社1995年版，第119页。
② 黄龙县地方志编纂委员会：《黄龙县志》，陕西人民出版社1995年版，第142页。

第三章 土地改革和农业互助合作运动

助组——马得利互助组。①1952年韩家圪和景阳村临时互助组转为常年互助组，常年互助组很快在全县各地发展起来。常年互助组根据自愿互利，统筹兼顾的原则，清量土地分上、中、下三等，各计报酬，农具自备，牲畜计工付酬，按照全、半劳动力（男女）自报公议，评定底分，出勤由组员选出的组长指派农活。依简、难、易和技术活动评出工分，年终分配粮食和现金。同时，还拟定了互助组乡规民约等简章，共同遵行。景阳村除进行农业生产外，还抽出人畜搞副业，赚回粮食20石，解决了16户农民的春荒缺粮问题，并添置了毛驴、步犁、大车等公共财产。群众高兴地说："组织起来力量大，集体生产好处多，有粮吃，有钱花，幸福生活把根扎。"②互助组初步显示了集体生产的优越性。宜川县以两处互助组为典型，宣传互助合作的优越性，促进全县学习。广大农民要求组织起来发展农业生产，西坪塬村、程洛村、新市河乡长命村、交里乡李家塬村等地纷纷组织互助组。1953年，全县建临时互助组322个，入组2646户。1952年互助组发展到1909个，入组8848户，占农户总数70%左右；其中临时互助组846个，常年互助组1063个。③

洛川县在完成土地改革后，为了发展生产，改造以个体为主的小农经济，本县于1950年春开始发展互助合作运动。1950年春，为了解决分得土地的农户在劳力、耕畜、农具方面不足的困难，县政府号召全县农民在"入组自愿、出组自由、平等互利"的原则下搭起生产互助组织。生产资料仍为私有，只是参与集体劳动，采取以工换工的经营形式。旧县的李茂胜、石头的王来娃、老庙的郑喜堂等人，以自己的姓名为组名，首先在本村建立了互助组。在他们的带动下，至当年年底，全县就有4916户26982人自愿组成互助组1393个，其中，常年互助组18个，临时互助组1375个，入组总户占全县总户的32.3%，入组人数占全县总人数的37.4%。至1954年，全县共有互

---

① 宜川县地方志编纂委员会：《宜川县志》，陕西人民出版社2000年版，第198页。
② 同上书，第198—199页。
③ 同上书，第198页。

· 133 ·

助组1601个，其中，临时互助组1164个，常年互助组437个，入组农户占全县总农户的46.21%。随着互助组的发展壮大，农户劳力、耕畜、农具不足困难有所缓解，促进了农业生产的发展，至1955年，粮食亩产量由1949年的41.5公斤提高到50.05公斤，第一次突破50公斤大关。①

宜君县土改后，农民生产的积极性空前高涨，迫切要求劳动致富。许多农民由于牲畜、农具等生产资料不足，就在农忙季节自由结合，组织起变工小组或"唐将班子"（群众自愿结合组成的换工劳动组织），互助互利，从事生产活动。1950年，全县各地先后涌现出生产互助组织80多个，参加劳力700多人。中共宜君县委、县人民政府及时引导群众，本着自愿互利的原则，广泛建立农民劳动协作性质的组织。1951年，在《中共中央关于农业生产互助合作的决议（草案）》精神的鼓舞下，全县互助组蓬勃发展起来。1952年，全县共有互助组1403个，其中有常年互助组342个，季节性互助组1061个，入组7970户，占全县农户总数的66.9%；参加男、女劳力14219人，占劳力总数的59.3%。当时，入组农户多是贫农、下中农，虽然拥有的牲畜、农具较差，但一经组织起来，便在劳动工效、作务技术、农田建设等方面比之单干就显示出很大的优越性，对恢复和发展生产起了显著作用。1953年，全县涌现出粮食丰产组26个，丰产户50个。是年，全县粮食总产上升到20390吨。比1949年的14670吨提高38.9%。②

（二）互助合作运动的研究和整顿

随着互助合作运动的普遍开展，1952年10月，延安专区整顿互助合作委员会成立。委员会制订了今冬明春整顿互助合作组织计划，部署了整顿互助合作组的方针与要求、步骤与方法，以及具体任务。

---

① 洛川县地方志编纂委员会：《洛川县志》，陕西人民出版社1994年版，第228—229页。
② 宜君县志编纂委员会：《宜君县志》，三秦出版社1992年版，第131—132页。

第三章 土地改革和农业互助合作运动

1952年10月31日，中共延安地委发出指示，要求各县对专区整顿互助合作委员会发出的"延安专区互助合作发展情况及整顿计划"认真组织干部学习讨论，并根据情况制订执行计划，同时要结合整党在农村广泛深入进行一次对互助合作的全面教育和整顿。

1952年12月11—17日，中共延安地委召开延安专区第一次农业生产互助合作会议，传达了陕西省召开的全省农业生产互助合作会议精神，并研究讨论了今冬明春进行的整顿互助组工作。

在整顿中，肯定了互助合作运动的成绩，主要有：1. 样子货大大减少，常年互助组和农社逐渐增加，群众互助合作的积极性较往年高涨很多。根据洛川、黄陵、黄龙、富县、甘泉、延安、延长、吴旗等9县的统计，真正能起作用的互助组有9814个，49270户，组织起来的农户占总农业户的53.8%，其中富县已达70.2%。该9县共有常年互助组2258个，占总组数22.3%，9917户，占组织起来农户的20.1%。2. 互利原则基本上得到了贯彻，两千多个常年互助组，绝大部分实行了"死分活评"、"记工算账"的制度。农民们发挥他们的智慧，创造了适合农民口味的一些办法，如工票等。3. 互助合作组织是推广科学技术的可靠支柱，不论条播密植、防治病虫害等，都是组、社首先做起，然后带动了全盘，在生产上显示了组织起来的优越性。互助合作运动也总结了一些问题主要有：①各地数量不等地还有一些互助组对互利原则贯彻不够。②有的地区样子货还很严重。③组织不纯现象还有存在，有些互助组有地主、富农、管制分子参加并担任了组长。④有些地方虽强调自愿原则，但互助组内缺乏民主管理制度，也有歧视单干农民的。会议针对这些问题，提出了要防止急躁冒进和放任自流两种倾向，要求贯彻中央"稳步前进"的方针，以整顿巩固提高为主，加强临时季节性互助组的巩固和适当发展，很好地注意充实与健全常年互助组的内容和制度，使互助组真正能够达到增加收入、改善生活的目的，给群众作出榜样，以其组织起来的优越性，团结、吸引单干农民到互助组来。要认真贯彻自愿互利的原则，特别是互利原则，这是搞好互助合作的关键之一。还要加强党对互助合作运动的领导，教育干部认真学习中央关于互助合作的文件和生产知识，使自己从"外行"变成"内行"，适应经济建设的需要。

当时对互助合作组织的研究和整顿，切中了当时互助合作运动的脉搏，保证了运动的健康发展，为下一步开展向初级社的过渡准备了思想条件。

第四章 社会清查工作和抗美援朝运动

新中国成立之初,全国各地还潜伏着国民党派遣的特务等各种反革命分子约60万、反动党团骨干分子约60万。这些反革命分子对人民政权斗争的策略是"长期潜伏,等待时机,重点破坏与暗害活动",尤其着重在财政经济部门中进行抢劫物资、破坏机器、纵火、爆炸、盗窃、暗杀、窃取国家机密等破坏活动,企图阻挠中国人民的建设工作。另外,旧中国遗留下来的反动会道门组织,如遍布城乡、道徒甚众的"一贯道",也大肆活动,编造"神言谶语",诋毁党的政策,造谣惑众,挑拨离间,极大地扰乱了社会秩序的安定。1950年6月朝鲜战争爆发后,反革命分子的气焰更加嚣张,认为美国已把战火烧到中国的大门,复辟的时机到了,更加紧破坏活动,妄图里应外合,颠覆人民民主国家。因此,为了巩固人民民主专政制度,实现人民安居乐业的要求,必须严厉制裁一切危害人民的反革命分子和各种犯罪分子。首先是要清除政治性暴力犯罪,这是巩固人民革命胜利果实的首要任务。

一 整治社会秩序,打击各种政治性暴力犯罪

政治性暴力犯罪,是以颠覆人民政权为目标的。保持人民政权的稳定和有力量,是保障人民利益的先决条件。清除那些政治性暴力犯罪,也是人民政府的首要职责。1950年10月10日,中共中央发出《关于镇压反革命活动的指示》,要求各级党委全面执行"镇压与宽

大相结合"的政策,对已被逮捕及尚未被逮捕的反革命分子,应根据已掌握的材料,经过审慎的研究,分别加以处理。对于首要的、怙恶不悛的、在解放后特别是经过宽大处理后仍继续作恶的反革命分子,当杀者,应即处以死刑;当监禁和改造者,应即逮捕监禁,予以改造;对于罪恶较轻而又愿意悔改的一般特务分子和反动党团的下级党务人员,应即实行管制;对于真正的胁从分子、自动坦白分子和在反对反革命的斗争中有所贡献的分子,应予以宽大的待遇,或给以适当奖励。

解放前后,延安地区一直注意对社会、政治秩序的巩固工作。1947年,延安县保安科破获了林坪村阴谋组织武装暴动的"哥老会"小组织,捕获"哥老会"成员潘世恒、韩应年、米如俊、高生荣等6人,缴获长短枪41支、电台1部,镇压了这些反革命分子。1947年共镇压处决反革命分子157人。1948年临镇县保安科在临镇召开大会判处杀人放火、奸淫掳掠无所不为的国民党第八行政区副司令员李侠死刑,就地处决。① 1947年国民党胡宗南部队进犯安塞期间,安塞县内部分地主、恶霸趁机反攻,惯窃、不务正业者活动猖獗。1948年,安塞县司法处对其中90名罪大恶极的首要分子予以处死,稳定了社会秩序;其中有暴动地主11名,告密分子10名,国民党职业特务13名,为国民党作恶者10名,国民党便衣侦探13名,土匪5名,叛徒18名,国民党伪保长8名,惯窃2名。② 1948年,甘泉县落实保安任务,主要是摧毁国民党的保甲组织,瓦解敌军,建立整顿农村治保组织,开展反坏人斗争。甘泉县共召开反坏人斗争大会10次,处理345人,瓦解国民党军100余人;其中投诚42人,带回机枪4挺、步枪38支、子弹6000发。为防止土匪隐患,在苏家河派驻警卫战士1个班,民兵1个班。在清泉、东沟等地建立了治安力量和民兵组织。③ 另外,为保证土改顺利进行,

---

① 延安市志编纂委员会:《延安市志》,陕西人民出版社1994年版,第483页。
② 安塞县地方志编纂委员会:《安塞县志》,陕西人民出版社1993年版,第435页。
③ 甘泉县地方志编纂委员会:《甘泉县志》,陕西人民出版社1993年版,第418页。

第四章　社会清查工作和抗美援朝运动

有地方专门设立土改法庭，对恶霸、地主、土豪劣绅以及其他破坏土改的坏分子给予有力打击。

1951年6月4日，中共延安地委关于镇反工作指示各县委：全区一定要统一领导，统一步骤，发动群众检举揭发，工作重心主要是镇压"一贯道"。对于土地革命时期和抗日战争时期的历史反革命依据其改造情况进行处理。如确实改邪归正者，一律不予处理，但继续搞反革命活动者，坚决镇压，如有重罪轻判者，有群众揭发，核实后，经司法程序改判。望各县认真执行。

（一）清查"一贯道"

会道门多系民间秘密结社组织，有的带有浓厚的封建迷信色彩，有的具有明显的政治目的。陕北的会道门早期主要有哥老会，经过抗日战争时期中共长时间执政后，哥老会在新中国成立之前就已经基本瓦解。

新中国成立后，延安地区反动会道门组织主要是指"一贯道"。"一贯道"是中国近现代史上一个全国性的会道门，开始叫"末后一着"，后来改称"一贯道"，一度成为流传全国的第一大教门。"一贯道"的发展，经历了一个曲折复杂的发展历程。抗战期间，"一贯道"道首张光璧投靠日本帝国主义，与日伪势力相勾结，充当日本帝国主义侵略、压迫中国人民的帮凶，使"一贯道"从一个一般会道门，转化为带有浓厚政治色彩、势力强大的反动会道门。张光璧本人充任汪伪政府外交部顾问。在日本侵略者的庇护和怂恿下，"一贯道"在沦陷区得到空前发展，甚至连一些臭名昭著的大汉奸，如"华北政务委员会委员长"王揖唐、伪"行政院副院长兼财政部长"周佛海、伪"行政院副院长兼外交部长"褚民谊等，也先后加入"一贯道"。抗战胜利后，"一贯道"又同国民党上层官吏相勾结，千方百计地为己洗刷汉奸的罪名，在国民党一些党政要人的疏通下获得成功，并成了国民党手中的工具。

正如《人民日报》1950年12月20日社论《坚决取缔一贯道》所指出的那样，"'一贯道'是被帝国主义与国民党匪帮所掌握与利用的反革命工具,是反动的封建迷信的组织,是欺骗与陷害落后群众的组织。其首要分子,多是汉奸、特务、流氓头子、反动地主、恶霸之流。他们利用这一组织,一方面欺骗勒诈道徒,敛聚财物,以供自己挥霍;有不少道首,并奸污入道妇女,使不少受骗道徒人死财空。更主要的是他们进行反革命的政治破坏活动,甚至策动胁迫落后群众参加武装叛乱。"社论还提道:"远在抗日战争期间,'一贯道'即被日寇利用为侵略我国的工具,散布'不抵抗主义'与失败情绪,愚弄群众作日寇的顺民。他们有许多更直接为日本特务机关搜集军事情报,成为日本特务的得力助手。""抗战胜利后,国民党匪帮命令一贯道改组为'中华道德慈善会'。从此,'一贯道'即完全为国民党特务所操纵利用。他们到处散播谣言,破坏人民解放战争,破坏土地改革,并在东北、开封等地策动武装叛乱。"

"一贯道"在人民政权初建、群众对政府政策尚不了解之时,猖狂进行了种种的破坏活动。"一贯道"的隐蔽活动与国民党特务活动勾结呼应,在解放初期国民党特务、土匪在各地组织暴乱时,"一贯道"即相为附和,与土匪、特务紧密联系,为了各自的利益,掩护特务入道,暗地里发展组织。

新中国成立后,"一贯道"抓住群众避祸求福的心理,大肆进行"道劫并降""老母救世"入了道才能"逢凶化吉、遇难呈祥""自渡之人共渡末劫"等诱骗宣传。新中国成立初期,政府曾缴获过一份"一贯道"的内部文件《成全人之方针》,其中便要求各地点传师发展组织,简化手续,迅速发展道徒,"万勿粗心大意,随时随地不拘形式,切合目前情况,加紧成全道徒,对成全财施(骗取金钱),也要慎重注意"。"一贯道"组织发展一度十分迅速。

在朝鲜战争爆发后,"一贯道"又大肆进行阴谋活动。1950年冬天,"一贯道"在各地造谣说:"大劫已经来了,十月十五日血染鸭绿江,惹怒了美国,第三次世界大战要打起来了。东北大杀三阵,父不能见子,子不能见父,哀鸿遍野。"在各地制造恐怖气氛。一些群众被谣言迷惑,一些地区一时间被搅得人心惶惶、气氛恐怖,正常生活秩序受到严重干扰。"一贯道"又和若干其他反动会道门建立了密切联系，互相勾结，扩大反革命活动。

1951年2月20日，中央人民政府《惩治反革命条例》出台。第八条规定："利用封建会道门进行反革命活动者，处死刑或无期徒刑；其情节较轻者处三年以上有期徒刑。"这一规定为打击会道门提供了强大的法律武器。在全国各地处决了一大批罪不可赦的会道门头子之后，他们的领导机关几乎全部陷于瘫痪。在人民政府的强大攻势及威慑下，从1950年底到1951年初，全国形成了"一贯道"退道高潮。

1950年10月19日，刘少奇专门给西北局写了一封长信，精辟分析了"一贯道"及其他类似秘密迷信组织存在和发展的根本原因，具体阐述了他对西北局广泛开展反对"一贯道"活动的意见，提出对"一贯道"要加以正面地有系统地反对，进行取缔、禁止和解散。这封信，在建国初期取缔会道门的决策中具有重要的作用，是反对"一贯道"斗争开展以来，中央领导人系统地论述这场斗争的第一篇文献。

延安北部地区的"一贯道"主要是随着国民党军胡宗南部进攻延安传入的，并有所发展，各县光复后各地也采取了一些制止措施。1951年1月15日，中共延安地委发出关于开展反"一贯道"工作的指示。指示说："一贯道"是一个反动会道门组织，是敌特利用的一支反动力量，它的存在对我们的社会主义建设事业有极大的危害，虽经过1948年的打击和镇压，但在偏远山区和落后地区又趋于复活，活动猖獗。根据西北公安会议彻底根绝"一贯道"的指示精神，指示要求：①采取种种方式向群众宣传"一贯道"是一种非法的反动组织；②对"一贯道"内的各种人，必须慎重严肃，对有悔改者，既往不咎；③"一贯道"财产，凡以道费经营之工商业，宣布没收，交给群众办公益事业；④对党、团员入道者，如属于幼稚、被骗入道，认识后自动退道者，仍可继续留在党内进行教育，执迷不悟者开除出党；⑤反"一贯道"工作必须配合每一个时期的中心任务工作，提高干部群众的思想认识，彻底取缔其组织。各地依据本地区的实际情况，贯彻执行了地委的指示。

1947年2月间，安塞县发现"一贯道"；到1950年"一贯道"

发展到 1028 人，县政府采取措施予以制止。延安县在 1947—1948 年国民党占领时期，在其利用下，迷信思想又发展起来。他们以会道门的名义，披着道会的外衣，做反革命的勾当；"一贯道"道徒达到 1346 人，分布在延安市周围和甘谷驿、蟠龙等地。1948 年 4 月延安光复后，经过宣传教育退道 953 人，占入道的 71%。1948 年 8 月延安县公布的"一贯道"道首李荣文、孔祥瑞、王贵德等 6 人，他们利用迷信活动，进行反对共产党的反革命活动，受到法律制裁。① 甘泉县各区召开"'一贯道'道徒退道坦白大会"；先后退道者 991 人，处决道首 4 人，群众管制 19 人，另有 94 人隐藏外逃。

"一贯道"在吴旗的活动始于 1947 年 5 月。"一贯道"总传师陈晏从安边来到五乡的阳洼村，开始发展道徒。1949 年 4 月，保安科发动群众揭露"一贯道"的罪恶，孤立陈晏。陈随之转入地下活动。1951 年 3 月，公安局以六区为重点，公开宣传，秘密调查，掌握了内幕：全县有 4 个区（当时全县共有 5 个区 29 个乡）15 个乡 26 个行政村 37 个自然村 85 户 222 人入道，其中男 133 人、女 99 人，占全县总人口的 5.2‰。六区三乡砦大滩全村 37 口人，除 3 名生孩子的妇女外，其他 34 人，全部入道。4 月中旬，逮捕了点传师（掌握）王长贵、大坛主韩加海，并在六区三乡召开千人反道大会，4 名道徒在会上控诉了"一贯道"的罪恶，64 人当场宣布退道，并履行登记。6 月上旬又在二区张坪村召开 24 人反道大会，3 名在押道首被押赴会场认罪。6 月底，反道斗争基本结束，203 名道徒全部登记退道，5 名道首判刑 3 人，管制 1 人，押回原籍处理 1 人，没收道费 42 万元，《指迷篇》1 本，以及其他证据。至此，反动的"一贯道"被彻底取缔。②

1949 年 4 月始，清涧县"一贯道"点传师刘鼎昌（又名刘志兴）、甘泉县点传师高尚成、山西省五寨县"一贯道"点传师周××和坛主赵文谋先后来延川发展道徒 72 人，组建道会组织，进行反动

---

① 延安市志编纂委员会：《延安市志》，陕西人民出版社 1994 年版，第 483 页。
② 吴旗县地方志编纂委员会：《吴旗县志》，三秦出版社 1991 年版，第 594—595 页。

宣传。9月，延川县保安科根据西北局处理"一贯道"的指示，破获"一贯道"案件，抓获并逮捕高尚成。1950年3月2日，破获县城"一贯道"组织，逮捕首犯周××、赵文谋，分别判处有期徒刑20年、15年。翌年抓获刘鼎昌及其道徒王怀元、刘如明，分别予以判刑。1953年又勒令一般信徒登记、具结悔改，彻底摧毁了"一贯道"反动组织。①

子长县"一贯道"于抗日战争时期传入该县，后被国民党利用，在境内进行破坏活动。他们宣扬封建迷信，造谣惑众，勾结敌特，阴谋暴乱，是人民政府明令取缔的组织。1951年该县破获"一贯道"案2起。据1951年的调查，全县共有坛主1人，引进师1人，舍身8人，道徒818人（其中267人于1949年退道）。②之后，"一贯道"在境内再无活动。

富县的"一贯道"是随国民党胡宗南率部侵犯陕甘宁边区而传入境内的。"一贯道"以"七七四十九天不见太阳"，"入道可以消灾除难"等恐怖活动，欺骗群众，发展道徒数百人。新中国成立初期，"一贯道"开设地下工厂，制造大刀、长矛等铁制兵器，并公开抢劫了个别乡政府的枪支弹药，密谋进行武装叛乱。1953年7月，县人民武装力量围歼、捕灭了"一贯道"的叛乱活动，逮捕坛主、点传师等"一贯道"道首48名，其中依法判处死刑2名，有期徒刑20名，教育释放交群众监督改造26名。至此，境内"一贯道"销声匿迹，再无活动。③

延长的"一贯道"处理比较曲折。1947年，"一贯道"派延安办道"前人"乔瑄、张善来在延长发展道徒，进行反动宣传。1948年，"一贯道"首犯刘俊继（宜川人）来延长，借种花治病在母生、洋仙坪、房家塬等村活动，发展道徒100余人。9月，延长县保安科抓获道首刘俊继，送交宜川处理，对受蒙骗而误入道者劝说退道。1949

---

① 延川县志编纂委员会：《延川县志》，陕西人民出版社1999年版，第484页。
② 子长县志编纂委员会：《子长县志》，陕西人民出版社1993年版，第553页。
③ 富县地方志编纂委员会：《富县县志》，陕西人民出版社1994年版，第509页。

年10月,延安县川口公社榆树堖大队"一贯道"道徒刘德礼,窜入该县郑庄碌碡塬,发展道徒。臧海荣、马成书入道,封为坛主。在短期内,煽动群众入道,发展90%的常住人口。1951年4月,在镇反运动中,这股反动组织暴露,但在臧海荣的包庇下,没有被彻底铲除,多数坛主漏网,仅判臧有期徒刑1年。3个月后,漏网坛主复出活动,秘密与另一"点传师"乔瑞玉勾结,筹措发展"一贯道"成员。1956年10月,臧海荣与"一贯道"道徒集合起来,对农业合作社进行百般阻挠和破坏,遭二次关押,收缴"一贯道"书籍。但刘彦成、马丕贵隐瞒坛主身份,再次漏网。1968年,臧犯又一次网罗成员,筹集资金,大造反革命舆论,编唱反动歌曲,煽惑人心。为了呼应横山县"复活"的"一贯道",臧亲自去横山与道首谢永恒、韩守成密谋策划,并在延安甘谷驿、川口、青化砭、志丹、子长等地发展道徒34人,集聚资金800元,等待时机,企图变天。1970年,在"一打三反"中,清查出多年来隐瞒反革命身份的曹黑兴等5个坛主。1974年,"一贯道"首犯臧海荣被公安局抓获,判处5年徒刑,取缔其反动组织。[①]自此,"一贯道"在延长彻底瓦解崩溃。

1946年,志丹县旦八乡大路沟村民吕明春回原籍横山经邓八义介绍加入"一贯道"。吕返回志丹后发展道徒9名。1947年,原籍河南的志丹街市民王思增与其子王继昌在延安分别由白元喜、李玄武介绍加入"一贯道"。回志丹后,他们发展了百余名道徒。1947年春,国民党胡宗南部进犯延安时,"一贯道"头子王思增于3月初窜到志丹县西阳沟村秘密活动,策划抢夺县保卫队的武器,进行反革命暴乱。村主任尚从义发觉后,火速报告县委,县保卫队立即进行侦破。道首王思增潜逃,几个道徒被捕。同年7月,志丹县县委、县政府被迫转移,奉命将3个"一贯道"道徒就地处决。[②]1949年,"一贯道"组织在志丹发展到了3个区、4个乡、141户、307人。其中点传师4名,坛主4名。1950年,全县开展打击和取缔"一贯道"群

[①] 延长县地方志编纂委员会:《延长县志》,陕西人民出版社1991年版,第412页。
[②] 志丹县地方志编纂委员会:《志丹县志》,陕西人民出版社1996年版,第761—762页。

第四章　社会清查工作和抗美援朝运动

众运动，查出"一贯道"道徒511人，根据党的镇压与宽大相结合政策，管押道首18人（判刑10人，群众监管8人），教育释放6人。1951年镇反运动中，全县召开反"一贯道"大会26次，在6个区、24个乡、59个村、151个庄子共查出"一贯道"道徒816人，经批判教育后限期退道。1969年"一贯道"组织又在本县活动，共"复活"和发展13户、70人，其中要员16人（旧道员6人，新发展10人）。1971年，县公安机关又开展打击和取缔"一贯道"活动，逮捕惩处道首3人，其余道徒进行批判教育，自动登记，当众退道。至此，"一贯道"组织被全部取缔。①

1953年1月，洛川县公安局侦悉"一贯道"道首黄功德、陈玉林等人于1952年8月由白水县窜入县境与洛川县道首勾结，企图组织暴动，经确侦认定是宜川、鄜县（富县）、洛川、宜君、中部（黄陵）五县"一贯道"道首礼柜所组织的"大同天国""大同（西北）义勇军"暴动案。洛川县属该案一分支，由道首赵宗领、何冯保负责进行人、物、件的所谓"三力"暴动准备。计划于古历三月十五日（4月28日）将全县已有力量在老庙集中，先打三、四区公所，夺取枪支后北窜鄜县。乃于1953年4月13—15日先行逮捕了暴动首要分子何冯保、李培青等人。1953年6月9日，中共延安地委在洛川县召开取缔"一贯道"紧急会议，会议决定抽调党政干部和公安干警179人，组成26个工作队，分赴洛川各地，于7月4—27日遂进行了重点取缔"一贯道"工作，结果捕获道首68名，破获地洞暗室90个，缴获各种证件1000余件。同年处决了5名大道首陈玉林、陈保儿、梁宗浩、梁秋香（女）、王春信，对其他参与道徒分别判处有期徒刑和交乡管制处理。②

宜川县于1951年7月开展了一次群众性的反道运动，取缔了"一贯道"崞县、代县、稷山、五寨4个柜。对有破坏活动、民愤极大的点传师以上道首全部和坛主以上道首中的一部分共33人，予以

---

① 志丹县地方志编纂委员会：《志丹县志》，陕西人民出版社1996年版，第762页。
② 洛川县志编纂委员会：《洛川县志》，陕西人民出版社1994年版，第159页。

· 145 ·

逮捕，处决1人，判刑25人，教育释放7人。同时，查获了"一贯道"的反动书籍、证件，没收了道产计733500元（旧币）。1953年5月，侦破"一贯道"崞县柜点传师张永胜一案。1955年，抓获"一贯道"漏网分子4人。宜川境内"一贯道"被消灭。①

在宜君县非法活动会道门有"一贯道"、"天仙道"、"同善社"、"存心道"、"青帮"5种，其中"一贯道"最反动、最顽固，活动也最猖獗。它于1944年由山西省的任焕传入宜君县，经宋守吉、王志权等道首，以迷信邪说，在该县大肆活动。当时普及到各乡镇。其名称尚多，有"圣贤道"、"无极道"、"有心道"、"真天道"等，设总柜、段柜、县柜、分柜、坛主。宜君为礼柜，有点传师8名，坛主62名，道徒2881名。解放后，该道转为秘密活动，矛头指向共产党和人民政权，散布谣言，破坏革命，图谋暴乱。对此县人民政府曾采取果断措施，于1953年逮捕了道首王志权，召开了群众大会，控诉了王志权、任西广、刘应强等道首的罪行，关押了点传师吴有、坛主耿亮远等6人，依法管制了一些有罪恶的大小道首，取缔了"一贯道"的活动。其他的非法会道、社、帮，在清查登记的基础上，均宣布予以解散。②

黄陵县"一贯道"传入较早。1914年，阎锡山兵工厂迁来黄陵，"一贯道"随之传入。1923年兵工厂迁走，山西人连耀荣，联络黄陵刘子林、任西广、屈鹤亭、王学三加入该"一贯道"。时至1951年，全县共有"一贯道"道徒5877名，其中，点传师以上道首7名，坛主、舍身、引保师103名。1948年黄陵、宜君、洛川、富县4县道首5次聚集于黄陵上城药铺，秘密召开4县点传师会议，宣称"现在是三期末劫，将有第三次世界大战爆发，天要黑七七四十九天，有大灾大难"，配合国民党搞反动宣传。全国解放后，黄陵县政府严厉打击"一贯道"，县境内道徒将据点迁至黄陵和宜君交界的长墙村一暗窑中，伪造"陕甘宁边区黄陵县保卫科""黄陵县公安局""蒲城市公

---

① 宜川县地方志编纂委员会：《宜川县志》，陕西人民出版社2000年版，第594页。
② 宜君县志编纂委员会：《宜君县志》，三秦出版社1992年版，第488页。

第四章　社会清查工作和抗美援朝运动

安局"图章各一枚，刻制"通行证"印版两个，继续作恶。1951年在镇反工作的配合下，破获"一贯道"在黄陵、洛川、富县、宜君、延安等地的总据点（宜君绳之沟），缴获前述物品及各种迷信书、反动歌谣、字画、道徒名册、财务账本、办公用具等。清查出道徒5436人，并发现敌特反动组织"黄中军""大顺军"案的一些具体线索和证据，惩办了12名道首。1951年，黄陵县政府组织力量捣毁"一贯道"匪巢，逮捕道首张福元、李详东等，击破道内所设的"黄中军""大顺军"。对少数罪魁给予严办，一般道徒则予以教育，全县自行退道者5114人。1953年初，外逃道首黄德功、罗合常回黄陵，联络隐藏道匪，打制刀矛，组织"大同义勇军"，策划暴动。同年3月29日晚，道匪绑走富县杜家庄支书和民兵队长，杀害其行政主任，抢走长枪两支。黄陵县公安局发动民兵，于31日将道匪围困在河寨村附近的核桃树窑子，毙匪两名，活捉黄德功。4月21日，逮捕外逃道匪陈玉林、罗合、郭树擅等。5月21日晚，9名残匪向县公安队摸索，企图劫狱，县公安队在邻县公安机关配合下，一举消灭了残匪。至此，黄陵境内"一贯道"组织被彻底清除。1953年8月黄陵县召开公安助理员及各派出所所长联席会议，学习取缔"一贯道"的政策，讨论工作方法，在二区（桥山）进行试点，然后全县开展，共抽调干部39名，成立5个工作组，组织21个劝退委员会、185个劝退小组，经过多方面工作后，有5489名道徒自愿退出（其中大、小道首65人），并缴获部分道产及反动书籍，召开反道控诉大会12次，给群众退道费折合小麦115石。此项工作截至1953年年底全部结束。[①]

　　黄陵县还取缔了"青红帮"活动。"青帮"最初活动在长江流域的大中城市，成员大都以漕运为职业，后来该组织发展到各地。黄陵的"青红帮"组织是1915年阎锡山兵工厂中一些敌特人员组织起来的。该帮按"无、学、万"等24个字辈收徒，收徒时由引进人引进，举行叩拜仪式，出帮费，然后领一份"通漕海底"证书，便始行封

[①] 黄陵县地方志编纂委员会：《黄陵县志》，西安地图出版社1995年版，第449页。

建迷信活动。新中国成立后，在反帮反霸斗争中，全县查出该帮成员241名，并彻底取缔了"青帮"组织。"红帮"由"哥老会"演变而成。1912年黄陵县始有"红帮"行踪。1934年前后，湖北、四川等地的客商纷纷来黄陵落户，风俗混杂，国民党地方组织以整治社会秩序为名，和该组织来往频频，助长了"红帮"势头。1942年以后，"红帮"成员逐渐发展增多，店头地区活动最为猖獗，仅1945年3月，在七里坡坡底香堂前，一次就接收了20人入帮。解放后，全县进行反帮反霸斗争，截至1949年7月，经教育有303名"红帮"成员自行退帮，首要分子接受了群众的斗争改造，"红帮"组织随即在县内被清除。

（二）剿匪反特清查

1. 剿灭匪患

延安地区比较大规模的剿匪行动，主要是剿灭黄龙山匪患。黄龙山地区长期有匪患存在。黄龙解放后，1948年4月17日，中共黄龙县委召开建政后第一次扩大会议，确定广泛发动群众，肃清各地散匪。西府战役后，西北野战军进驻黄龙地区休整，彭德怀司令员到了黄龙，并于6月16日在《黄龙县剿匪工作总结报告》上做了重要批示："你们这一个总结很好，在剿匪工作中取得宝贵经验教训，今后放手发动群众，彻底肃清残匪是很正确的。"另外，吴旗县因为有惯匪张廷芝的存在，也成匪患较为突出的地方。陕北地区全部解放后，国民党潜伏特务往往与惯匪们相勾结，危害当地人民和人民政权。因此，剿匪往往与肃清特务相联系。

1948年，黄龙县人民政权建立后，潜藏于该县偏远山区的国民党军、警、特、地方土匪恶霸建立秘密组织，严重威胁新政权的巩固和人民群众生命财产安全。1948年6月，反革命分子张维锋与中统潜伏特务党瑞华勾结，利用"天仙道"（即"一贯道"）作掩护，用发展道徒的方式纠集国民党散兵、土匪、帮会，秘密组织黑军，收集失散于社会上的枪支，并与原国民党黄龙警备司令部潜伏特务谭喜印等合谋，扩大黑军组织，图谋暴动，被黄龙县保安科一举破

第四章　社会清查工作和抗美援朝运动

获,捕获主要匪徒15人,缴获步枪19支、子弹400余发、手榴弹14枚。同月,黄龙县政府生产科长闻彦斌带警卫员2人,冲锋枪1支,骑马1匹去延安开会,返回黄龙时叛变,于黄(龙)、郃(阳)、澄(城)3县边沿地带纠集力量,组织"救世清军陕西第一军第二师",闻任副师长,同伙陶腰娃、陈松柏为正、副团长,受残匪王文龙、何华亭领导,图谋暴动。9月28日,县政府根据调查的情况,研究部署剿匪计划,与韩城、郃阳、澄城三县联合成立四县剿匪联合委员会,将该股匪徒一举击溃,闻等3名匪首被活捉,缴获长短枪8支、手榴弹13枚。对参加土匪活动的160人量刑惩处,闻彦斌、陶腰娃二匪在镇反中被处决。随后,又剿灭残匪郭玉山,1951年4月郭被处决。至此黄龙山区匪患基本平息。

1950年1月5日至5月15日,黄龙分区公安分处举办敌伪匪特人员管训班,根据"打击顽固分子,孤立首恶分子,争取下层分子"的方针,查出敌特线索1191人(其中,军统特务459人,中统特务732人);查出敌特据点87处,人员157人;查出叛徒5人。①

1950年11月7日,中共延安地委就分区成立5个月以来,在黄龙、宜君、富县、黄陵、洛川、吴旗、志丹、安塞、延安9县发生大小土匪案件24起的情况报告,向各县发出关于"镇反、消灭匪特"的通知,通知各县认真学习领会中央、西北局和省委有关镇反、消灭匪特的精神,并切实贯彻执行。同时指示各县:①加强(清匪防匪)工作,特别黄龙、吴旗两县更应注意这一工作,必须与邻近分区的邻近县取得密切联系,集中力量消灭残匪。同时加强公开管制、秘密监视工作和对外来移民的审查登记工作。②利用冬季农闲加强对民兵的整顿与训练教育工作,同时,清理民间零散枪支,统一由分区司令部登记调配,以彻底稳定地方安全。③在土匪出没的地方,发动群众订立防匪公约,兴起广泛的群众性的清匪防匪运动。④坚决执行毛主席的"对危害人民的土匪、特务、恶霸及其他反革命分子,在这个问题上必须实行镇压和宽大相结合的政策,即首恶者必办,胁从者不问,

---

① 延安市地方志编纂委员会:《延安地区志》,西安出版社2000年版,第725页。

立功者受奖的政策,不可偏废"的政策。

宜君县雁门山一带时有股匪与零星散匪,串通国民党特务、恶霸、地痞流氓,抢劫民财、残害人民。1950年12月12日,宜君县委发出关于剿匪肃特工作的指示。人民政府按照党的"有匪必剿"和"坦白从宽"以及"镇压与宽大相结合"的政策,开展政治攻势,教育、瓦解股匪,缴获武器弹药多件;召开群众大会,进行政策兑现公开处理。此后,匪类案件再未发生,社会治安秩序迅速好转。①

1953年3月31日,延安专区公安处协同黄陵县公安机关破获反动组织"大同义勇军"阴谋武装暴动案,在该县四区二乡核桃树窑子生俘匪首1人,击毙2人。4月7—9日,其余匪徒在黄陵四区一带被全部消灭。②

2. 反特清查

吴旗是革命老区,全国解放后,一些匪特分子仍然不时搞破坏活动。1950年,民团头子张廷芝和国民党散兵到处骚扰抢劫。1951年春吴旗县逮捕了一批反革命分子。5月8日县委扩大会决定成立"五人审判委员会",并对土匪、恶霸、反动党团骨干分子、反动会道门头子分别给予判刑、管教处理。③

1951年5月,安塞县召开公判大会,对全县查获的土匪9人、特务3人、反动国民党党团骨干分子8人、反动会道门头子7人、一般参与反革命活动的反革命分子35人,全部分不同情况作了公判处理。1953年又对一大批反革命在押犯和敌伪人员作了处理。④

宜川1950年就开始在全县范围内开展了对国民党特务、反动党团骨干、反动会道门头子、土匪、恶霸等人员调查摸底后,共捕获145名罪犯,其中"一贯道"49名,特务23名,土匪、兵痞、窝藏主17名,召开了群众控诉大会12次,处决罪大恶极的罪犯4名,其余罪犯判处有期徒刑。1952年,经侦察捕获各类人员292名,其中

---

① 宜君县志编纂委员会:《宜君县志》,三秦出版社1992年版,第487页。
② 延安市地方志编纂委员会:《延安地区志》,西安出版社2000年版,第726页。
③ 吴旗县地方志编纂委员会:《吴旗县志》,三秦出版社1991年版,第596页。
④ 安塞县地方志编纂委员会:《安塞县志》,陕西人民出版社1993年版,第416页。

土匪19名，恶霸5名，特务63名，国民党党团骨干分子142名，反动会道门头子25名，坛主以下11名，现行反革命2名，有罪恶的国民党军官吏11名等；分别采取杀、关、管和群众管制约239名。1956年"伪宜川县政府案"主犯李志教和同案犯尚福奎向政府投案自首。

富县县委、政府、法院、公安局以及有关部门的领导成员，组成镇反清查委员会，在宣传教育、摸底调查、群众揭发的基础上，1951年2月8日晚，全县各地同时行动，一次逮捕各类案犯上百人。

1951年1月9日，黄龙县公安局破获特务组织"中美联合大队"阴谋武装暴动案，捕获主犯12名。2月28日，黄龙县公安局破获以国民党潜伏特务马黑、韩更英为首组织的"中国人民反共救国军"阴谋武装暴动案，逮捕主犯14名，缴获"中国人民反共救国军秦晋豫指挥部"派令等反动证件。6月4日，中共延安地委发出指示，要求各级党委、政府统一领导，统一步骤，发动群众，检举揭发，坚决镇压反革命。1951年年初到9月底，全区共逮捕反革命犯1007名（其中，特务、党团骨干分子702名，土匪105名，"一贯道"200名），加上1950年未处理的反革命犯100名，共计1107名。[1]

洛川县于1951年2月《中华人民共和国惩治反革命分子条例》公布后，在县内外对土匪、恶霸、特务、反动党团骨干分子和反动会道门头子等反革命分子进行摸底调查后，于1951年进行集中逮捕，共捕78名（其中敌特反革命分子45名，"一贯道"12名，惯匪、反动地富等11名，其他10名）。通过审讯，根据所押罪犯的罪恶大小，分别判处：死刑16名，无期徒刑5名，有期徒刑26名，交区乡政府监督改造74名。

1951年宜君县管制土匪23名、国民党骨干分子18名、特务16名、会道门道首70名、恶霸5名。[2]

1953年9月13日，延安专区公安处发出报告称，全区掌握各类

---

[1] 延安市地方志编纂委员会：《延安地区志》，西安出版社2000年版，第725页。
[2] 宜君县志编纂委员会：《宜君县志》，三秦出版社1992年版，第488页。

敌人1542名（其中土匪227名，恶霸16名，特务392名，反动党团骨干690名，反动会道门头子217名）。1951—1953年，处理1198名（其中处决98名，判处死刑缓期执行6名，判处无期或有期徒刑440名，关押后教育释放12名，管制539名，关押期间死亡13名，关押未判刑90名），处理人数占总人数的82.4%。[①]

（三）社会清查工作

社会清查工作也是镇压反革命、稳定社会秩序的重要组成部分。1948年4月延安光复，4月27日市政府发出安民布告：号召市民遵守政府法令，各安其业。告知敌伪人员只要向政府坦白悔过，一律宽大不咎既往。从4月28日到6月3日，全市共登记敌伪人员905名（伪参议员、委员、县政府职员18人，敌特便衣、情报员64人，反共团员、保警队员305人，保甲人员518人）。

1949年初进行清理外回人员，首先进行登记，弄清什么人，回来原因，回来之后表现如何，区别对待。即登记出为敌伪干事的60人、被敌拉差的13人、在外经商的10人、给敌伪干事的包括敌特便衣11人、敌保警队4人、敌伪科长2人、敌排连长6人、班长13人、专训队11人。将罪行严重的政治犯送交法院6人、送公安处2人、关押5人、经群众教育解除管制20人、继续观察27人。

1951年春，宜君县委成立了"肃反领导小组"。经过向广大群众宣传教育，组织发动群众检举揭发，建立专案，调查核实，公开审判，逮捕了反革命分子290名，分别判处了死刑、死缓、无期徒刑、有期徒刑、管制劳动等刑罚，对坦白交代、悔改自新者，教育释放了4名。与此同时，在机关、学校开展了"清查"运动，查处了干部队伍中的一些现行反革命、历史反革命分子，巩固了人民政权。[②]

吴旗县1950年对逃亡回归的叛徒、特务和被俘逃回的人员进行了审查登记。无罪恶而作登记的88人，罪恶较小登记后本人写出材料的

---

① 延安市地方志编纂委员会：《延安地区志》，西安出版社2000年版，第726页。
② 宜君县志编纂委员会：《宜君县志》，三秦出版社1992年版，第487页。

13人，罪恶较大交群众斗争教育的4人，罪大恶极关押的5人。①

志丹县1949年全县有国民党员8人，三青团员6人，天道门保基1人，均系一般人员，无组织活动。1950年重新登记时，再无发展。1951年底，对逃亡回归的反动分子、叛徒、特务和被释放人员、归俘人员进行审查登记。全县有特务2人、敌探2人、敌军便衣1人、政治土匪1人、敌伪人员8人、投敌分子15人、归俘军人5人、归俘群众7人、排级以上军官2人、科级以上行政人员6人、党团骨干4人。②

黄陵县在镇反同时，在机关、学校开展了内部清查运动，查出一些现行反革命和历史反革命分子。

1950年7月20日至8月30日，延安专区区级清理中层工作结束。参加清查的有30个单位，1113人。这次清查是通过发动群众，以坦白与揭发相结合的工作方法，共有539人交代了问题，共交代出745件问题，其中参加反动党团的同志会、反动会道门、军统、中统、宗教、小团体以及其他问题的有362件，交出反革命证件（包括指令、派令、证章、反动文章）55件；完全交清的243人，未交清的116人。历史上还需审查的79人，政治有嫌疑、历史很复杂的37人（集中审查的18人，留职审查的16人，需要逮捕法办的1人，清洗2人）。同时暴露了以电讯局为基础组织的"闲协会"反动组织及华大少数人的反动行为和反动内幕。通过清查澄清了许多问题，纠正了干部的麻痹轻敌思想，大大提高了干部群众的思想觉悟，进一步增强了干部群众的工作积极性。

1951年7月16日，延安专区成立清查委员会，委员会由王月明、郭长年、郝志伟、杨作义、张维锦、李献祥6人组成，王月明为主任，郭长年为副主任。

1951年8月15日，中共延安地委关于"机关清查工作中处理问题指示"，要求分区清查委员会及各县委在清查工作中应根据西北公

---

① 吴旗县地方志编纂委员会：《吴旗县志》，三秦出版社1991年版，第594页。
② 志丹县地方志编纂委员会：《志丹县志》，陕西人民出版社1996年版，第505页。

安部和省委历次指示办法认真执行。同时指示：1. 有现行反革命破坏活动者，特务、惯匪、土匪、罪恶深大的反动封建会道门头子，应一律逮捕。2. 有重大嫌疑反革命分子，有重大历史问题一时不易审清，又不宜留在机关工作者；敌伪行政官员，反动军官，思想极端反动、消极怠工屡教不改者，应一律集训审查改造。3. 对混入机关工作的兵痞流氓；镇压中直系亲属被处决、本人有严重敌对思想、留之有害者，应一律清洗管制。4. 一般的反动党团小组织会道门分子，一般特务反革命分子，有一般政治问题尚未弄清的，但已向组织坦白交代、工作表现积极、真诚悔过或有立功表现者，均可留职使用，在工作中考验审查，但一定要调离机要要害部门。5. 对隐瞒普通历史问题（如年龄、学历、成分、职业、婚姻、宗教、社会关系及非政治性的社团等）和参加一般反动党派、社团、帮会的普通成员，过去现在均无重大反革命行为，由本人填写清楚，可以一次性处理，不另做结论。另外，在清查中对待民主人士应更加慎重。

二 抗美援朝运动

（一）朝鲜战争爆发

1950年6月25日，朝鲜战争全面爆发。6月26日，美国总统杜鲁门命令驻日本的美国远东空军协助韩国作战，27日美国宣布出兵朝鲜，敦促联合国通过决议组成联合国军队，并派五星上将麦克阿瑟为美军远东军司令，干预朝鲜半岛局势。

美国以邻国发生战争为借口对中国施行武装干涉，激怒了中国人民。1950年6月28日，即美国海军第七舰队悍然开进台湾海峡的第二天，毛泽东发表讲话，号召"全国和全世界的人民团结起来，进行充分的准备，打败美帝国主义及其走狗的任何挑衅"。同日，周恩来代表中国政府发表声明，强烈谴责美国侵略朝鲜、中国台湾及干涉亚洲事务的罪行，号召"全世界一切爱好和平正义和自由的人类，尤其是东方各被压迫民族和人民，一致奋起，制止美国在东方的新侵略"。1950年7月10日，中国人民反对美国侵略台湾朝鲜运动委员会在北京成立，并在 7 月 14 日发出《关于举行"反对美国侵略台湾朝鲜运动周"的通知》。抗美援朝运动开始波及全国，形成一个高潮。

美军不但积极介入朝鲜战争，无理干涉台海局势，对我国东北地区也构成了安全威胁。1950 年 10 月 1 日，美军越过北纬 38°线（简称"三八线"），10 月 19 日占领平壤，企图迅速占领整个朝鲜，同时，美国飞机多次侵入中国领空，直接威胁到新中国的国家安全，战火即将烧到鸭绿江边。

10 月 8 日，朝鲜政府请求中国出兵援助。中国根据朝鲜政府的请求，作出"抗美援朝、保家卫国"的重大历史性决策。毛泽东发布命令，将东北边防军组成中国人民志愿军，任命彭德怀为司令员兼政治委员，命令志愿军"迅即向朝鲜境内出动，协同朝鲜同志向侵略者作战并争取光荣的胜利"。10 月 19 日，志愿军第一批入朝参战部队，在没有空军掩护的情况下，雄赳赳、气昂昂、跨过鸭绿江，进入朝鲜境内，与朝鲜人民军并肩抗击侵略者。10 月 25 日，志愿军打响入朝后的第一仗，以光荣的胜利拉开了伟大的抗美援朝战争的帷幕。这一天后来被定为中国人民志愿军抗美援朝纪念日。

（二）积极参与抗美援朝运动

1. 开展抗美援朝活动

延安分区积极响应中央的号召，组织群众性抗美援朝活动，带动了建国初期的爱国主义教育，也直接促进了当时延安地区内一些重要工作的完成。

1950 年 7 月 7 日，值日本帝国主义全面侵华战争开端的"卢沟桥事变"十三周年之际，延安各界代表举行"七七"抗战十三周年纪念座谈会，痛斥美国帝国主义出兵朝鲜、第七舰队侵占中国台湾。7 月 25 日，延安工、青、妇、中苏友协等群众团体，成立了反对美帝侵略中国台湾、朝鲜宣传委员会。选出延安地委宣传部长席槐为主任，延安县长史纪全为副主任。9 月 8 日，延安分区 8 万多人签名，致电联合国安全理事会要求制止美帝国主义暴行。

1950 年 11 月 7 日，延安党、政、军等机关和各群众团体的干部

1000多人，在延安专署礼堂开会，纪念伟大的苏联十月革命第33周年和开展抗美援朝运动。地委书记黑志德、宣传部长席槐等领导到会并讲了话。12月上旬，延安县群众集会，控诉美帝侵略朝鲜、轰炸我东北的暴行。延安县还成立中国人民抗美援朝延安分会。12月22日，延安各机关、部队、学校和各界群众4000余人在市场沟大众戏院隆重开会，庆祝朝鲜人民军、中国人民志愿军光复平壤的胜利，地委宣传部长席槐、军分区司令员马万里以及工、青、妇、军队战士代表分别讲话、发言。1950年12月5日，延安县十里铺村村长汪德妥与刘家沟村村长刘成明代表两村农民掀起"为抗美援朝，保家卫国冬季生产竞赛活动"。

1951年2月7日，延安专署召开纪念"二七"大罢工28周年纪念大会，延安600多名工人出席大会，会议提出"努力工作，抗美援朝"的口号。专署专员张汉武、延长石油厂万品三政委和地委宣传部长席槐，分别讲了话，要求工人以实际行动纪念"二七"。

1951年4月，延安专区成立抗美援朝分会，各县成立支会。全区各界捐款760万元（折合成新人民币）[①] 慰问中朝战士和朝鲜人民。5月1日，延安各界2万多人，举行抗美援朝大示威。专署专员张汉武等领导到会参加了这次活动。5月2日到4日，延安举办纪念"五一"、"五四"抗美援朝画展会。5月10日，中共延安地委，为贯彻党中央"关于在全党建立对人民群众的宣传纲要的决定"，决定派分区报告员黑志德、席槐、杨作义、郭长年、黄克礼5同志分别到洛川、宜川、黄陵、安塞、甘泉等10县，作抗美援朝爱国运动的报告。

1951年7月1日，延安各机关、部队、工厂、学校的共产党员、青年团员及非党积极分子、民主人士1000多人集会庆祝党的生日，地委书记黑志德到会讲了话，号召全体干部，努力学习马列主义毛泽东思想，加强抗美援朝和镇压反革命工作来纪念"七一"。各机关、

[①] 关于新币、旧币问题，因为引用材料中不统一，为忠实来源，未作改动。材料形成的时间不一，在列举数字时有的用当时单位，有的则作了折算。好在新币、旧币相差万倍，读者不难自己判断。书中已介绍1955年3月1日起延安地区采用新币。

个人以捐献钱财、武器支援抗美援朝的实际行动庆祝"七一"。7月20日,延安各界人民5000余人,到七里铺欢迎赴朝慰问团的代表来延安作报告。对代表们的爱国主义报告,延安各机关团体普遍实行包干宣传、传达到每个人。

1951年10月25日,延安专区和延安县抗美援朝分会召集当地1200多名干部,热烈纪念中国人民志愿军出国作战一周年。

1952年4月5日,志愿军归国代表团和朝鲜访华代表团来到延安作报告,一行7人于下午3点到延安。延安各界7000多人举行盛大的欢迎仪式。12月24日,中国人民第二届赴朝鲜慰问团西北分团代表马汉卿、益冀东来到延安,为延安各界干部、学校作报告,介绍了志愿军在抗美援朝战争中的英雄气概和大无畏精神。

随着抗美援朝战争的进行,延安地区子弟兵也积极参加抗美援朝运动。1951年洛川县征集抗美援朝志愿兵,应征者28名,奔赴朝鲜战场。在抗美援朝战争中,洛川县有7名志愿军战士的热血洒在朝鲜土地上。抗美援朝战争开始后,宜川县有33名团员、190名青年积极报名参军。1951年5月1日,宜川又征集志愿兵200名。黄龙县青年积极响应"抗美援朝,保家卫国"的号召,自愿报名。黄龙县首次选送50名青年加入中国人民志愿军赴朝参战。更多的干部群众通过参与各种集会、积极捐款捐物慰问志愿军的方式参与了伟大的抗美援朝运动。

2. 青年抗美援朝宣传与践行

青年是抗美援朝运动宣传和工作的主力军,承担了宣传的主要工作,特别是在使抗美援朝宣传深入群众方面,活跃的青年们是主要的桥梁。青年们的宣传和行动,是整个分区活动的缩影。

(1) 抗美援朝宣传与动员

1951年3月延安分区首届团代会上就强调地提出抗美援朝工作,进行了思想动员。地区、县团组织都加入了地区与各县的抗美援朝会,积极开展宣传工作。团委首先组织干部学习了宣传大纲、"抗美援朝保家卫国"运动知识、志愿军回国代表的讲话和团委"纪念'五四'做好工作"的文件,纠正了干部内认为抗美援朝是捎带工作、软任务、突击工作、不关心时事等错误认识。为了搞好抗美援朝的宣传工作，地区和各县团委组织了青年时事学习。比较突出的延安县，在1951年的四五月份，每个礼拜有两个早晨专门学习时事，进行宣传前还集中学习一个礼拜，作了讨论，并以口试的方法作了测验，不懂的再继续学习。经过学习，青年干部们增加了时事知识，使宣传有了内容。1951年7月，延安分区召开团县委书记会议。会议讨论了怎样才能使抗美援朝运动和当前的中心工作结合起来，并使之经常化的问题。会后各团县委普遍深入农村团支部，向所有的团员作了爱国主义宣传。团组织不但向团员和青年们宣传抗美援朝，也通过青年向群众宣传。

抗美援朝宣传的基本形式和方法有：

①在城镇和较大的村庄普遍进行了青年时事座谈会和控诉会，揭发美帝国主义扶植日蒋匪帮的罪行。1951年，洛川有15个小组召开过控诉会。控诉的基本内容就是把美帝国主义的侵略与自己受蒋介石政权的痛苦结合起来，由控诉国民党政权带来的痛苦而延伸到防止美帝国主义侵略会带来的痛苦。用当时的话来说，就是"控诉蒋介石匪帮残害人民的种种罪行，认清美帝侵略的阴谋"。[1] 如洛川县的一位团员控诉说："蒋介石叫咱们打倒了，可是美帝又想来侵略，不让咱们过好光景"，"国民党统治时期，村里的保长是敌情报员，组织便衣队，阻挡咱们给红地（指陕甘宁边区）贩卖棉花和布匹，拉了骡子十几条，弄走了花和布"，"现在咱们的光景过好了，可是美帝想欺侮咱们，我们绝不让，一定要好好生产，增产粮食，支援朝鲜战争，早日消灭美国野心狼"。还有一位团员诉说了胡匪怎样捆打他的情形。[2] 以控诉引控诉，他们的控诉引起了其他青年和群众的控诉。通过这些真人真事、活生生事例的控诉，大大提高了青年对美帝的仇恨心理。延安市也主持召开了青年、妇女、学生等的时事座谈会与控

---

[1] 延安分区团委：抗美援朝工作情况报告，延安市档案馆档案，延安市委全宗号(1-1)1951年，案卷号6，第30页。

[2] 同上。

诉会。这些会大多是会前做了调查和了解，会上再结合实际进行了讲解。一般地说，会议开得很好，收效也大。

②结合春耕、夏收、夏选、夏耘、扩武、秋收等当前的中心工作，召开村民会、团员会、青年会等学习抗美援朝的道理。延安各县都召开过团员会、青年会，达到所有团员和大部分青年受到爱国主义教育的目的，对推动各时期的当前工作也起了一定的作用。

③通过读报组学习时事。团员和青年积极参加了读报组，订出学习制度。延安分区共建立了1188个读报组。其中有些读报组因为农忙、没人念报、没有积极分子作骨干、没地方等因素，慢慢流于形式，但不少读报组一直坚持着。通过读报增加团员和青年的知识，并向群众进行了宣传，如宜君县四区杏头乡团员就提出每人宣传5个群众。

④在分散地区一般地采用了逐门上户访问，召开院子会、家庭会、宣传讲解。这种方式都是在进行控诉会前，是消灭空白点的好办法。

⑤采用拉洋片（唱片）、漫画、照片、展览会、集会、演戏、秧歌、说快板、讲话、幻灯、传话筒等新潮活泼的形式进行宣传。延安专署团总支书组织了一个宣传小组，利用青年文化服务团的扩音器进行宣传。文工团团员用传话筒给群众宣传，教会他们志愿军战歌。各完小、延安中学、保育小学，每遇大的节日都组织秧歌队进行宣传，团员是秧歌队的主要演员和积极分子。有时团地委也会到远离延安的农村放映幻灯，去进行抗美援朝宣传。

⑥实行包干宣传。以一定的机关为单位，分配划定的宣传区域，要区域内群众做到家喻户晓，人人受到爱国主义教育。各团委和党委一起采用这种办法，收效良好。洛川团县委包干一个村子（离县上5里路），一个半月时间就去了7次，使全村288口人，除不懂事的小孩和老人86人外，其余202口人都受到3—7次教育。不少县团员都实行包干宣传。

经过广泛的宣传，抗美援朝运动深入千家万户，为大家所了解。它的政治威力也表现出来。1951年5月，延安分区组织群众开展拥护《五大国缔结和平公约》的签名运动和反对美国武装日本的投票活动，据统计，全分区50万人口，签名与投票人数达322941人，占总人口数的65%。受到爱国主义教育的群众达80%以上。

(2) 积极投身抗美援朝运动

青年们积极参与了爱国公约的制定、修订和践行。在增产捐献运动中不但积极参与，很多时候还起到了先锋带头作用，特别是青年团员。机关的青年团员们积极参加本单位的捐献。农村的青年团员、少年儿童们也纷纷参加了捐献。以宜君县为例，马武乡一位团员带头捐献麦子1斗，接着7户群众自愿捐出麦子2斗，人民币85000元（旧人民币，下同）。他们还订出了长期的捐献计划。该县三区一位青年煤炭工人在揭露了日寇罪行后，自愿地拿出10天的背炭工资（约20万）去捐献买飞机大炮、打美帝野心狼。该县张家河一位团支部委员领导召开了27人的座谈会商量捐献，自己带头捐出打短工赚来的2斗1升麦子买武器，一位女团员也把自己拾下的5升麦子捐出。这样就影响了到会的27人，共捐了麦子2.22石。西河乡5个不足10岁的娃娃拾麦1石零5升全部捐献，新民乡一村66位少年儿童拾麦11斗6升全部捐献。宜君县8个乡仅1951年7月就有少年儿童180位捐献，捐款869000元，麦子7石5斗4升。之后国家有不在农村中进行捐献的指示，捐献就停止。

(三) 响应三大号召

1951年6月1日，抗美援朝总会发出了三大号召：爱国公约、增产捐献和优抚。1951年6月14日，延安县四届三次各界人民代表会议的全体代表热烈讨论了中国人民抗美援朝总会关于订立爱国公约，捐献飞机、大炮、坦克，做好优抚工作的号召，发动人民加强生产、节约支前。中共延安县委积极响应党中央号召，动员全县人民，由共产党员带头，用提高作务技术、增产粮食、早送代耕粮和捐献钱物、拥军优属等实际行动，支援抗美援朝战争。

1. 订立爱国公约

与抗美援朝运动相配合，延安地区及各县同全国一样，积极开展

第四章 社会清查工作和抗美援朝运动

了爱国主义教育运动，具体的表现就是订立爱国公约，号召各界人民结合各种职业特点努力做好本职工作，以努力生产、做好工作来支援抗美援朝战争。

公约的类型有以村为单位的、有以变工组、读报组、家庭个人为单位的多种多样的形式，其中有些公约订得很具体，在工作上起了一定的推动作用。不到半年，延安分区有1/5的自然村订立了爱国公约。延安县共有910个自然村，有304个订立了爱国公约，占全县自然村的33%。黄龙县共定爱国公约668处。1951年12月12日，延安县模范共产党员、劳动模范申长林（乡支部书记）带头早送代耕粮。延川县各区乡村纷纷制定爱国公约，增产捐献，优待军属。甘泉县村村制定爱国公约，志丹全县开展爱国主义教育运动，65%的懂事人口受到教育。

延长县四区的钟家河村听了传达中央人民政府北方老根据地慰问团报告精神后，检查修订了爱国公约。公约全文如下：①关心政治时事，加强同读报组的学习。3天读一次报，提高大家对抗美援朝和爱国的认识。②全村估计收1220斤皮棉，除自己用和缴公粮的以外，剩下的全部卖给或存给国家。③动员全村的13个劳动力的变工队，在秋收中做到"三快"（快收、快打、快入仓），20天地净场光；另外还要帮助烈军属和没劳力户，做到代收、代打、代选、包耕，粮做到晒干、扬净、早缴。④地里挑选棉种6石3斗、地里穗选白菜棵、糜子种4斗、马牙苞谷4斗、秋收杂谷数种2石3斗。⑤秋翻地220亩。⑥用拾粪、沤粪、垫圈等秋季积肥720袋。⑦加强治安工作，检举匪特"一贯道"坏分子，组织两个护秋小组轮流放哨，保护秋收。⑧爱国公粮征起后，保证5天内全部入仓。为了保证爱国公约的实现，除保持以前互相检查督促的帮助精神外，每月还要开会总结一次。因为该村公约比修订前具体了，大家做啥都明确，所以在订出后，组织秋收顺利。村长表示，人都起来爱祖国，什么事情都好办多了。延安分区党政领导对这种"爱国主义的有效方法"颇为认同。而把对爱国公约这种有效方法认识不足、对订立爱国公约采取应付从事、不深入宣传、不发动群众、包办代替的简单工作方式，联系上当时流行的"官僚主义"来指责。

2. 增产捐献

延安分区在普遍展开订立爱国公约的同时，在机关、学校、商人、农民中开展蓬勃的捐献运动。邮电局的全体职工将自己每月工资拿出一部分，长期捐献，直至抗美援朝的胜利。人民银行52名干部一天内即捐700万元（旧人民币，下同）。1951年为了迎接"七一"，延安专署号召展开增产捐献运动竞赛，3天内工商界即捐33000万元。1951年8月10日，延安各界人民开展了热烈的捐献运动。据统计，共收到捐献飞机、大炮款5466.67万元。

延安县还积极组织了各界的捐献活动。1951年1月29日，延安基督教会捐款3万元。6月30日，延安市工商各界捐款9963.2万元。1952年3月29日，延安县抗美援朝分会公布各界捐献武器款1337.6万元，各区乡群众干部捐款1577.65万元，各学校、文化馆捐款395.71万元，延安县县级机关干部和所属单位等捐款1102.74万元，延安工商界捐款10300万元。1951年，延安妇女捐款180万元，1万多个针线包，几千封慰问信及香烟、肥皂、毛巾等物品支援抗美援朝战争。全县捐款10亿元、几万斤牛肉炒面、万余封慰问信、80多种物品送给志愿军。

1951年7月23日至8月1日，延安专区妇女工作干部联席会议召开。会议总结了上半年的工作，并决定今后工作任务是：以抗美援朝为中心任务，进一步开展爱国主义教育，解决具体困难，组织生产，整训干部，整顿与健全组织。

1952年12月，针对美帝国主义的细菌战，毛主席发出"动员起来，讲究卫生，减少疾病，提高健康水平"的号召。延安各县区乡成立爱国卫生运动委员会，广泛开展除害灭病的爱国卫生运动。

其他各县也积极参与抗美援朝运动。洛川县于1951年11月成立中国人民抗美援朝总会洛川支会，组织了有57753人参加的反美爱国大游行，并利用各种场合控诉美帝国主义罪行，参加和平签名的56299人，并订立了反美爱国公约。机关、学校及各界人士发出慰问志愿军将士信件6235封，慰问礼品：针线包2864件，军鞋1600双，

第四章　社会清查工作和抗美援朝运动

捐献购买飞机款39894万元。①

安塞县人民踊跃赠送毛巾、针线包等物品,寄往朝鲜前线。1950年11月12日,富县全县人民参加和平签名34982人,占总人口的79.6%。各界群众自愿献金1800多万元（折人民币1800元）,捐献麦子7000公斤。②

1951年4月6日,延川县成立抗美援朝委员会,号召全县开展抗美援朝运动,各区乡村纷纷组织捐献活动。甘泉县全县捐款11万元。志丹县1950年有18988人参与拥护和平、反对战争的签名活动。1951年6月,本县发动群众为抗美援朝捐款448770元,写慰问信23件,制慰问袋18个。

1951年4月25日,抗美援朝宜川支会成立,陈士甫任主席。各阶层人民踊跃捐献边币24646150元,折人民币24646.15元。黄龙县于1951年8月召开黄龙县第一次抗美援朝代表大会,选举成立了中国人民抗美援朝黄龙分会,开展大规模的爱国捐献、拥军优属等活动。宜君也成立抗美援朝分会,各界人民捐献爱国款2140.3万元以及粮食、鞋等各种慰问品。1951年5月1日,宜君各界群众举行游行示威活动,声援朝鲜人民的反美爱国正义斗争。全县人民开展拥护《五大国缔结和平公约》的签名运动和反对美国武装日本的投票活动,签名投票者33294人。

吴旗、子长等县在抗美援朝期间,都捐款捐物支援战争,子长县委书记还亲率慰问团赴朝慰问。

3. 优抚工作

在抗美援朝总会发出三大号召的当年,"八一"建军节,延安分区各县普遍给军属烈属挂光荣匾,从政治上大大提高了他们的社会地位。1951年9月又建立了241个优抚小组,专门负责领导这一工作。在优抚工作中,青年人一般包下了体力活计,如砍柴、送粮、包耕地等。军属们的生活待遇得到大大改善,优抚工作在日后成为传统。

---

① 洛川县志编纂委员会:《洛川县志》,陕西人民出版社1994年版,第496页。
② 富县地方志编纂委员会:《富县县志》,陕西人民出版社1994年版,第402页。

1951年9月4日,延安专区老根据地革命烈士家属、革命军人家属、革命残废军人及支援革命战争有功人民代表大会在专署大礼堂召开。参加大会的有延安党政军机关代表和延安、延长、志丹、安塞、富县、甘泉等6县老区选来的328名代表。会议着重讨论了对烈军属、残废军人以及支前有功人员的优抚工作以及具体措施。优待工作以代耕为主,根据优抚对象人口和劳力多寡情况,分等优待。对有地无劳力或劳力不足又无力雇人耕种者,由政府组织群众帮助耕种,使之维持一般生活水平。

优抚工作也体现在提高对象的政治待遇上。1951年9月15日,延安各界3000多人开会欢送在专区老区烈军属、残废军人以及支前模范代表大会上选出的11名代表到北京参加国庆盛典。代表们于9月28日到达北京,30日受到毛主席的设宴招待。代表们在北京参观学习了许多地方,于10月底返回延安。10月31日,延安千余人开会欢迎代表们。

1952年4月10日,延安专署给各县发出"贯彻优抚政策,做好包耕工作的指示"。要求,各县必须大力发动群众、贯彻优抚政策、做好包耕工。7月21日,延安专署发出指示,要各地在纪念中国人民解放军"八一"建军节25周年的时候,检查一次优抚工作执行情况。指示要求各县组织检查组深入农村,了解烈、军属,残废军人、优抚工作者的生活和生产情况。

1955年8月20日,延安专区根据国务院"关于安置复员建设军人工作的决议"精神,成立转业建设委员会和办公室,专门办理复员军人的安置工作。

1956年12月9日,中共延安地委和延安专署发出关于切实做好复员军人安置工作的联合指示。《指示》要求各级党委和人民委员会,必须把安置复员军人的工作作为经常的重要工作之一。近期各地要进行一次检查,如发现有对复员军人采取拒绝录用、歧视、排斥、打击等错误态度的单位,应该严厉批评,情节严重的应予以适当处理;同时要求各地必须切实负责解决复员军人、残废军人和烈军属的生活困难,组织他们参加生产,劝说他们不要外流,及时帮助解决困难；并且要求大力开展拥军优属活动，召集他们开座谈会，收集意见，进一步改进工作。而1956年，全区实现农业合作化，优待改代耕制为优待劳动日（计工分制），每户年均优待80—100个劳动日，与自做劳动日一同参加分配。

第五章　社会治理

新中国成立后,随着解放战争和剿匪工作的逐步完成,社会治理的任务逐渐成为各级党委政府的日常工作,社会治安机关和法律机构的作用逐渐走向了前台。社会治理,就是在各级党委和政府的统一领导下,组织和依靠各部门、各单位的人民群众的力量,运用政治的、经济的、行政的、法律的、文化的、教育的等多种手段,通过加强打击、防范、教育、管理、建设、改造等方面的工作,解决社会治安问题,实现从根本上预防和打击违法犯罪、维护治安秩序、保障社会稳定的社会系统工程。

一　社会治理

(一)公安机关的完善和工作任务重心的转移

新中国成立初期,延安分区、各县的公安机关或承接以前老根据地政权的保安机构或通过新建方式形成。随着大股土匪的被剿灭,公安机关的任务重心逐渐转移到维护社会治安、稳定社会秩序、打击刑事犯罪、处理民事纠纷等社会治理方面来。

1949年5月,陕北行署公安处成立。1950年5月1日,陕北行署公安处和黄龙分区公安分处结束工作,延安分区公安处于同日成立。同年10月,改称延安专区公安处,各县保安科均改为公安局,如1949年10月,保安科改为延安县人民政府公安局,黄龙县改保安科为公安局,设局长、副局长、文书、收发员、会计各1人,侦察员、治安员各2人。各级公安机关设治安科或治安股,负责辖地治安管理。城市街道、农村乡镇设公安派出所或公安特派员，负责基层治安工作。

1. 公安机关的主要职能

（1）社会治理工作

新中国成立后，延安地区公安机关工作的主要内容有：①运用各种侦察措施和技术手段，打击刑事犯罪活动。1955年，全区逮捕刑事犯罪分子499名。1956年7—10月，全区有336名刑事犯罪分子投案自首。① ②打击纵火、爆炸、盗窃等犯罪活动，保卫全区经济建设。1950年10月27日，延安专署财政科会计勾结3名惯窃犯，盗窃专署金库黄金2两2钱，白银22两3钱，银元782元，现金485万元（旧币）。公安机关迅速侦破此案，4名案犯受到惩处。② ③加强金融保卫工作。1955年3月1日，人民币新币开始流通，至6月30日，全区发现破坏人民币事件14起，共20余张，并发现票面上书写的反动言论。③ 公安处打击破坏活动，保护国家票币。④配合文化文物部门，加强对革命旧址和名胜古迹的保护，避免珍贵文物的毁坏和流失。

（2）户口管理工作

公安机关接手的一项重要事务是户口管理。原来的户口管理一直属于民政部门，户口也仅仅起着登记的作用。50年代上半期，逐渐被移交到公安机关的手里。各县具体移交的年份不一。在镇反运动中，公安机关通过介入对户口的清理，发现了很多线索，还有通过户口，实现对敌对阶级分子的监督和限制，都是专政机关接手户口管理的理由。但另一个因素也不能忽视，随着50年代上半期户口对个人身份和所享受的待遇的制约，户口对于身份区分的固守逐步强化到需要用专政职能来保卫。

公安机关职能的有效落实，稳定了社会秩序，为各时期中心任务

---

① 延安市地方志编纂委员会：《延安地区志》，西安出版社2000年版，第729页。
② 同上书，第730页。
③ 同上书，第731页。

的推行提供保护条件,也为本地区人民发展生产、改善生活提供间接的支持。

公安局、检察署、法院等政法机关共同的任务是要为各个时期的中心任务保驾护航,所以,我们可以看到,在这一时期政治运动或社会运动的舞台上,容易看到它们的联袂演出。

2. 基层治安保卫委员会的治安管理

公安机关组织群防群治,维护社会治安。在社会治安的基层工作方面,依靠群众、组织群众参与,是中国共产党群众路线原则的运动。各县在基层,在区、乡、镇配备有公安助理员,依靠群众建立各级治安保卫委员会,进行群众性治安管理工作。在农村,以行政村为单位成立治安管理组织和订立《乡规民约》,开展法制宣传和安全教育;在城镇实行治安管理责任承包制,机关、学校、企事业单位制订各种安全防范制度,经济要害部门建立安全防范队伍和专职门卫员。不但组织了治安保卫委员会,也培养了积极分子。

志丹县到1953年全县建立治保会33个,有治保主任33人,委员168人。主要任务是:①开展镇反宣传;②防奸、防盗、防灾;③检举揭发坏人,监督改造"四类"分子;④维护农村治安秩序,积极同犯罪分子作斗争;⑤发动群众,拥护政府各项政策和法令。[①]

宜川解放后,普遍始建治安保卫组织,经过整顿,到1949年有治保委员会221个,治保小组295个,治安助理员7人,治安主任40人,治安组长343人,治安员1056人。1951年10月,全县37个乡均成立了治保委员会。[②] 治保组织在各个时期配合党的中心工作,协助政府镇压反革命,检举坏人坏事,监督改造管制分子和违法人员,维护社会治安等方面做了大量工作,起到了一定的作用。

子长县1950年有基层治安小组271个,治安委员1222人。1952年进行整顿,全县有基层治保小组131个,治保人员485人。[③]

---

① 志丹县地方志编纂委员会:《志丹县志》,陕西人民出版社1996年版,第508页。
② 宜川县地方志编纂委员会:《宜川县志》,陕西人民出版社2000年版,第595页。
③ 子长县地方志编纂委员会:《子长县志》,陕西人民出版社1993年版,第555页。

1949年，延长县全县7区共设有治安组织464个，治安员1593人；城市内设有治安小组5个，组员26人。1952年，成立治保委员会290个。1955年，全县33个乡设治保员137人。[1]

甘泉县到1951年时，农村普遍成立了治保委员会。冬季整训民兵，加强盘查防范。8月4日，甘泉县召开第一次治安模范代表大会，会上表彰了3名模范。1953年，全县19个乡均成立治安保卫委员会，有委员132人，治保主任19人。成立管制小组3个，组员15人。县委、政府、完小、北关、银行等机关建立了治安保卫小组，有组员21人。是年，粮食实行统购统销，县公安局组织护粮小组3个，昼夜巡逻。1954年11月20日，甘泉县召开第二次治安模范代表大会，表彰模范8名。1955年，全县有农业社70处，其中建立保卫小组的社11个，组员33人；建立保卫员的社42个，保卫员49人。1956年，全县建立护秋小组102个，组员312人；有夜间巡逻看场护粮人员138人。全县170个农业生产合作社中，建立保卫组织167个，有保卫员239人。[2]

吴旗县1952年改乡治安委员会为治安保卫委员会，取消治安员。1955年在农业社建立治保小组，全县共有治保员742人。治保会主要做四项基本工作：一是开展防奸、防谍、防火、防盗和镇反宣传教育；二是检举、管制和监督改造"四类"分子和依法管制的分子；三是教育和争取"四类"分子家属拥护政府的法令政策；四是监督群众执行爱国公约。

黄陵县先后在机关、厂矿、企业单位建立保卫组织，配备保卫干部，乡镇有公安助理员，行政村有治保委员会，村级有治保委员，分管所辖地区的治安工作。

1953年，安塞全县农村及机关单位都建立了治安组织，村设治保小组，乡设治保委员会，全县的治保小组增加到132个。

1954年11月5日，据《延安专区四年来人民公安工作检查情况

---

[1] 延长县地方志编纂委员会：《延长县志》，陕西人民出版社1991年版，第412页。
[2] 甘泉县地方志编纂委员会：《甘泉县志》，陕西人民出版社1993年版，第419—420页。

基本总结》，全延安分区建立基层治保委员会 364 个，涌现群众反奸积极分子 1927 名。[1] 延长县的治保组织甚至源自革命时期。

广泛的群众治保组织的建立，是公安机关对"依靠群众，预防为主"方针的落实。它动员了广泛的社会力量，对犯罪及违法行为是一架庞大的监视器。从对治保组织的任务规定来看，阶级斗争意识，或者说，对从属于被认为属于敌对阶级的成员的监视与管制，也是治保组织建设的出发点之一。这使治保组织打上深深的时代烙印。

3. 民兵组织

民兵组织也是维护社会治安、整顿社会秩序的有力帮手。1950年，民兵组织沿用解放战争时期建制。分区所属各县，区编营、乡编连、村编排。全区有民兵 70 个营，370 个连，1760 个排，3.4 万余人。1951—1954 年，实行"普遍民兵制"，全区 90% 以上适龄青年参加民兵组织。[2] 1954 年后，全区以农业互助合作社为核心，调整民兵组织。乡队仍按原领导关系，分队、小队均以农业社（组）为单位，采取因地制宜、够啥编啥的原则编队。根据提高质量、保持数量的原则，吸收政治可靠、身体健康、思想进步的积极青年参加民兵组织。

（二）禁烟禁毒禁赌及破除迷信工作的开展

新中国成立之初，我国毒品形势非常严峻。罂粟种植遍布全国，从业人员众多。人民对于毒品危害性的认识比较淡漠，毒品吸食人数居高不下。基于禁绝毒品的迫切需要，1950 年 2 月 24 日，中央人民政府政务院发布《关于严禁鸦片烟毒的通令》，旗帜鲜明地制定全面禁毒的政策和措施。《通令》要求从严打击毒品种植、贩运、制造、售卖行为。《通令》规定，各大行政区人民政府和中央直辖省、市人民政府可根据本地区情况，结合《通令》精神和方针，制定更为详细具体的查禁办法和明确的禁绝种、吸日期安排。同时，进一步加大禁毒宣传和《通令》宣传。在《通令》发布后，全国各地禁毒运动

---

[1] 延安市地方志编纂委员会：《延安地区志》，西安出版社 2000 年版，第 728 页。
[2] 同上书，第 833 页。

全面、高效展开，深入贯彻全面禁毒的战略。各大行政区人民政府结合本地区情况相继颁布了具体的禁毒条例或办法。1950年6月10日，中央人民政府再发禁烟命令。1951年2月6日，周恩来总理向各行政区的各级政府，重申了禁绝烟毒的命令。在1950年到1952年期间，党和政府使禁毒和其他各项社会改革运动密切结合，从而收到了相互推动之效。1952年4月15日，中共中央发布《关于肃清毒品流行的指示》，强调要在全国范围内进行一次集中的、彻底的扫除毒患的运动，务必将一切毒贩肃清。5月21日，政务院又发布了《严禁鸦片烟毒的通令》，重申了中央文件的指示精神。7月，中共中央宣传部、公安部联合发出《关于禁毒的宣传指示》，强调指出，为了使群众充分了解禁毒的意义，动员他们积极地与贩毒、制毒的罪恶活动作斗争，协助政府检举毒犯达到根绝烟毒的目的，必须在人民群众中进行广泛的强有力的宣传。1952年7月30日，中共中央批准了公安部提交的《关于开展全国规模的禁毒运动的报告》，严厉打击毒品罪犯。禁毒运动持续半年左右，至1952年年底全面结束。1952年12月12日，中央人民政府又发布了《关于推行戒烟、禁种鸦片和收缴农村存毒的指示》，把禁毒重点从打击城市贩运转向吸毒者的改造和矫治，以期从根源上巩固禁毒成果。通过3年的戒毒专项工作，全国2000多万名吸毒者成功戒除了吸毒的恶习。

1. 延安地区禁烟禁毒政策的颁布

1950年西北军政委员会发出《关于禁绝鸦片的实施办法》《禁绝鸦片烟毒治罪暂行条例》。1951年2月16日，西北军政委员会发布《关于加强禁烟禁毒的指示》。《指示》说：遵照中央人民政府政务院1950年2月24日禁烟禁毒通令，结合西北区实际情况，制订《西北区禁烟禁毒暂行办法》，经中央人民政府政务院批准，公布施行。"办法"决定：为加强禁烟禁毒工作，县（市）以上人民政府设禁烟禁毒委员会，专门从事此项工作。

1951年4月3日，陕西省人民政府颁布《陕西省禁烟禁毒惩治办法》11条。指出："本办法所称烟毒，系指鸦片、海洛因（料面）、吗啡、金丹、高根、罂粟壳及一切化合配制抵瘾之毒品"。《惩治办法》规定：以反革命为目的贩运、制造、售买、贮藏烟毒者，处死刑、无期徒刑，没收物品并处罚金。图谋营利者，处五年以下徒刑，没收全部物金并酌情罚金。公务人员犯了上述两罪者，从重判处。有烟毒嗜好者应向当地政府声明登记，并限期戒除；凡种烟苗者应自动铲除；制造、贩运、买卖烟毒，能向政府坦白悔改并交出违禁物品者，可免于处罚。

2. 延安地区禁烟禁毒

延安地区恢复后，地方上种植大烟的情况有严重的趋势，并有谣言流传，谓"因边区受胡匪祸害，边区政府不禁种大烟了"，"政府支持农民发财，种烟能让农民发财，政府不禁种烟"等，甚至干部也有违法种烟的现象，影响边区的农业生产。边区政府厉行禁烟。1949年3月19日、5月12日通令各地，"一律禁种大烟"，并布置铲除烟苗。各县积极查处种烟。1949年，洛川县第七次行政会议决定，登记烟民（吸鸦片者），限期禁绝。富县全县开展禁食毒品和改造"二流子"活动，铲除特苗（鸦片烟苗）546.5亩。1949年上半年，志丹全县查办贩卖鸦片案件44起，铲除490户农民种植的大烟苗。甘泉县1948年仅1区种烟者达60户，占全区户数的四分之一，种烟37.7亩。1949年，甘泉县公安局同社会"基本力量"（又称治安"耳目"，即公安局在社会上设立的秘密治安人员）共同配合，缉私大烟101.8两，没收银圆15枚。

1950年9月18日，延安专署成立了禁烟禁毒委员会。由冯学斌任主任，杨作义、冯思金、贺鸿海等6人为委员。1950年10月，黄陵成立禁烟除毒委员会，各乡、村建立禁烟除毒小组，禁烟除毒至次年共铲除烟苗149亩，捕烟犯20名。10月25日，吴旗县人民政府向全县各级组织发出了《严禁烟毒（鸦片）的通令》。1950年5月，县政府再次进行大张旗鼓的禁烟运动，在交通要道、公共场所张贴《禁烟布告》。公安局对历年种烟户和吸大烟的"二流子"令其写出保证书，并将查出的217户41亩烟苗全部铲除。对初犯者在群众会上批评教育，重犯者处罚劳役；党员干部轻者在党内批评教育，重者撤职或开除党籍。

1953年禁烟不彻底的9个乡再次进行禁烟肃毒活动，依照《肃毒条例》严厉惩办与改造相结合的方针，根据罪恶轻重、认罪好坏、民愤大小等情节，分别作了判刑、处罚劳役、管制改造、没收非法所得、批评教育等不同形式处理，至此，彻底根除了百余年帝国主义和反动统治者遗留下来的毒害。

1950年，甘泉县查出种大烟147户，292处，共86.64亩，缉私大烟102.8两。1951年，查出种烟者191户。1952年，查出种烟者31人，制烟者5人，贩烟者28人。1953年，破获烟毒案12起，1954年，破获6起，1955年，破获2起。1962年1月11日，破获1起以张田为首的7人吸食、贩卖大烟集团案。共贩卖大烟2两4钱，价值1392元。此后烟毒基本绝迹。①

1950年，志丹全县发现有317户偷种大烟115.9亩。1951年有300多户偷种大烟400多亩。1953年全县大张旗鼓地开展禁烟活动。县委、县政府发布《禁烟通告》，公安部门深入乡村，调查登记偷种和吸食者，没收烟具，建立哨站，缉查毒品，禁止贩卖，铲除烟苗，断除其源。并对历年常种户和吸食大烟者令其写出禁种、戒吸保状。公安干警分赴种烟较严重的三区（永宁）、四区（旦八），挨门逐户检查。在寺崾岘庙会上公捕、公审泥沟塌村屡犯偷种大烟1人，当场有5户群众自动报名铲除烟苗。据统计，仅1953年全县就有617户偷种大烟，分情节进行管押5人、惩办12人、教育600人、共没收大烟267两。

宜川解放前，鸦片毒品流行严重，普遍有种植、制造、贩卖和吸食鸦片、毒品不法行为。新中国成立后，人民政府严禁贩卖、吸食毒品。据调查，县城内吸食、贩卖大烟毒品者达160余人。机关干部贪污大烟违法走私者亦有20余人。1950年，破获51起偷种大烟案，将查出的14.6亩、12450株烟苗，全部予以铲除。1952年7月，全面开展了肃毒工作。成立县肃毒办公室。清查出惯贩大烟在百两以上者10人，50两以上者7人，以下者30人，共47人。贩卖大烟2356

---

① 甘泉县地方志编纂委员会：《甘泉县志》，陕西人民出版社1993年版，第421页。

两。一贯制造大烟膏子者6人，吸食大烟毒品者481人，偷种大烟48人，种植18.35亩。经过宣传教育和制裁，鸦片完全根除。①

延川县1949年查获烟毒案8起，没收烟土99两。1950年，在全县范围内开展禁烟禁毒运动，查出41户偷种大烟9亩7780棵，抓获烟贩58人，没收大烟38.06两，逮捕判刑4人，管制25人，罚苦役29人。②1951年6月16日，中共延川县委发出禁烟令，要求在全县范围内一律禁种、销、抽大烟。当年查出35户偷种大烟8.6亩，烟苗铲除；查获烟民46人，逮捕27人，没收烟土26.05两，5人由法院惩处，22人交政府处罚。六区土岗乡刘家山村23户中有11户种大烟2.5亩，主犯刘秀山受到法律处罚。1952年，县公安局查出13户偷种大烟3746棵；抓获烟民36人，没收大烟6.04两，判刑4人，管制8人，罚苦役5人，批斗8人，一般教育11人。1953年8月5日，公安局在县城北街焚烧烟土15.2两，膏子9.1两，灰面1.3两。同年办理烟毒案15件17人，其中吸食贩卖者11件12人，种植者4件5人。次年，破获烟毒案22件，捕押27人，其中判刑2人，教育释放23人，批斗2人。1955年，全县开展严厉打击烟毒犯罪活动专项斗争，抓获烟民27人，其中逮捕判刑10人，管制5人，教育释放12人，没收烟土7两。重大吸食贩卖烟毒犯刘贤昌，吸食4.05两，贩卖32.05两，被判刑。1956年，8名烟贩投案自首，交出烟土2.25两，烟灯1副，经教育释放。1957年查出烟贩28人，其中判刑15人，拘留3人，行政警告2人，批斗8人；没收大烟1.95两。1962年，查出烟贩5人，吸食6人，均罚苦役100天。1963年抓获烟贩4人，均罚苦役。1965年查出烟毒案1件1人。此后，烟毒彻底禁绝。③

1951年7月2日，黄陵县五区三乡乡长带领民兵，在鄜县黑水寺区小蒜沟查获7名种植罂粟的人犯及非法种植的罂粟3.1亩，缴获土枪3支，手榴弹3枚。④

---

① 宜川县地方志编纂委员会：《宜川县志》，陕西人民出版社2000年版，第595页。
② 延川县地方志编纂委员会：《延川县志》，陕西人民出版社1999年版，第487页。
③ 同上书，第488页。
④ 延安市地方志编纂委员会：《延安地区志》，西安出版社2000年版，第728页。

延长 1949 年全县共没收烟土 505.4 两，查出非法种大烟者 30户。1951 年 7 月 22 日成立肃毒办公室。当年查出全县种大烟者 81人，种植面积 911 亩。1952 年有 57 人种植大烟。1953 年缴获大烟 31.72 两，价值 1864.7 万元（旧币）。1955 年种大烟并吸食者 14 人。1956 年偷种并吸食者 7 人。①

子长县公安局 1951 年破获贩运吸毒案 23 起。1953 年，开展肃毒专项斗争，破获烟毒案 33 起，没收鸦片 51.30 两，烟蛋 277.50 个，膏子 59.10 两，鸦片烟水 23 两，没收和罚款 1449.54 万元（旧币）。② 吸毒、贩毒逐渐禁止。

1954 年 11 月 5 日，据《延安专区四年来人民公安工作检查情况基本总结》，全区捕办烟毒犯（含种毒、贩毒、制毒）724 名，查获毒品 7429 两，料面 11.77 两，铲除罂粟苗 1342 亩。③

新中国成立初期的延安地区，总体上仍然属于地广人稀的区域。特别是南面黄龙、黄陵一带。而且，延安属黄土高原地形，千沟万壑，易于隐蔽，南面黄龙山区多山林，也易于隐藏，因此，禁烟难度很大。由于延安地区的特殊地理条件，虽然各县政府勠力禁烟，但种烟贩烟行为时有发现，特别在各县交界处的一些偏僻地带。延安地区禁烟决心很大，发现即查处，并及时总结经验。1955 年 7 月，黄陵县查处一起种烟案件，可以作为例子。其相关报告为延安行政公署批转各县，以作各县采取禁烟行动时参考。

黄陵县 1955 年 8 月 18 日［秘字］第 13 号报告详细陈述了事件的经过和总结的经验。黄陵县双龙区是一个地广人稀的林区，多年来常有不法之徒偷种毒苗，虽经历年的宣传查禁逐年有所减少，但仍未彻底肃清。为彻底肃清毒苗，保证人民身体健康，该县在领导的重视下曾在 3 月间召开的"三干"会上作了布置。6 月间该县副县长下达该区工作，对此工作又作了调查了解，发现线索，报告县上。县上及

---

① 延长县地方志编纂委员会：《延长县志》，陕西人民出版社 1991 年版，第 411 页。
② 子长县地方志编纂委员会：《子长县志》，陕西人民出版社 1993 年版，第 533 页。
③ 延安市地方志编纂委员会：《延安地区志》，西安出版社 2000 年版，第 728 页。

时研究，组织力量，包括干部6名、公安4名、民兵9名，前往清查扑灭。结果以16天的时间（由7月3日到18日），查出特苗31片，共20亩5分3厘；捕获烟贩1名，并发现了一处烟犯的住所，有锅、菜刀、盆碗等生活用具，口粮15斤，还有栽烟刻刀、油罐、铁勺、铁锹等生产工具。另外，还发现了在山林中有将柴草割净、准备开荒种植冬烟的情况，从而打击了毒犯，杜绝了特苗再次发生。

从黄陵县对这次禁烟行动的经验总结中，可以窥见延安地区的禁烟运动的组织情况。首先，各级领导对禁烟工作非常重视。会上有布置、有调查。行动前有县领导出面动员，给带队干部们交代工作方法、政策原则和注意事项。其次，落实上认真负责。此次行动之前，行动队就结合历年查除特苗的经验与利用各种不同形式调查了解情况，研究分析特苗种植地点。再次，各方面互相配合。此次行动事先和当地林勘队以及毗邻地区（甘肃省宁县）作了密切配合的布置。在和林勘队密切联系下，掌握了一些可靠材料，明确了方向和目标。在和宁县清查特苗组联系后，划分了地界，商定了讯号。各方面配合，对工作有促进。最后，妥善安排相关事项，使行动不至影响生产。清除烟苗的行动，往往发生在生产季节。为避免行动对参与人的生产情况产生影响，需要先对生产作妥善的安排。此次行动之前，县里就对上山清除特苗的民兵家中的生产作了妥善安排，保证了他们家中生产不受影响，使他们在工作中不用担心家中生产无人管，安心于清查特苗工作。

黄陵县也总结了此次行动的不足之处，首先是布置得早而动手过迟，致使部分旱烟已割了1—2刀；其次是事先的工作做得不够严密，使两名烟犯闻风而逃，追赶未及。

对于延安地区来说，禁烟一直是一个长期的运动，这是由该地区的地情决定的。延安行署向各县通报了这次行动总结，并提出要求：一、各地在发现有种植特苗的线索时，必须迅速调查研究，组织力量及早铲除。同时对以往肯种植特苗的地区的群众，应加强教育，使其从思想上认识到它的危害性，从而积极协助政府监督不法之徒年年偷种特苗的现象发生。二、在延安地区以往肯种植特苗的安塞、延安、富县部分地区更应该经常地注意肃清特苗工作,不得有认为早已经过大张旗鼓的禁烟禁毒、现在再没有种植和吸食大烟的人了,从而不去理睬的麻痹思想。

禁烟禁毒工作,延安地区一直保持着高压态势,采取发现烟苗就清除、发现种烟就打击的办法,使烟毒不能死灰复燃,防止种烟贩毒对社会秩序的危害,保护了人民的健康。

3. 延安地区禁赌工作

赌博被认为是旧社会的遗毒。在政治上,中共把它定为剥削阶级用来侵犯人民劳动果实的一种方法。在社会治理层面,赌博本来就是扰乱社会治安秩序,孕育各种犯罪的祸根。因赌贪污盗窃者有之、杀人抢掠者有之、倾家荡产者有之。因此,在新中国成立初期,禁赌也纳入了政治运动的范围,更是社会治理的内容。虽然从阶级分析的观点指出了赌博的性质,但赌博本身往往很难联系上阶级斗争,因此,在禁赌的方式上仍然走社会秩序整理的方式。在实际情况上,由于民间正常文化生活比较缺乏,百姓在农闲时无所事事,极易发展到赌博的方式,特别在春节期间,而且往往春节过后仍然不停止。因此,延安的赌博现象虽经禁戒,但很难杜绝。政府禁赌的办法不多,一般包括:指出赌博的危害,严重地影响生产、以至影响社会治安,同时与人民政府提倡劳动生产、劳动光荣的精神是完全相违背的;这种可耻的行为,为广大劳动人民所唾弃,也为国家法律所不容。以1955年春节后延安专区禁赌布告为例,可以说明禁赌的方法。布告要求大家和一切破坏生产建设的行为作斗争。国家工作人员,必须以身作则,并利用各种会议进行宣传教育,严格批判好逸恶劳、聚赌骗财的丑恶行为。所有一切赌具,应即收缴(如有以扑克牌进行变相赌博者,应转为正当娱乐,否则亦同时收缴),对于屡教不改以赌为生的游手好闲分子,给以惩处。

在禁赌中,要求区分赌博与正当游戏,而且处理时力持慎重。对流氓、赌棍、赌头和屡教不改的坏分子须依法严肃处理,而对有些家庭在春节期间玩耍纸牌而不是赌钱者,不以赌博论,并不得任意干涉。禁赌行动时要严格防止区、乡干部和民兵不分聚赌与游戏,一律乱抓或不依法而乱捕人的现象。希望各地提倡各种正当的文化娱乐,以调剂群众生活。具体操作上，各县均有其成绩。

志丹县公安机关把禁赌作为一项日常工作，坚持不懈地发动群众检举揭发，捉拿赌徒，没收赌具、赌资，废除赌债，打击赌头、赌棍和窝主，处罚惯赌，教育一般参与者。仅1949—1950年就破获赌博87起，捉拿赌徒582人，移交司法部门处罚76人。①

子长县1955年始，县公安局对赌博活动进行重点打击，当年破获赌博案10起。

吴旗历来赌博、封建迷信活动较盛，成为扰乱社会秩序，滋生各种犯罪的祸根。新中国成立后，公安机关把禁止赌博作为一项日常工作来抓。仅1964年就捉拿和破获77场，移交司法处惩办处治461人。但因染习年久，已成顽症，虽经年年查禁，仍禁而不绝。1954年赌博活动又有回升，其特点是利用偏僻山区落后人家招赌抽头，赌具主要有骰子单双、麻将、纸牌、花花。后经镇反运动，狠狠打击了赌头赌棍，才使赌博活动基本刹住。

延川县1950年查处赌博案7件60人，其中干部20人，经教育释放。1954年，本县赌情严重，逢集遇会，三个一群、五个一伙聚赌。是年查处赌博案24件173人，没收银币118元，旧式人民币1044.4万元，人犯经关押教育释放。1955年，公安局全面出击，查获赌案12件77人，没收赌具10副，逮捕赌头赌棍32人，关押教育释放45人。② 1956年赌博活动有所收敛。

二 《婚姻法》的宣传与贯彻

（一）《婚姻法》的颁布

早在1939年，陕甘宁边区政府公布《陕甘宁边区婚姻条例》，提倡男女婚姻自由，实行一夫一妻制，反对虐待迫害妇女，实行男女平等，反对早婚，禁止童养媳，从根本上动摇了几千年来封建制度遗留

---

① 志丹县地方志编纂委员会：《志丹县志》，陕西人民出版社1996年版，第503页。
② 延川县地方志编纂委员会：《延川县志》，陕西人民出版社1999年版，第488页。

下来的父权、夫权、神权、族权对妇女的统治，妇女们得到了一定的自由，实行了婚姻登记。

新中国成立后，1950年5月1日，政务院颁布《中华人民共和国婚姻法》，本区（延安）分区成立宣传《婚姻法》领导小组，组织地、县、区、乡干部赴农村宣传，使80%的妇女受到教育。据延安等6县统计，恋爱结婚580对，感情不和离婚575对。①

《婚姻法》规定，男20岁、女18岁，给予登记。由于旧的习俗和习惯残余，全区农村中还有包办买卖婚姻、早婚早育、非法同居、虐待妇女等现象存在。1951年，根据政务院指示，地县组成检查组，检查全区贯彻《婚姻法》情况，处理一批早婚、童养媳、虐待妇女案件。1950—1952年共受理离婚案件2218件，80%判了离婚，并判给女方财产。②

（二）贯彻《婚姻法》，改革旧婚姻制度

1951年11月12日，由中央、西北、陕西省三级政府，和有关部门、群众团体组成的检查组来延安，对县区乡的《婚姻法》执行情况进行普遍的检查。专署成立工作组，配合检查工作。12月12日，延安专区成立《婚姻法》执行检查委员会，选举刘义懋为主任，张立明为副主任。12月13日，延安专署发出认真贯彻《婚姻法》指示。要求各级领导不得以任何条件、任何借口敷衍、应付这项工作，而应把此项工作作为一项重要工作去抓。

1953年1月5日，延安专区成立贯彻《婚姻法》运动委员会。地委副书记王月明任主任，席槐、张青、刘义懋任副主任。延安地委、团延安地委分别发出指示，要求各县党和团的组织，认真组织学习贯彻执行《婚姻法》。1953年1月8日，中共延安地委发出关于贯彻"中央关于贯彻《婚姻法》指示"的指示，要求各县委认真组织干部群众学习有关文件，向广大群众进行深刻的宣传，进一步提高干

---

① 延安市地方志编纂委员会：《延安地区志》，西安出版社2000年版，第806页。
② 同上。

部群众对《婚姻法》的认识；对那些对《婚姻法》认识不明确的要坚持教育，使其改正错误，重新认识。对极少数虐待、虐杀妇女以及干涉婚姻自由而造成严重恶果、民愤极大的犯罪分子按法律予以应得惩罚。同时在全区范围内普遍推行宣传《婚姻法》，大搞报告会、宣传队、座谈会，以及举办各种贯彻《婚姻法》的展览，张贴各种标语口号和表演戏剧秧歌。对典型的虐待虐杀妇女或干涉婚姻自由而造成严重恶果的，可（以区为单位）召开公审大会，当众公审判决；同时要求各县加强领导，把此项工作作为中心工作去抓，并结合春耕生产、整党工作，认真细致地把此项工作搞好。

1953年2月25日至26日，延安专区机关干部下乡进行宣传贯彻《婚姻法》工作。地委书记黑志德，副书记王月明，陕西省人民法院延安分院副院长刘义懋等到会并分别讲了话，要求干部深入农村，具体指导，使宣传《婚姻法》运动，做到家喻户晓、深入人心。1953年，本区（延安）分区抽调149名干部宣传贯彻《婚姻法》，历时35天，95%的妇女受到教育，调处纠纷3797件，其中，夫妻不和1810件，婆媳不和1015件。[①]

延安县于1953年1月成立贯彻《婚姻法》运动委员会，开展轰轰烈烈的宣传贯彻《婚姻法》运动。通过报告会、座谈会等形式向干部、群众进行深入的宣传教育，批判旧的婚姻制度的不合理性，纠正对《婚姻法》的误解，提高了对新《婚姻法》的理解，使广大干部群众，特别是广大妇女充分认识了自己的社会地位。

总之，《婚姻法》颁布后，延安分区各级党政领导曾组织干部进行了程度不同的学习，并向群众作了一定的宣传工作。加之1951年9月间政务院发出"检查《婚姻法》执行情况"的指示后，更引起了各级领导的重视，同时中央派了《婚姻法》检查工作组，更有力地把贯彻《婚姻法》向前推进了一步，因此在干部中重新组织学习，讨论《婚姻法》及有关《婚姻法》的文件。分区又在洛川、富县进行了重点检查，在县三级干部会、人民代表会，妇代会上，都作了专

[①] 延安市地方志编纂委员会：《延安地区志》，西安出版社2000年版，第806页。

题发言或报告，群众中利用节日、集会、庙会、村民会，以口头讲话、传话筒、快板、歌剧、秧歌、黑板报、幻灯、宣传棚等形式，在绝大部分城市、农村中都作了大力宣传教育工作。部分男女青年敢于起来同封建婚姻制度作斗争，而各县人民法院也正确地支持了群众这一正义斗争。旧的婚姻制度和家庭关系逐渐在消灭与转变，新的婚姻制度和幸福美满和睦的新家庭日益在增多。为争取婚姻自由进行不断的斗争，自由结婚、离婚的件数一年比一年增多，据分院统计全分区在1950年共处理了婚姻案499件，占民事总案48.8%，1951年共处理婚姻案件566件（不包括12月份），占民事67%，1952年即受理婚姻案1311件，占民事案72%。据延安、洛川等四县统计，登记结婚者，1950年329对，1951年409对，1952年为927对；登记离婚者，1950年216件，1951年153件，1952年248件。至于自由结婚、寡妇改嫁的新气象也出现不少。富县羊家乡1950年、1951年两年自由结婚2对，1952年自由结婚了7对。延安县统计，1950年离婚者257对，自由结婚者119对；1951年离婚的355对，自由结婚者255对（初婚的5对）；1952年离婚的1148对，自由结婚1157对（初婚的35对）。① 农村中旧的结婚仪式三天改为一天或两天，部分地区由坐轿改为骑牲口。另外，包办买卖婚姻普遍由明转暗，彩礼由多减少，早婚、童养媳、抬儿女婿、站年汉显著减少或停止，夫妻关系与婆媳关系逐步在改善。《婚姻法》的宣传和贯彻，发展和巩固了社会主义婚姻家庭制度。

---

① 延安分区三年来执行《婚姻法》情况总结，延安市档案馆档案、延安市市委全宗号(1-1)1953年，案卷号16，第1页。

第六章 党的建设与国民经济的恢复

一 各项事业的恢复与发展

(一) 工农业生产的恢复和发展

经历帝国主义侵略、官僚资本的剥削和长期战乱的破坏,中国社会经济十分落后而且破坏严重。1949年与历史最高年份相比,工业总产值减少50%,其中重工业减少70%,轻工业减少30%,煤炭产量减少48%,钢铁产量减少80%以上。粮食产量减少近1/4,棉花产量减少48%。[1]铁路只有近万公里线路通车,3200多座桥梁遭到严重破坏。国民党政府滥发货币,恶性通货膨胀,市场物价猛涨。1949年城市中失业人数约有400万人,农村灾民约4000万人,人民生活极端困难。[2]

新中国成立后,必须迅速医治战争创伤,恢复国民经济,改善人民生活,并为有计划的社会主义建设和社会主义改造准备条件。从1949年10月中华人民共和国成立到1952年底,中国进行了国民经济的恢复工作。

自兰州战役(1949年8月)后,整个大西北的战斗行动基本结束。对于延安地区来说,一方面,战场推进得很远了;另一方面,随着战事的结束,后方的支前供应压力也有所减轻,因此,中华人民共

---

[1] 李建新、邓一鸣、吴家淼:《新时期党的建设研究》,湖南人民出版社2010年版,第85页。
[2] 袁宝华:《中国改革大辞典》(上),海南出版社1992年版,第1345页。

第六章　党的建设与国民经济的恢复

和国成立后，延安地区也像全国一样，进入了国民经济的恢复时期。

1. 农业生产的恢复

1948年延安收复后，延安地区"劳力减少27%，耕地荒芜33%强，耕牛减少36%，驴减少46%，羊子减少80%，其他各项人民财产损失约合粮食20余万石"①，抓生产便成为中华人民共和国成立后延安地区工作的主旋律，也是毛泽东主席复电的重要指示性内容。三年恢复时期（1950—1952），政府重点计划有农业或农副业生产计划。农副业生产计划以提高亩产、改良耕作条件、发展经济作物和养殖业为主要内容。

1949年12月5—15日，陕北区生产会议在延安召开。参加会议的有黄龙、绥德两分区财经委员会主任，各县长及延安各工厂厂长、机关干部等103人。会议总结了1949年陕北农、工业生产工作，交流了各地生产建设经验，研究部署了1950年陕北区生产建设计划和措施。行署副主任崔田夫作了总结报告，明确提出：恢复与发展生产、首先是农业生产，为陕北今后的中心任务。

1950年5月15日，延安分区专署发出通报，要求各县认真纠正春耕中发生的偏向，改进工作、贯彻政策、防治疾病、兴修水利，确实把生产领导好。8月25日至9月2日，中国共产党延安分区第一次党代表会议在延安王家坪隆重举行。会上专员张汉武作《秋冬生产工作报告》。

1952年3月3日，延安专区成立生产防旱委员会，决定专区抽调一定人员，组织工作组，在3月10日前后分赴各县，推动各地防旱、抗旱和春耕播种工作。委员会由专员张汉武和建设科长惠光第分别任正副主任。3月18日，延安专署专员张汉武给全区农民写了一封信。信中肯定了农民互助组之间进行的丰产竞赛是爱国的行为，应推广发扬。同时提出各互助组应在挑战、应战中，把防旱、抗旱列为主要内容。之后，专区大批干部下乡帮助推动防旱、抗旱春耕运动。3月陆续派出干部78人，分赴全专区12个县的广大农村，检查指导防旱抗

---

① 冯万庭：《延安老区根据地经济恢复情况》，延安市档案馆档案，全宗号（12－1），1953年2月延安专员公署建设科，案卷号67。

旱和春耕工作。

1952年4月10日，中共延安地委给各县委发出《关于展开爱国丰产竞赛运动的宣传工作指示》。确定延安专区1952年农业生产的总目标，是以增产粮食为中心。要求各县做好充分的宣传动员工作，把此项工作落实贯彻。6月，延安专署给各县发出通知。要求各县继续深入开展防旱、抗旱运动，纠正以往防旱工作中的形式主义，以便有把握地战胜夏旱，争取农田丰收。

政府除了组织互助合作、劳动竞赛外，还采取了很多发展生产的措施：①禁止开荒，要求改进作务，提高单位面积产量。1951年全区上粪比1950年增多了30%，翻地等多了40%以上；②组织国营贸易公司、合作社和私商大量收购农民的土产品，极大地刺激和提高了群众的生产积极性。陕北贸易公司1951年4月至9月收购杂铜、绒毛、牛羊皮、老麻油、杏仁、猪鬃6项土产品，即增加群众收入7亿5千万元。全区合作社全年收购推销农副土特产品交易额近40亿元；③政府发放了大量农业贷款，全年共发放耕牛、籽种等贷款11亿，并贷放和调剂荞麦籽130石，增种荞麦8000余亩。另外，活跃的自由借贷在春耕中也起了一定作用，11县借贷口粮5900多石，6县借贷籽种382石，6县借贷农具945件。群众中互济互助的数字估计也不少。并且政府由部队生产粮中借给群众89000石，另在老区各县拨发救济粮146000市斤。所有这些，解决了群众生产中的各种具体困难。各级领导和全体干部的一致努力，是获得生产成绩的一个极重要的因素。

2. 工业生产的恢复

工业生产方面，1950年2月7日，延安工人集会纪念"二七"，在会议精神的影响下，掀起了竞赛活动，厉行节约，完成全年的生产任务。参加会议的有千余人，陕北总工会鱼涌泉主任，陕北区党委副书记李景膺，陕北行署主任崔田夫到会并讲了话，鼓励延安工人的劳动精神。

1950年9月10日至14日，延安分区工会召开分区各工厂和所属延安、宜君、黄陵等6县工会工作者会议。会议传达了西北工代会议的精神，学习了工代会法，制定出冬季工作的方针和任务。

第六章　党的建设与国民经济的恢复

1951年2月7日,延安专署召开纪念"二七"大罢工28周年纪念大会,延安600多名工人出席大会,会议提出"努力工作,抗美援朝"的口号。专署专员张汉武、延长石油厂万品三政委和地委宣传部长席槐,分别讲了话,要求工人以实际行动纪念"二七",就是做好本职工作,努力增产。

1951年7月15日,延安专区工会工作会议召开。会议确定今后的任务是,继续展开爱国生产竞赛、纯洁组织、贯彻劳保条例。

党政机关生产也继承了陕甘宁边区时期的生产传统。1950年5月20日,延安专署指示各县长和延安各机关:认真贯彻陕西省政府发出的各机关生产节约指示,纠正延安部分机关的自流、停止现象。指示的主要内容:①机关生产还没有搞起来,或是自流、停止的地方,首长要亲自领导,有组织、有计划地搞好生产。严格禁止犯法走私、商业投机。②各县可以根据当地不同的情况,在规定范围内,自己计划生产办法,自己确定生产任务。③确定机关干部每人全年生产任务小米2斗6升,地方部队每人6斗。取消前陕北行署规定的全年吃菜自给的任务。④各县领导,要教育干部切实检查、纠正一切铺张浪费的行为,克服目前的财政困难。并且看具体情况确定出节约制度和办法。

因为整个环境稳定下来,生产任务成为第一位的。为恢复生产服务的金融及经济管理机构也纷纷成立。

1950年5月1日,分区粮食局、税务局正式成立。

1950年5月29日,延安专署召集延安市各机关和公营公司、合作社的负责同志开会,座谈现金管理及按日缴库问题。会上,中国人民银行延安支行经理魏正廷讲述了现金管理的好处。同时会上制定了现金管理的具体细则和规定,并决定自6月1日起执行。

1950年10月25日至29日,延安分区召开了第一次税务工作会议。会议传达贯彻了省税务工作会议精神,检查了总结半年来工作,制订了今后工作计划和具体措施。

1951年5月31日,中国人民保险公司延安支公司正式成立。由李郁浓、贾汝福担任正副经理。开始办理牲畜保险、火险、运输保险。

1951年2月,延安分区召开财政会议,检查总结了1950年的财政工作。

1951年11月1—7日，延安专区召开第二次财政会议。会上总结了9个月来的财政工作，研究讨论了1951年财政收支概算、地方财政管理和查田修产等工作，并着重研究、讨论了夏借粮工作的经验和如何完成秋征工作。

各县生产也取得了可喜的进步。以吴旗、黄陵为例，吴旗县1952年底，农业总产值达271.7万元（新币，下同），比1949年增长了34.8%。黄陵县，至1952年底全县工农业总产值达到390.83万元，比1949年的263.20万元增长1.5倍，粮食总产达到1557.5万公斤，比1949年的993.4万公斤增长1.7倍，棉花总产7.98万公斤，比1949年的2.85万公斤增长2.8倍，油料总产达84.07万公斤，比1949年的67.175万公斤增长1.3倍。社会商品零售总额149.7万元，比1949年的128万元增长1.2倍。①

所有的情况表明，国民经济恢复的任务已经顺利完成。延安地区与全国其他地区同步，进入到一个新的建设时期。

3. 人民生活得到初步改善

在中共中央的支持下，在地方党委政府的领导下，到1952年底，延安分区的国民经济恢复顺利完成。在三年的恢复时间里，生产得到了发展；国民经济结构也趋向合理，人民生活得到初步改善。

以1951年为例，除吴旗、延长等少数地区歉收外，本区农业收成基本上是平年。全年粮食产量达到细粮64万多老石，较之1950年提高了20%多，完成了原订计划的97.8%。棉花产量达到133万2300老斤，较1950年提高了51%强，超过原订计划的6%。收获油料作物可出油218万7700多老斤，较1950年提高了5%，完成原订计划的74%。甜菜作物5个县即可交糖83000老斤，已达全区原订计划的92%。畜牧方面，吴旗县发展14%强，安塞发展31%强。植树方面，据10个县的统计，1951年春季共植树48万多株，较1950年虽少植26万株，但成活率却比1950年增加了一倍。1950年成活率只

---

① 根据吴旗、黄陵县县志整理而成。

有30%，1951年达到60%。①

老区生产到1951年恢复几近1946年的水平。如果老区6县（除吴旗）1946年的各种数字以100为基数，则1951年的数字如下：耕地面积为99.5弱；男全劳力为75.5强；每个劳力平均种地为132弱；牲畜（耕畜与役畜）为101.2；羊子为46.8强。农业产值有提高，如延安县1950年比1946年提高了60%弱。主要是因为扩大了经济作物的种植。延安扩大了棉花和油料作物的种植面积，多收棉花3400余斤，折合小米22779老石，多收油料折合小米6000多老石，两项合计占去提高部分的98%以上。②

养鸡喂猪大大超过战前。据甘泉和安塞两县材料，养鸡超过战前两倍以上，喂猪超过一倍以上。但由于战争破坏特重，整个国民经济尚未完全恢复元气。半老区在进行土地改革和发展生产等工作，群众生产一般已达1947年水平。

1952年底，延安专区的农业生产呈现了逐年上升的态势。如果把1950年的粮食产量和棉花产量当作100，那么粮食产量1951年上升为120，1952年上升到128；棉花产量1951年上升到151，1952年上升到198。畜牧业也有了很大的发展，马、牛、驴、骡等役畜1949年有141784头，1952年增加到213296头；羊子有25万余只增加到360600多只；猪、鸡增加了两倍多。林业也有了很大的发展，自1950年至1952年11月，共植树223万多株，整片造林31256亩，每年都是超额完成计划。在水利上也有成绩，共修水地20768亩。老区7县，1952年底一般恢复到1946年的生产水平（只有羊子相差较远），某些方面已有超过，如耕地亩数已超过百分之三十几，产量都恢复到战前水平，大牲畜（牛驴骡马）已超过12%，羊子恢复到46.8%，猪、鸡则大大超过1946年，如甘泉、安塞1951年的养殖鸡数目和1946年相较是3∶1，养猪是2∶1。由于生产发展和全国解放后

---

① 《一九五一年生产工作的基本情况》，延安市档案馆档案、延安市市委全宗号（1-1）1951年，案卷号8。

② 同上。

开展了物资交流，特别中央对老区人民的关怀，发给老区的优待粮464万斤，免费医疗款27亿7512万元（旧人民币，下同），文化建设补助费16亿1830万元，小麦80万斤，使人民生活大大改善。如志丹县一区一乡一个行政村，1946年有93%的人穿羊皮衣；1951年则有90%的人穿上了布衣服。甘泉南义沟80%的农民三天可吃一顿面，其中一天吃一顿面的户也不少，有些盖的是花呢被子。半老区5县经过1949年的土地改革和近几年的各项大运动，生产已有相当发展，一般地超过当地解放时期的水平，如产量增加了11%强，牲畜增加了29%。

4. 延安农业恢复工作总结

延安地委在组织农业生产恢复工作的同时，也及时开展经验总结工作，以促进延安地区农业生产有新的提高。1951年，延安地区党委检讨了领导生产问题，认为主要有两点：第一，许多同志在农村工作中只注意组织领导群众生产，积极地给农副土特产品找出路却是不大注意的。需知农村的农副产品推销不出去，就会严重影响人民生活的改善，也会阻碍生产的继续发展。不能很好地解决这个问题，党在农村中就不能继续前进。第二，还没能学习很好地抓住领导山区生产的特点。中央指出领导山区生产的方针是"全面地发展农林牧畜业"，有些同志却不这样认识。他们认为只要把农业生产搞好就对了，林牧业搞好搞不好是无关紧要的。这种糊涂认识，造成林业方面的很多损失，如山火、滥伐超过了植树造林的成绩，牧畜业更是恢复中最差的一项。客观上，交通困难的限制，也是恢复情况不尽如人意的一个因素。经验总结中，对于互助合作运动对推动生产发展的重要作用作了突出强调，也是进一步推进运动的动因之一。

1952年11月，延安地委在生产运动成就总结中指出，之所以能取得如此成就的原因是：首先是执行了恢复和发展生产为压倒一切的任务，贯彻了毛主席所指出的"组织起来"的方向。目前，全区有66%的劳力参加了各种形式的互助组，有互助组15889个，农业生产合作社8个。"组织起来"使得广大农民合作起来互相帮助发展生产。其次是掀起了爱国增产的群众运动。各地劳模及其所领导的互助组大

第六章　党的建设与国民经济的恢复

都向山西的李顺达互助组应了战，区域性竞赛活动更为普遍，这个运动是在广大农民受抗美援朝、镇压反革命、"三反"运动的伟大胜利所鼓舞而开展起来的，从而使农民群众的政治积极性与生产积极性空前高涨，使生产力空前提高，促进了生产的迅速恢复和发展。再次是进行了一系列的奖励生产政策和各种措施。上级在三年来共给我们在农业生产上发放了54亿6600多万元旧人民币的贷款。对老区的照顾和减免，以及我们在工作中发动群众互相借贷，解决了生产中的问题；组织国营贸易公司、合作社以适当的价格收购了农民的土产品。合作社社员比1949年增加了124%，参股金增加了52倍多，贸易比1949年增加了3倍，供给了农民生产资料生活资料，对于农业大力增产也起到了很大的作用。另外，领导农民同自然灾害作斗争、兴修水利，防病防虫。最后，开展了群众性的技术改进工作，禁山开荒、深耕细作、积肥施肥。

（二）教育事业的恢复和发展

延安地区的科教文卫事业，在胡宗南占领延安的时候受到了极大地摧残。各地收复后有所恢复，新中国成立后，获得了进一步的发展，主要包括重点计划文化教育工作，以及中等教育（含中师）和国民教育，兼及农民扫盲。

1. 学校教育

学校教育，是教育的主要表现形式。新中国成立后，延安分区对公办小学，实行"维持现状，立即开学"的办法；对私立小学采取"积极维持，加强领导，逐步改造"的方针；对经费困难的学校，政府予以补助。所有小学提倡"向工农开门"，劳动人民子女入学予以适当照顾，小学教育得到发展。1952年，全区有小学872所，教职工1690人，学生43985人，与1949年相比，学校增加333所，增长61.7%；学生增加23963人，增长1.2倍，工、农、党、政、军子女占90%。[①] 1953—1957年，全区进行小学教育整顿工作，各县均试办

---

① 延安市地方志编纂委员会：《延安地区志》，西安出版社2000年版，第881页。

1 所完全小学和 1 所普通小学。到 1957 年,全区有小学 1580 所,比 1952 年的 872 所增长了 81.2%;在校学生 71078 人,比 1952 年 43985 人增长了 61.6%。① 至于中学,在对接收的宜川中学和洛川中学进行恢复和改造后,1950 年 10 月 23 日,省立延安中学举行开学典礼,到会师生 400 余人。1950 年全区有延安中学、洛川中学、黄陵中学、宜川中学 4 所。1951 年延安设速成中学 1 所,因此,1952 年,本区中学发展到 5 所(其中速成中学 1 所),学生 696 人,教职工 100 人。② 1953 年,根据中央文教工作会议精神,有条件的县发展中学教育。到 1956 年,中学发展到 9 所(包括附设于子长师范的 1 个初中班)。

学校教育的方式与目的进一步优化。当时,学校教育中逐渐废除体罚,推行说服教育的方法,积极培养学生的群众观点和劳动观点,教育学生树立为人民服务的思想。解放初,学校配合土地革命、抗美援朝等运动,向学生进行国际主义、爱国主义和集体主义教育。1950 年后,在学校相继建立了少年先锋队和共青团组织,向学生进行共产主义思想教育。1954 年在完全小学普遍向学生进行"服从祖国需要,正确对待升学和劳动就业"的教育。

2. 冬学扫盲教育

冬学学习内容,以政治与文化并举和围绕各个中心工作的原则进行。这种农民业余学校一般是以识字学文化为主,并进行时事政策和生产、卫生知识教育;对象是农村基层干部、党团员、积极分子以及青年男女;学习形式不强求一律,因时、因地、因人制宜,坚持"农闲多学、农忙少学、大忙不学"的原则,受到广大学员的欢迎。冬学一般都结合识字、应用文、珠算、唱歌等向农民群众进行思想政治启蒙教育。

新中国成立后,陕甘宁边区时期办的有声有色的冬学也得到了恢复。1949 年,全区完成土地改革、恢复战争创伤,开展以冬学为主

---

① 延安市地方志编纂委员会:《延安地区志》,西安出版社 2000 年版,第 881 页。
② 同上书,第 887 页。

要形式的扫盲运动。1950年9月,延安工农速成班成立,同时在延安中学附设教师训练班。10月21日,延安分区冬学委员会成立,樊一平、席槐、贺洪海、张雄锦、王锦秀为委员,樊一平为主任。冬学委员会决定:各县要集中训练冬学教员,加强检查和报告制度。当年,冬学、夜校和半日制学校816处,学习人数15853人,其中,女1012人。① 原不识字的农民会识200—400字,有的能写简单书信和便条、记账、打算盘、学会《九九乘法表》。冬学结合识字,进行时事政策和政治形势教育。

1951年9月19日至25日,延安地区第一次农教会议召开,会议决定:要争取3%的人上冬学,冬学形势要多重多样,如:识字组、半日校、夜校、妇女识字班等。1953年后,推行速成识字教学。1953年10月,延安专署制订出了1953年冬季扫盲计划,提出"整顿巩固、稳步前进"的扫盲方针。在整顿的基础上,密切结合生产,适应群众生活,结合普选工作,依靠群众,采取多样形式,有领导、有重点、有条件地进行扫盲。

1955年,参加扫盲67690人,其中,5592人达到脱盲标准。② 1956年4月8日,延安市在南关操场举行扫除文盲进军大会,中共延安地委副书记徐子猷到会讲了话。他说明了目前学文化的重要意义,号召工人、农民应积极参加扫盲、建设幸福的社会主义。9月26日至30日,延安专区召开1956年扫盲工作会议。会议讨论了1956年扫盲工作总结,制订了全区1957年的扫盲工作计划,并对扫盲工作中涌现的先进单位和优秀人物,给予物质奖励。地委副书记徐子猷和专署副专员王忠诚参加会议并讲了话。1956年10月8日,中共延安地委发出关于今后开展扫除文盲工作的指示,要求今后扫盲工作必须根据中共中央和国务院关于扫除文盲工作的决定精神,遵照毛主席指示的"全面规划、加强领导"和"又快、又多、又好、又省"的方针进行。全专区根据各地不同情况在5—7年内

---

① 延安市地方志编纂委员会:《延安地区志》,西安出版社2000年版,第901页。
② 同上。

基本上扫除文盲,并在今后 7—12 年内在识字教育的基础上,继续提高劳动人民的文化水平,达到小学毕业程度、部分达到中学毕业和高中程度。指示特别强调,在扫盲工作中必须走群众路线,加强对党的方针政策的宣传,组织群众自觉自愿地参加识字,反对任何主观主义、命令主义和形式主义。同时也要防止放任自流现象。

1956 年 8 月 13 日,经地委会议研究通过,中共延安地委文化教育部正式成立。主要业务有文教干部管理、普通教育、社会文化、体育、卫生等方面工作。

3. 干部职工教育与培训

除了在农村开展冬学、夜校进行扫盲外,这一时期也开展了对城市职工的扫盲、职业教育等工作。新中国成立初期,干部职工的文化素质比较低。以富县为例:1950 年 1 月 25 日富县政府在《干部工作总结报告》中提到:县区乡三级干部中,初中以上文化程度占 17%,小学文化程度占 40%,文盲半文盲占 43%,半数以上的区乡干部不识字。[①] 因此,在农村开展扫盲运动的同时,机关单位普遍开办了干部职工业余学校(简称职工业校),在扫除文盲的基础上,加强对干部职工的基础知识教育,提高了干部职工的文化素质。除县级机关职工业校开办理论班外,各区乡和企事业单位的职工业校普遍开设初中班和高级小学文化班。全县开办城关、茶坊、牛武、张村驿、羊泉、黑水寺以及商业、供销等职工业校 11 处,参加理论学习的 78 人,参加初中班学习的 215 人,参加小学班学习的 267 人,共计 560 人,占干部职工总数的 49.5%。[②]

黄龙县解放后也对干部、职工的文盲开展识字学习。1950 年 6 月县直单位设立职工业余学校,至 1952 年 10 月 3 日,共办 3 期,每期学习 40 天,学习人数共 228 名,设专职教员 1 名,兼职教员 4 名。同时,在文化馆和各完小附设干部职工文化学习班 6 处。1953 年底,

---

① 富县地方志编纂委员会:《富县县志》,陕西人民出版社 1994 年版,第 443 页。
② 同上书,第 444 页。

县三级干部中共脱盲265人,基本扫除了文盲和半文盲。①县直机关干部业校转入干部职工的文化学习,配备专职教员1名。后来还成立2所区级干校,开设高小班和初中班。区长为校长,教师由本区干部兼任。

新中国成立初期,各县对干部进修的工作也抓得比较紧。当时进修渠道包括:一是在县、区、乡党政干部中选择具有小学文化程度的年轻有为干部,把他们输送到延安工农速成中学。学制3年,期满成绩优秀者还可到大专院校继续深造,二是每年都选派一部分小学教师到延安师范"轮训班"培训学习,三是中共陕西省委和延安地委党校开设理论班与文化班。科级以上干部到省党校学习,一般干部在地区党校培训。

4.各县教育恢复和发展概况

延安教育的恢复和发展过程中,各县政府付出了很大的努力。各县政府都设置了分管教育的科室(文教或教育科)来推进教育的恢复和发展。

中华人民共和国成立后,1951年延安县办起冬学243处,入学农民3417人。1952年重点推行了祁建华的速成识字法,办起速成识字班26处,学员600名。连同冬、春学共有6776人入学。1953—1955年,在全县农村大力开展了扫盲工作,共办起冬学111处、129个班、识字组112个,参加学习的共有11903人。1956年随着农业合作化高潮的到来,全县掀起了群众性的扫盲运动,参加各种形式的扫盲识字人数达到14555人,占全县应入学人数的37.3%,培训扫盲教师490人。经过一年学习,有500人达到脱盲标准。脱盲后有21人担任农业合作社会计,456人担任记工员。1957年参加学习人数达到21069人,比前一年增加了69.1%。经过一年学习,1071人达到脱盲标准。②

(1)延川县。胡宗南军进犯延川时,延川县63所小学停办59

---

① 黄龙县地方志编纂委员会:《黄龙县志》,陕西人民出版社1995年版,第521页。
② 延安市地方志编纂委员会:《延安市志》,陕西人民出版社1994年版,第575页。

所，1100 名儿童失学。延川光复后，县政府决定各级学生不论年龄大小一律不负担其他社会义务，烈属子弟上学，政府救济。当年全县恢复小学 24 所。1949 年春，县政府规定：女子上高小和国家干部一样，公家供给口粮及生活用品，上小学由行政村供给生活用品，女子入学率迅速上升。1950 年秋，全县各类小学有 61 所，在校学生 1101 名；1952 年，在校学生增至 3095 名。1953 年恢复文安驿完小，并将 30 所民办小学改为公办小学，年底全县有小学 126 所。1954 年 7 月，贾家坪、延水关、杨家圪台办起完全小学，全县初小毕业生 90% 可升入高小。当年，全县有小学 141 所，其中完小 6 所，公办初级小学 90 所，民办初级小学 45 所；在校学生达 4943 名。1955 年，将部分公办小学改为民办，全县共有完小 6 所，公办小学 85 所，民办小学 42 所。1956 年，完全小学均改名为小学，只设有初小班级的小学更名为初级小学，全县有各类小学 182 所。① 1956 年建立延川县中学，8 月招收 3 个初中班。延川光复后，冬校、夜校也得到恢复和发展。1950 年办冬校 35 处，识字班、夜校、半日班 105 个。1951 年全县办冬学 71 所，学员 944 名。1952 年全县办春学 15 所。1953 年，4 所小学附设冬学，又创办读报组，经测验，462 名学员中有 92 名识字超过千字，15 名识字均超过 2000 字。1955 年县政府抽调 32 名教师组成扫盲宣传队，深入 209 个村进行宣传教育。1956 年县文教局组织编写农民《识字课本》。②

（2）延长县。延长县 1949 年，完全小学发展到 2 所，初级小学发展到 51 所，学生增加到 1021 名。1952 年，小学发展到 73 所，其中公办完全小学 2 所、初级小学 13 所，民办初级小学 57 所，私立初级小学 1 所。教职员增加到 100 名，其中公办教师 42 名，民办教师 57 名，私立学校教师 1 名。有学生 2011 名，其中私立学校学生 26 名。③ 延长县还于 1954 年创办延长县初级中学。1951 年全县有识字

---

① 延川县地方志编纂委员会：《延川县志》，陕西人民出版社 1999 年版，第 542 页。
② 同上书，第 551 页。
③ 延长县地方志编纂委员会：《延长县志》，陕西人民出版社 1991 年版，第 474 页。

组 17 个，参加识字的 178 人（男 76 人，女 102 人）；有读报组 19 个，参加学习的 232 人。1952 年 12 月成立延长县扫盲委员会，开展群众性扫盲活动。1952 年 12 月—1953 年 1 月，举办速成识字班 15 个，学员 175 人。1953 年有冬学 24 处，参加学习的 295 人（其中妇女 145 人）；识字组 128 个，参加识字的 1276 人（其中妇女 45 人）；读报组 52 个，参加学习的 669 人（其中妇女 30 人）。夜校 25 处，有 288 人参加学习（其中妇女 4 人）；半夜校 5 处，有 71 人参加学习（其中妇女 31 人）。1955 年，有冬学 116 处，教师 116 名，学员 2160 人（男 1445 人，女 715 人）。识字组 42 个，509 人参加学习；读报组 50 个，1048 人参加学习。1956 年，有识字组 254 个，参加学习的 5877 人（其中妇女 2620 人）。业余学校 417 处，参加学习的 9563 人（其中妇女 4080 人）。参加扫盲的青壮年 15440 人，占全县青壮年文盲、半文盲人数的 61.76%。在高小班学习的 110 人（其中妇女 36 人）。[1]

（3）富县。1949 年，富县全县小学恢复到 63 所，占 1946 年 104 所的 60.5%；学生 2914 名，比 1946 年的 2590 名增多 324 名。1951—1957 年，除扩建县城、张村驿 2 处完全小学外，又相继新建了 5 处完全小学。[2] 1956 年创建了富县初级中学。1952 年，富县人民政府成立扫盲协会，由县长兼任会长，文教科具体负责扫盲规划的实施工作，并配专职扫盲干部 5—8 名。各区乡也建立相应的扫盲组织。以省编印的《扫盲识字课本》为基本教材，同时继承和发扬陕甘宁边区时期的建立识字组、夜校、半日校进行见物识字，小学生送字上门，丈夫教妻子，子女教父母等行之有效的组织形式与学用结合的教育方法。1956 年，为使扫盲工作深入开展，县人民政府在北道德东村召开扫盲现场会，推广教师张明竹的经验，号召小学教师向张明竹学习，白天给学生上课，晚上给农民上课。不少教师寒假、暑假不休息，保质保量完成县分配的扫盲任务。

---

[1] 延长县地方志编纂委员会：《延长县志》，陕西人民出版社 1991 年版，第 482 页。
[2] 富县地方志编纂委员会：《富县县志》，陕西人民出版社 1994 年版，第 435 页。

（4）宜川县。1948 年，宜川县有完小 5 所，学生 539 人；普小 51 所，学生共 1309 人。1952 年增设完小和普小 16 所，入学人数 3845 人，教职员工 144 人。1953 年，根据"整顿巩固、重点发展、提高质量、稳步前进"的方针，增设了 3 所完小和 7 所初小，在校学生 4170 人，教职工 150 人，出现了宜川第一次办学热潮。1954—1955 年，提倡群众自筹经费，民众办学，动员子女入学。1956 年，宜川县以"加速发展、提高质量、全面规划、加强领导"为发展教育事业的方针，全县小学由 1955 年的 77 所，增加到 106 所；学生由 4592 人增加到 6118 人；教职工由 149 人增加到 226 人。① 1949 年 12 月，宜川县建立初级中学，校长吉明超。翌年春，招收新生 36 人（一班）全校有学生 116 人，教职工 14 人，此后，每年招收新生 1—2 班。1956 年，初中学生发展到 421 人，教职工 31 人。农民教育方面，1949 年，主要采取办冬学为主体的业余教育，组织农民学文化，全县有 24 个识字班，216 人参加学习。② 1950 年，县、区、乡均设冬学委员会，冬学多以小学为据点，男女分班学习。当时全县有整日班 28 处、夜校 184 处、半日班和识字组 417 处，参加学员 5867 人。另有 19 个"读报组"，147 人参加。③ 随后在冬学的基础上发展为农民业余学校，晚上男人学习 2—3 小时；白天青年妇女学习半日。1954 年，成立"宜川县扫盲委员会"。1956 年组织 160 名中小学教师、3000 多名中小学学生及县、区、乡干部对农村扫盲进行了整顿巩固工作，农村文盲半文盲入学人数发展到 19129 人，占应入学人数的 85%。④

（5）志丹县。中华人民共和国成立后，志丹全县普及小学教育，呈波浪式发展趋势。1950 年，有完全小学 1 所，初级小学 9 所，学生 307 名，教职员 27 名。1953 年，贯彻中央政务院关于"整顿和改进小学教育"的指示，大力提倡群众办学，当年小学增

---

① 宜川县地方志编纂委员会：《宜川县志》，陕西人民出版社 2000 年版，第 801 页。
② 同上书，第 805 页。
③ 同上书，第 809 页。
④ 同上书，第 810 页。

加到25所，学生1006名，教职员72名。全县中学教育，始于1956年。是年秋，在县城完小即市镇小学附设初中班，招生62名，配备专任教师2名。注意吸收广大妇女参加学习。1951年全县有冬学57处，半日校1处，读报组41个，识字组36个，妇女识字班1个，共参加学习1915人。1952年普遍推广"祁建华《速成识字法》"，办冬学60处，半日校3处，识字组150个，参加学习3000余人，其中妇女1195人。① 相当一部分文盲妇女经过学习后能写便条、读报。1953年成立志丹县扫盲委员会，具体指导全县群众性扫盲活动。1955年县人民委员会制定出《志丹县扫除青壮年文盲五年规划》。同年11月始，开展历时4个多月的突击扫盲活动，办冬学36处、夜半校3处、识字组117个，参加学习共3395人，其中妇女1290人。评选奖励扫盲先进单位5个，扫盲积极分子11人。1956年办冬学74处，夜半校28处，识字组59个，参加学习5314人，其中妇女1993人，脱盲2213人。1957年有识字组85个，办民校76处，参加学习9421人，脱盲1253人，占学习人数的13.3%，占全县19810个文盲的6.3%。② 同年10月26—28日，召开志丹县扫盲积极分子大会，表彰奖励甲、乙等积极分子各3人，丙等积极分子16人。金鼎乡胡元、义正乡妇女白秀英、旦八乡曹崇道3人被评选为出席陕西省扫盲积极分子代表大会代表。1958年扫除文盲、学习文化形成高潮，共办民校242处，识字组366个，参加学习人数达11466人，其中妇女3884人。③

（6）黄龙县。黄龙县1948年解放时，全县有3所完小，33所初小，学生651名，教职员工41名。1949年增设2所完小，恢复和新建初小33所，学生1955名，入学率60%，教职员工98名。④ 1952年执行教育部颁发的《试行小学暂行规定（草案）》，变春季始业为

---

① 志丹县地方志编纂委员会：《志丹县志》，陕西人民出版社1996年版，第646—647页。
② 同上书，第659页。
③ 同上书，第650页。
④ 黄龙县地方志编纂委员会：《黄龙县志》，陕西人民出版社1995年版，第507页。

秋季始业，试行新学制。全县小学统一使用全国统编教材，开设语文、算术、历史、地理、自然、体育、美术、图画等科目。1953年对全县小学进行核实和整顿，调整布局，合班并校，建立各项规章制度，调整了16名不称职教师和清洗了3名违纪教师。初步健全了学校领导班子，充实了教师队伍，成立了"教师学习委员会"，改进了教学方法，改善了师生关系，调动了群众办学的积极性。1956年3月，延安专署拨款5万元（新币），在县城东部征地20亩，由王燕山负责筹建黄龙县初级中学。同年秋建成教室30间，师生宿舍33间，礼堂、灶房各5间，高国英任校长。首届招生2班110名，有教职员13名。①

1949年11月25日，黄龙分区根据陕北行署和陕甘宁边区政府的《关于举办冬学的指示》，以民教馆、完小、普小为据点，以民教馆干部、中小学教师、土改工作队干部为教员，于农历十月至十二月，用60天时间集中开展"冬学识字运动"。当年冬到1950年春，全县共办全日制冬学13处，学员294人；半日制冬学8处，学员213人（全部为妇女）；识字组42个，读报组8个。1950年冬，县、区、乡政府都成立了冬学教育委员会，全县共办冬学49处，学员478人；妇女识字班33个，学员520人；识字组34个，学员251人；读报组48个，组员436人。②

1952年10月，全县召开扫盲工作会议，集中培训专职扫盲干部，举办了"祁建华速成识字法"师资训练班。县委和县人民委员会决定：1952年11月至1953年10月为"速成识字法教学运动年"。这种速成识字班的教学时间一般为40天，主要通过学习汉语拼音、突击生字、阅读、写作等几种方法，提高群众文化知识。1954年10月，召开冬学教师工作会议，专职教师已有28名。1955年，停止速成识字法教学的突击运动，把农民冬学全部转为常年民校。在农业合作化高潮中，成立了黄龙县扫盲协会和27个乡扫盲协会，组织了千

---

① 黄龙县地方志编纂委员会：《黄龙县志》，陕西人民出版社1995年版，第511页。
② 同上书，第520页。

人扫盲运动。据1956年统计,全县有成人学校122处,识字组367个,学员6456人,教师126人。

(7)吴旗县。1949年春,吴旗县小学恢复上课时,全县仅77名学生。当年8月吴旗县被撤销,公立教师大部分支援新区宁夏工作。1950年,又按原辖地区恢复吴旗县。由于山大沟深、交通闭塞、群众对学习文化认识不足,经各方宣传鼓动,在干部送子入学的带动下,恢复整顿了各区普小5处、完小1处,在校学生增到171名,教职工共18名,到1952年底,在大力恢复和发展同时提倡群众办学的方针指导下,学校增加到15处、学生增加到526人、教职工增加到33人。① 1952年后,全县大抓农民业余教育,每年平均有6000余农民参加扫盲班。

1953年,中央人民政府政务院发出"关于整顿和改进小学教育的指示",吴旗县人民政府根据政务院的指示和国家在过渡时期总路线的精神,在整顿和巩固的基础上,有计划有重点地进行发展,1955年增办完全小学1处,初小2处;发展民办小学11处,在校学生1287人,教职工51名。②

1956年,吴旗县响应毛泽东提出"农村办学应当采取多种形式。除了国家办学以外,必须大力提倡群众集资办学"以发展群众性的教育事业的号召,为解决办学经费,国家给民办小学拨款22700元,群众献工献料筹款17000元,到1957年底,全县有小学70所,比1949年增长15.5倍,其中民办学校50所。另外改3所初小为完全小学。在校学生3688名,比1949年增长46.9倍;教职工129名,比1949年增长11.9倍。③ 本期内吴旗未能办理中学。

(8)子长县。新中国成立后,子长县小学教育迅速发展。1953年,全县有完小3所、公办初小78所、民办初小34所。④ 1955年,全县完小增至7所。1954年,子长师范附设初中班,招生45人。

---

① 吴旗县地方志编纂委员会:《吴旗县志》,陕西人民出版社1991年版,第777页。
② 同上书,第778页。
③ 同上。
④ 子长县地方志编纂委员会:《子长县志》,陕西人民出版社1993年版,第610页。

1955 年，子长中学恢复，招收初中班 3 个，共 180 人。①

1951 年冬，全县办冬学 91 所，教员 91 人，入学农民 1922 人。② 教材有陕甘宁边区教育厅编印的《庄稼杂字》《日用杂字》等。1952 年，推广速成识字教学。

（9）甘泉县。1950 年，甘泉县全县有完全小学 1 所，普通小学 4 所，民办小学 12 所，教师 25 人，在校学生 495 人。③ 新中国成立之初，本县无初级中学，高小毕业生入延安中学就读。1956 年于县城北关筹建甘泉县初级中学。

1950 年，参加业余学习者 385 人，73% 的学员可识 300—1000 个字。1953 年，冬学增加到 16 处，小学附设冬学 11 处，学员共 412 人，其中女学员 104 人。优等生可识字 600 余个，差等生亦可识 50 个字以上。④

（10）黄陵县。1953 年，黄陵全县每个区都有一所完全小学，30 户以上的村庄有一所初级小学。1956 年，黄陵中学扩大为完全中学。

1949 年冬季，县、区成立冬学委员会，管理农民业余文化教育。各完全小学和初级小学都设立农民夜校，全体小学教师都是夜校兼职教师，各村还聘请有专职扫盲教员共计 114 名，这年冬全县共办起农民文化夜校 33 处、妇女识字班 54 处、识字组 26 处，参加学员 1372 人。1950 年办起冬学 87 处，学员 4902 人（女 2291 人）。1952 年办起冬学 181 处，学员 5310 人（女 2334 人）。1955 年冬和 1956 年春，县、区、乡组织力量，对农村青壮年的文化构成情况进行了一次普查。全县农村总人口中，有青壮年（14—50 岁）24851 人，其中文盲 18654 人（女 10244 人），半文盲 3244 人（女 1138 人）。在 1955 年冬和 1956 年春农业合作化高潮时期，共办起农民业校 234 处，学员 7154 人，另有分散学习小组 75 个，送字上门包教保学的 702 人。⑤

---

① 子长县地方志编纂委员会：《子长县志》，陕西人民出版社 1993 年版，第 613 页。
② 同上书，第 618 页。
③ 甘泉县地方志编纂委员会：《甘泉县志》，陕西人民出版社 1993 年版，第 530 页。
④ 同上书，第 544 页。
⑤ 黄陵县地方志编纂委员会：《黄陵县志》，陕西人民出版社 1995 年版，第 490 页。

许多十七八岁的男女青年,还转入普通小学,坚持常年学习。1956年3月,召开了全县农民业余教育积极分子大会,表彰奖励了5所业校,4位模范工作者,24位优秀学员。

(11)安塞县。1949年底,安塞全县仅有小学5所,教师21人,在校学生242人。中华人民共和国成立前后,各学校校舍简陋,大部分学校课桌残缺不齐,在校学生普遍年龄较大。随着国民经济的恢复和发展,小学教育也发展很快。1953年全县学校发展到29所,比1949年增长5.2倍;学生1740人,比1949年增长7倍多;教职工64人,比1949年增长3倍。由于学生增多,多数学校的中、低年级为复式班。① 1956年农业合作化后,部分农业社由人民群众集资办起小学,教师是"民请民用",由生产队管理。1956年全县有学校67所,在校学生2746人,教职工134人。

安塞县在1956年前无中学。高小毕业生继续深造需长途跋涉,北去绥德、榆林,南下延安、西安等地考学。大多数学生因家境贫寒只得辍学。1956年,新建安塞县初级中学,设两个初中班,有90余名学生,9名教职工。②

1950年秋,安塞成立了冬学委员会,利用群众集会、秧歌舞、黑板报、演节目等多种形式宣传学文化的好处。是年冬,全县组织了农民业余学习小组与冬学共97个。其中,冬学26所,吸收学员1108人,学制为两个月,即农历十月十五日至十二月十五日。学员占总人口53902人的2.6%。教员一般由小学教员或其他有文化的人义务承担,生活确有困难的教师的待遇,由冬学委员会和学员家里共同解决。同年还试办"识字速成班"3个,学员116名,超过上级组织计划40名的190%。由于农民渴望文化知识,学习热情很高,到1952年,全县冬学增加到50多处,学员增加到779名。

1954年,安塞县成立了县教育委员会,办公室设在教育科,有5名干部专抓扫盲工作。同年冬,抽调区、乡干部80余人,在县城集

---

① 安塞县地方志编纂委员会:《安塞县志》,陕西人民出版社1993年版,第511页。
② 同上书,第517页。

中进行文化培训，首先扫除了区、乡干部中的文盲。此后几年，共产党和政府一直重视扫盲工作，动员识字的教不识字的，亲教亲、邻教邻、女儿教父亲、弟妹教兄嫂，使扫盲工作"跟上山、送到田、跟到沟、送到家"。

（12）洛川县。1948年洛川解放后，时有小学10所，其中完小9所（城关、永乡、旧县、黄章、老庙、槐柏、土基、秦关、百益），在校学生2863人。至1955年，小学发展到177所，在校学生7833人。[①] 1956年新建土基中学。

新中国成立后，据统计，洛川农村文盲占农业人口的95%，特别是县北、县东一些边远山区的村庄，竟有无人识字的现象。据此，1949年冬，县人民政府通知各完小、初小利用课余办冬学，组织农民识字。当年就有105所小学兼办冬学、男女识字班500余处。[②] 1955年后，转为农业合作社自筹设备，自聘教师举办。同时动员识字者教不识字者，识字多的人教识字少的人。在全县范围内掀起了"亲教亲、邻教邻、儿女教父母、弟妹教兄嫂"的扫盲高潮。

1956年2月4日—3月7日，县人民委员会召开洛川县扫盲积极分子大会，出席代表117人，其中扫盲优秀教师72人，先进学员33人，优秀扫盲工作者12人，并授以物质奖励。据1956年年底统计，全县有各类业余学校460处，识字组48个，入学学员10804人。[③]

5. 革命历史教育

延安是中国新民主主义革命的圣地，这个政治地位，对外界有着强烈的政治魅力。特别是从抗日战争到解放战争期间，延安作为黑暗中国漫漫长夜中民主希望的灯塔，在全国乃至全世界都有着重要的影响。中共领导人的形象、在延安的生活等，都被寄予民主的希望。因此，建国初期，在新政权对外宣传上，中共领袖在延安的生活，也构成了新政权形象的一部分。延安接待各种团体和个人接受革命思想教

---

① 洛川县地方志编纂委员会：《洛川县志》，陕西人民出版社1994年版，第533页。
② 同上书，第539页。
③ 同上书，第540页。

育、作风教育等。

(1) 革命旧址的修复

新中国成立后,延安地委和分区专署充分认知延安在革命传统、革命精神上的教育地位。延安是中国革命的圣地,中共中央在延安生活了13年之久,留下了丰富的精神遗产。革命领袖们与群众鱼水情深的佳话、艰苦奋斗的精神象征,对人民的精神教育意义有不可估量的影响。1950年6月3日,分区成立延安修建委员会。推选黑志德、张汉武、吴子明、史纪全、白全绅、郝显德、张书林7人为委员,以黑志德为主任,郝显德为秘书,负责修建的设计、筹备工作及陈列品的搜集和募捐等工作。

1955年7月6日,中共陕西省委批准延安地委关于"修复边区参议会礼堂等旧址"的请示报告,同意修复边区参议会礼堂石匾横额以及枣园、杨家岭等地石匾横额的字样。另外,还请示了中央在革命纪念馆内为毛主席铸建铜像的问题。

1955年8月5日,中共陕西省委批准延安地委关于"修补革命遗址和修建外宾招待所问题"的请示报告,省委同意"延安革命纪念馆补修革命遗址、器具预算"和"革命遗址整修预算"。并同意在延安、黄陵修建外宾招待所,延安外宾招待所地址在原延安交际处旧址。在原有的窑房基础上,可新盖20间新房。新建接待室3间,文娱室3间,理发室1间,公共浴室两间,同时批准建一个小水塔和一个小锅炉以便洗澡和烧暖气用;黄陵招待所15间新房,每间设两个床位。

1956年9月15日,延安军分区司令部将保存的原"中央办公厅"的一张桌子和贺龙元帅用过的床等12件具有历史意义的文物赠送给延安革命纪念馆保存展览。

(2) 参观宣传教育

新中国成立伊始,北京就派出了摄影队前往延安。摄影队的任务是:摄制民主圣地——延安在解放战争中曾一度撤退与光复的经过,及以前中共中央各机关与毛主席、朱总司令的生活影片,以向全世界宣传。摄影队在延安受到了热烈欢迎。1949年12月19日,延安各界千余人举行晚会,欢迎摄影队。会上陕北行署副主任崔田夫致了欢迎词。

1949年10月17日,西北干部队宁夏大队到延安参观考察。他们先后参观了飞机场、杨家岭毛主席驻地旧址以及"四八"烈士陵园等,表示一定要学习民主圣地艰苦奋斗的作风,努力建设新的宁夏。

1950年9月2日,北京《陕北牧歌》摄影队到延安。4日晚,延安各机关干部、群众有3000多人在专署大礼堂前面的广场开了一个联欢晚会。副专员郭景龙到会致欢迎词,并代表延安人民表示将大力协助完成拍摄任务。

1951年8月29日,延安各界万余人开会欢迎中央人民政府、北方老根据地访问团来延安。访问团共200余人,团长刘景范,陕甘宁分团长王子宜。9月1日在延安党政军机关代表和烈属、军属的陪同下,刘景范以及全体访问团人员给"四八"烈士扫墓,并敬献了花圈。

1953年3月12日,全国人民慰问人民解放军代表团第二总分团以张汉武副团长为首的黄克礼、劳模李有华、军工属模范梁志鸿等14位分团代表工作人员,到达延安,受到延安党、政、机关、学校代表100余人欢迎,当天召开了欢迎会,延安军分区副司令员胡云龙致了欢迎词。

1956年6月14日,中央新闻纪录电影制片厂,导演吴本立、摄影师张沼滨和诗人戈壁舟、作曲家柳烽一行18人来到延安,拍摄五彩艺术新闻纪录电影片《延河之歌》(暂定名)。这部电影将通过艺术形式歌颂延安,介绍美丽的延安风光,抗日战争时期党中央和毛主席故居,当时培养知识分子的摇篮——中共中央党校、抗大、鲁迅艺术学院等革命遗址,和新中国成立初期延安的经济、文化建设与人民的幸福生活。

1956年10月6日,甘肃平凉专区花池等五县参观团来延安参观。参观团由县上行政领导,教育、妇女工作者,新闻记者和农业社主任共220多人组成。他们在延安参观了桥儿沟拖拉机站、李家渠抽水机站、王家沟土坝和延安农场,并且到了枣园和杨家岭参观。

延安特殊的革命历史内涵，不但对党员群众文艺工作者们有很大的思想政治教育意义，对于民主党派人士、国际友人，同样也具有吸引力。1952年11月，邵力子、孙蔚如到延安。这两位民主人士与陕西的革命历史渊源深厚。1952年4月5日，中国人民志愿军归国代表和朝鲜人民访华代表庐广川、金长石等7人来到延安，延安各界7000多人前往七里铺迎接，并开了欢迎晚会，会上地委书记黑志德致欢迎词。4月8日代表团同延安各机关干部600多人到"四八"烈士墓致祭。1955年10月12日，世界和平理事会常务委员兼书记处书记、斯大林国际奖金获得者、国际著名和平人士比利时伊莎贝丽·布伦姆夫人来延安参观访问，13日参观了中共中央和毛泽东旧居杨家岭、枣园等地，14日离开延安。

此后，不断有团队与个人来延安参观接受教育，延安的红色文化与革命精神弘扬至今。

（3）开展革命传统教育

缅怀革命烈士，也是新中国成立初期思想教育的组成部分。延安作为土地革命战争时期唯一保留下来的革命根据地及敌后抗日根据地的总后方，烈士遗迹自是不少。新中国成立初期当地党政机关不时利用一些节日、纪念日，组织拜谒烈士陵园等活动教育人民。这一时期的主要活动有：

1950年1月23日，志丹县各界举行革命先烈刘志丹同志移灵追悼会。原在该县属稍沟阳塌移至财神庙内。500余人列队前往迎灵。中共志丹县委书记胡占元为主祭人，县长刘世全、陕北行署粮食局长等敬献了花圈并哀读了祭文。

1951年4月8日，延安各界3000多人集会，纪念"四八"烈士殉难5周年及前八路军120师政委关向应同志。地委书记黑志德、地委宣传部部长席槐等到会讲了话并敬献了花圈。

1953年4月8日，延安专区和甘泉县各界代表300余人，在劳山新建的陵园举行劳山战役阵亡的29位革命烈士的移葬仪式。

1953年4月8日，西北区、陕西省和延安区党政领导机关和各界人民代表，到黄陵县祭扫轩辕黄帝陵墓。参加祭奠的有西北行政委员会副主席张治中，秘书长常黎夫，陕西省人民政府主席赵寿山等和延安专署、中共延安地委、黄陵县人民政府、黄陵县委以及黄陵县农业劳动模范、学生代表共800多人。

1954年4月5日，西北区、陕西省和延安专区、黄陵县党政领导和各界人民代表，前去黄陵祭扫轩辕黄帝陵。参加祭奠的有西北行政委员会副秘书长霍子乐、陕西人民政府副主席韩北鄂，文教厅副厅长刘惠曾，延安专署文教科长刘璞丞以及黄陵县党政负责同志、各机关代表及农业劳动模范萧连海等人。

1955年1月3日，延安各界在"四八"烈士陵园举行为"四八"烈士及关向应、工人运动早期领导人朱宝庭同志立碑典礼。地委副书记赵国卿参加并讲了话。

1955年4月5日，陕西省副省长成柏仁，省委统战部副部长李连璧，省文化局副局长赵望云，省政协委员高桂滋和延安专区专员席槐，地委统战部副部长刘璞丞以及黄陵县党、政、机关和各界人民1400多人，祭扫轩辕黄帝陵墓。

1956年3月11日，陕西、甘肃、山西、内蒙古、河南5省（区）青年造林大会的全体代表和工作人员，到"四八"烈士陵园扫墓。前往扫墓的还有团中央书记处书记胡耀邦、林业部副部长罗玉川、中共陕西省委副书记白治民、中共延安地委书记白志明和延安专署、延安军分区、延安县等单位的负责同志。同日，各省（市）还派代表分别到小砭沟和清凉山祭扫已故中共中央委员、工人运动领袖张浩和《解放日报》总编辑杨松墓。

1956年4月8日，延安各界代表500多人，在"四八"烈士陵园举行为王若飞、秦邦宪、叶挺、邓发等同志和黄齐生老先生为了和平事业殉难10周年纪念活动，同时祭奠了关向应、朱宝庭同志，并为烈士墓添了土。延安地委副书记参加并讲了话。

1956年7月28日，"四八"烈士秦邦宪的爱人张越霞、邓发的爱人陈慧清以及烈士的兄妹和子女来延安祭扫烈士陵墓。同时分别祭扫了杨松、张浩墓。参加祭扫的还有来延安参观的以冯至团长为首的作家艺术家西北参观团。延安专区负责同志也进行了陪祭。

这一时期，外来人士、团体对延安的访问、对烈士的缅怀，饱含了对革命的追忆与致敬，凸显了延安革命圣地政治教育资源的地位。

(三) 文卫事业的发展

1. 卫生工作

新中国成立后，延安地区卫生工作有了进一步发展。1950年4月11日，延安人民医院成立，并在当日开始工作。4月29日以"好消息"刊登在《延安报》上，并介绍了有关事项。它的成立解决了落后山区缺医少药的问题，为延安人民办了一件大好事。随后，各县都建立了新式医院。1950年7月成立延川县人民卫生院。7月31日，成立甘泉卫生院。1950年8月16日，改黄龙县县卫生所为人民卫生院（1958年3月更名为黄龙县人民医院）。同年，宜川县人民医院成立。宜君县在县人民政府机关卫生所的基础上，建成宜君县人民卫生院。

中央对老区人民在卫生事业上给以巨大的关怀。1950年11月1日，中央通知，陕北革命老区延安等23个县实行免减费医疗。11月16日，延安专署给各地发出命令，命令各县、区、乡长，卫生院长，从即日起，对残废、烈、军、工属及贫苦群众实行减、免费治疗。1951年1月，中央医疗队到延安为老区人民治病。

卫生教育工作，是医疗卫生事业可持续发展的重要条件。1951年6月2日，陕西省延安卫生学校成立。1952年8月5日至11日，延安人民医院和有关卫生部门在专署礼堂举办卫生展览，内容包括反对美帝细菌战、消灭五毒、环境卫生、个人卫生、妇婴卫生等，观众达1.94万人次。1952年9月12日，延安专区、延安县、市各机关单位及市区各级干部和群众代表120多人，组织爱国卫生检查大队，检查了延安各机关和市民的爱国卫生工作。

2. 文化事业

报刊是近代以来传递政治信号的通道，是舆论宣传的喉舌，也是群众关心国家大事、社会事业的窗口。1950年4月10日，《延安报》创刊，暂名《群众报》，毛主席为该报题了报头。7月1日，《群众报》改刊为《延安报》,每星期三、六出版。1956年4月1日,《延安报》由周双刊改为两日刊,每星期二、四、六出版。

1951年4月10日,为把报纸办得更好,延安报社邀请了延安党、政、军、群众团体等单位负责同志开了座谈会,纪念《延安报》创刊一周年。地委书记黑志德到会,并为该报题了词:"《延安报》创刊一周年来,宣传党的政策,推动各项工作,为人民大众服务是有成绩的,并在不断进步中。但仍应继续努力,加强思想性、战斗性,要求通俗化、地方化"。

文艺工作是文化事业的一个通俗表达渠道。1950年11月13日,延安成立文工团,开展演出。1951年1月3日至7日,延安分区召开文艺工作者代表大会。大会明确了文艺工作者为工、农、兵服务的方针,肯定了文艺工作的重要性。并成立了文艺工作者联合会。地委书记黑志德、宣传部部长席槐、民间艺人韩起祥参加了会议并讲了话。

1951年10月1日,延安各界2万余人召开大会,热烈庆祝国庆节。延安市组织了2000多名宣传员在延安近郊三十里铺给群众看幻灯、画片、报纸等,延安市各街道张贴了许多标语和对联,会场里有团中央青年文化服务团文工队、延安文工团等7个秧歌队,锣鼓声和歌唱声响成一片,热闹非凡。延安军分区司令员马万里、地委宣传部部长席槐到会分别讲了话。

1956年5月9日至20日,延安专区举行首届戏曲观摩会演大会。参加会议的有延长、志丹、吴旗、延安(一二队)、洛川、富县、宜川、黄龙等9个人民剧团,演员、职员339人,演出了《光复台湾》《赵五娘》《青山英烈》《中秋之夜》等10个剧目,有秦腔、豫剧、蒲剧3种戏曲。大会评选了优秀节目和个人,并颁发了奖品。

1956年9月,延安影剧院建成,经陕西省文化局9月6日验收工程合格,于9月20日投入使用。该剧院能容纳1200多观众。

1956年11月13日至18日,延安专署召开了专区第一届皮影、木偶观摩演出大会。参加会演的有洛川、宜川、富县、志丹等4县的代表队,其中有演员代表31名,观摩代表3名。4天共演出《三元征北》、《白塔救主》等14个节目,最后,会演大会分别奖励了优秀的团体、节目和个人。

二 第一个五年计划的贯彻执行

新中国成立后，1952年底到1953年初，中国的发展面临新的形势和新的问题。抗美援朝可望结束；土地革命的任务已在全国范围内基本完成；国民经济恢复工作提前实现预定目标；中国社会生活中也出现了一些新的矛盾。新的形势和新的问题，需要提出新的任务和目标。1953年开始，国家执行发展国民经济的第一个五年计划。同时，中共中央提出了过渡时期总路线，实现社会主义工业化成为经济建设的主体。

延安分区第一个五年计划（1953—1957）是根据国家"一五"计划和全省计划，于1953年制订的。生产方面的主要任务是：发展农业生产，适应工业建设需要；贯彻为农业经济服务的方针，有计划地发展中小型工业企业；发展国营商业和合作社商业，对私营商业实行利用、限制和改造政策；改善交通条件，加强公路养护和管理；增产节约，提高经济工作的管理水平。生产服务方面，提高中、小学教学质量，发展普通中学、工农速成中学和中等专业教育，实施工农教育和扫除文盲；加强文化艺术工作，改善卫生保健事业。

（一）工业建设

1. 能源工业的发展

"一五"计划中，延长油矿被列为国家重点建设项目，煤碳工业和轻工业成为延安工业发展重点。

新中国成立后，国家在陕北展开了大规模区域性石油地质调查和勘探工作。1950年6月，国家燃料工业部石油管理总局成立陕北勘探大队，共派出69个地质、物探、测量和地震队，对陕北地区作了大量的地质普查和详查，完成陕北地区1:20万的地球物理综合普查图和1:10万的地质详查图，并在一些有利的构造和区域里进行了参数井钻探。1953年，石油地质局继续派遣3个细测队、2个构造详查队，在"三延"（延长、延川和延安）区勘探。

勘探队受到了延安人民的热烈欢迎。1950年12月30日，延安各界1000余人在专署礼堂召开欢迎会，欢迎来延安的西北探勘大队，感谢他们来陕北开发矿产资源。西北石油管理局延安办事处政委万品三、延安地委书记黑志德、宣传部部长席槐等到会并讲了话。根据勘察结果，1953年底，延安决定建设延长油田。枣园钻探大队早于1953年1月26日正式在枣园钻探，至1955年3月底，共完成探井28口（包括杜甫川4口），进深5587.07米，试油54层，产油300吨左右。[①] 1956年5月22日，延长油矿提前19个月零7天，完成了第一个五年计划的原油生产任务。

新中国成立初期，延安分区就对私营小煤矿进行了社会主义改造，创办一批国营煤矿。1952年开办黄龙县小寺庄煤矿和鄜县牛武煤矿，是年，全区生产原煤5.73万吨。1954年开办延安市建设煤矿。1956年开办黄陵县店头煤矿、子长县团结煤矿和杨家园则煤矿。

1955年前，延安一部分单位自备发电机，延安面粉厂装置煤气机带动24千瓦发电机，延安汽车修理厂装置12千瓦柴油发电机，延安监狱装置煤气机带动12千瓦发电机，延安人民医院装置8千瓦柴油发电机，专区邮电局装置3千瓦柴油发电机。单位自备电源以自给为目的，不对外供电，仅延安面粉厂在晚间供市区内路灯用电。1955年10月14日，延安地区国营火力发电厂正式开工修建。计划在1955年底完成打井、厂房和架线工程，1956年2月开始安装机器，6月全部投入生产，开始全面送电。1956年7月14日，延安火力发电厂经过陕西省工业厅验收，正式投产供电。全市工厂、机关、学校和商店、街道、民居等装了电灯，入夜后延安市灯火通明。延安发电厂投运发电后，各单位自备发电机全部停止运作。

2. 其他

交通通讯方面，延安地区积极恢复公路交通，建立与各地的近代化联络。公路交通方面，1955年4月1日，举行延（安）志（丹）

[①] 延安市地方志编纂委员会：《延安地区志》，西安出版社2000年版，第321页。

公路通车典礼。此公路经过两年的修复工程,共修建了大桥、小水眼33处,全线长98公里。1956年4月,根据专区公路网修建12年规划,当年要新建的9条路线和要整修的8条路线正式动工。1956年12月9日,延安至宜川公路正式通车,公路长131公里。通讯上,1952年11月9日,延安与西安长途电话开通。1955年8月13日,延安至宜川和延安至吴旗的电话正式通话。全专区12个县已全部通了电话。1956年3月,延安县各区政府电话开通。

1950年12月中旬,根据中央人民政府新闻总署《关于建立广播收音网的决定》,延安专署及所属12个县（包括宜君）各派1人参加陕西省人民广播电台举办的收音员学习班。1951年1月中旬,带回13部北京牌干电池五灯收音机,专署和全区各县建起13个收音站,配备专职收音员。各站除组织干部群众在收音机旁直接收听中央台和省台广播外,每天按时收抄中央台、西北台、省台的记录新闻,创办油印《广播快报》,隔日1期,重大新闻及文告当日印发。每期印200—300份,分发地、县领导人及有关部门和区、乡政府及下乡干部。之后,广播收音站逐步向区、乡及农业合作社发展。1956年5月,延安专署建立广播站,200瓦扩大机带、8只25瓦高音喇叭,分置延安城区,这是本区第一个有线广播站。1956年9月,改为延安县广播站。1956年底,全区建立收音站127个。①

因为在国民经济恢复中,城乡物资交流起到了重要作用,1953年9月22日,延安专署给各县发出指示,要求大力开展秋冬物资交流,开好物资交流会。1954年5月,延安畜产支公司成立,大量收购皮张、绒毛等畜产品。这一公司的成立,既方便了群众,又为国家收购了大量有用的土畜产品。这种物资交流,对人民的生活有很大帮助。

（二）农林牧结合下的发展目标

1. 农业生产发展

（1）增产节约。农业生产方面,在确定生产关系变革的同时,延

---

① 延安市地方志编纂委员会:《延安地区志》,西安出版社2000年版,第943—944页。

安地方党委政府对于农业生产中积肥、防灾、抢收、抢种、春耕、防病虫害等常规工作，一如既往地关心和加强领导。同时，延安地委更加关注生产技术的提高。1953年8月25日至9月1日，中共延安地委、延安专署组织各县劳模、互助组长、丰产户和农场、农业技术指导站、领导互助合作干部等79人，参观了陕西省农业试验场延安分厂场、专区畜牧兽医工作站、林业局等有关单位。通过这次参观，提高了对新做法密植的认识，明确了农林牧结合的发展方向及意义。1955年5月27日，延安专区组织农业参观团赴长安县王莽村、兴平县窦马乡两个参观点参观农业社的拖拉机站、国营机械农场、农具厂和纺织厂等。

1956年3月20日至25日，延安专区手工业合作办事处，协同农具站、水利队、新式畜力农具大修大配站等单位联合举办了一次新式农具修配手训练班，参加训练的有富县以北7个县的手工业生产合作社、小组和修配站、组的技术工人33人。经过讲解、学习、参观，基本上掌握了双轮双铧犁、山地犁、解放式水车等的安装、拆卸和简单修配技术，并计划在洛川办一次南五县训练班。

"勤俭建国家，永久是箴言"。1953年11月5日，延安专区机关召开干部会议，号召干部节约粮食和爱国储蓄。席槐代专员在会上作了"节约粮食和爱国储蓄"的报告。要求一定要贯彻执行党中央发出的"增加生产、增加收入，厉行节约、紧缩开支、超额完成国家计划"的号召，动员干部要为国家多节约粮食，积极参加爱国储蓄，为国家积累生产建设资金，进一步促进国家建设。1954年2月11日，延安专署发出"推销经济建设公债的指示"，同时成立了专区公债推销委员会。郭长年为主任，徐金山、高启祥、丁宏慈为副主任。1954年10月18日，《陕西日报》指出："不论工业、商业、交通运输、文教卫生等部门，或是在基本建设中，那种不认真节约和不注意贯彻经济核算的现象还是比较普遍，许多浪费仍没有得到有效地克服和制止"[①]，所以号召全国各地必须贯彻增产节约的精神。1955年5月11

---

① 《贯彻增产节约的精神，全面地超额地完成一九五四年度国民经济计划》，《陕西日报》1954年10月18日，第一版。

日，延安专署召开延安各机关干部动员大会。席槐专员在会上作了动员报告，要求各单位结合粮食"定产、定购、定销"三定政策精神，认真开展节约粮食、反对浪费粮食运动。1956年12月27日，中共延安地委举行会议，讨论贯彻二中全会号召，开展增产节约运动，成立延安专区增产节约委员会，王忠诚为主任委员，陈士甫、王廷璧为副主任委员。

1956年1月31日至2月7日，延安专区召开了农、林、牧、水利、水土保持工作会议。参加会议的有各县的县长、重点乡乡长、县农场场长、农业技术指导站长、畜牧站长等和专区有关部门的干部共471人。会上传达了陕西省农、林、牧、水利、水土保持工作会议的精神，和延安专区"12年农业发展规划"与当年的主要任务和措施。会议要求各县一定要克服保守思想，大力开展技术革新，加速水土保持，推广先进经验，订好生产计划，认真开展大生产运动。

（2）加强水土保持工作。水土保持对陕北的农业生产很有好处，延安地区深受水土流失之害。延安分区在1955年结合防旱抗旱进行了大规模的水土保持工作。当年，共完成梯田20507.5亩，堰窝地1006亩，截水坑水簸箕等139984个（每个约1立方公尺），软埝20564亩，地边坎121824.5亩，水漫地600亩，旱井63个（每个约35立方），涝池117个（每个300立方），淤地坝139道，土谷坊1217道，插柳谷坊20道，沟头防护149道，种草8322亩。

延安分区还不忘组织到别的地区学习水土保持工作。1956年3月23日至28日，延安专区组织水土保持参观团到绥德进行参观学习，参观团由延安、延长、安塞、志丹、甘泉、富县、洛川、宜川、宜君、黄龙10县60个农业社的83名代表组成。

水土保持工作密切结合了农业增产，有托泥、蓄水、防旱、保墒、增产作用。洛川县农民在97亩塬地上全部修了软埝和地边埝，由以往产粮食20石提高到30石。延长县五区打坝淤地，小麦亩产100—200斤，比当地坡地亩产30斤高出3—4倍；棉花亩产40—80斤，最高达120斤（皮棉），比一般坡地高出2—6倍。吴旗水漫地产量一般能比当地坡地产量高3倍以上。梯田的产量也要比一般山地的产量高不少。

（3）部分农产品统购统销。"一五"计划优先发展工业，城市人口增长，除了急需粮食保障温饱外，工业化发展也需要资金和原料。为了完成国家工业化和农业技术改造所需要的大量资金，其中有一个相当大的部分是要从农业方面积累起来的。为了确保城市供应和为工业化积累资本，1953年11月，中央人民政府颁布《关于粮食实行计划收购与计划供应的命令》，中共中央和政务院还分别在1953年11月15日、1954年9月9日作出《关于在全国实行计划收购油料的决定》、《关于实行棉布计划收购和计划供应的命令》和《关于棉花计划收购的命令》，对油料实行统购统销；对棉花实行统购；对棉布实行统销。

1955年7月16日到24日，延安专区召开了粮食会议，传达和学习了全国、省粮食会议精神，研究了做好粮食统购统销"三定"到户和城市粮食供应工作的具体办法。各县对粮食施行"三定"：即定产〔按农业社（户）粮田单位面积的常年实产和土地质量及自然条件，评定粮田单位面积的常年产量〕，定购〔按农业社（户）需用粮数，确定籽种、饲料和口粮等留粮标准，划出余粮户、自足户、缺粮户，再按土地多少核定公粮征购界线〕、定销（对缺粮户实行定量供应）。定产、定购数字自1955年起3年不变的原则，余粮社的粮食定购数量，在年景正常的情况下，增产不增购。1955年9月1日，延安市开始实行粮食定量供应办法。

2. 植树造林

植树造林对陕北黄土高原来说，有着特别重要的意义。1955年11月6日，延安青年为了迎接团中央在延安召开的造林大会，延安青年1800多人在毛主席旧居杨家岭沟口营造"延安青年林"，并组成"青年造林突击队"，共植树1098万株。1955年，延安分区共造林27397亩，10389530株（每亩平均379株），为全年计划任务的109.22%；育苗655亩，为全年计划任务的62%，共计产苗3193383株；零星植树663216株；幼林培育7815亩；天然林培育46689亩，封山育林55363亩；防治松毛虫1.2万余亩。因春季干旱，发生了严重的烧山毁林事件,当年任务完成不够好。

1956年3月1日至11日,陕西、甘肃、山西、内蒙古、河南5省(区)青年造林大会在延安召开。参加这次大会有团中央书记处书记胡耀邦、中华人民共和国林业部副部长罗玉川、黄河水利委员会主任王化云、中共陕西省委副书记白治民、青年团陕西省委书记白纪年等以及青年团干部、林业工作者和植树造林、护林、水土保持方面的青年知识分子等共1200多人。会上团中央书记处书记胡耀邦宣读了中共中央致5省(区)青年造林大会的贺电,并作了《青年们!把绿化祖国的任务担当起来》的重要报告。大会通过了绿化黄土高原和全面开展水土保持工作的决议,通过了上报中央的电文。

1956年3月7日,延安举行绿化延安动员大会。参加大会的有各机关干部、工人、战士、学生和郊区部分农民共5700余人,延安专署副专员王忠诚在动员会上讲了话。他号召延安人民要热烈地响应党的号召,积极参加造林运动,绿化祖国。当日植树种树3.142万株,共占地79亩。

1956年3月7日,出席5省(区)青年造林大会的代表、工作人员和延安部分青年4000多人,在党中央和毛主席故居——杨家岭进行绿化杨家岭义务劳动。青年团中央书记处书记胡耀邦、林业部副部长罗玉川、中共陕西省委副书记白治民以及延安地方党政负责同志,也参加了义务劳动。共挖水平沟2300多条,全长共1万丈,共植树3万株。同时举行赠礼,各地送给延安的树苗共有7192株,品种22种,树种10多种;其他还有图片、图表和图书等。

3. 支持老区生产建设

新中国成立初期党中央很关心延安的发展。1956年5月28日,国家内务部长谢觉哉在延安机关干部会上作题为"全心全意做好我们的工作"的重要讲话,讲话共分了4个部分:一、工作态度;二、工作方法;三、怎样看问题;四、学习和工作。谢觉哉和全国人民代表大会代表陈其瑗在延安地区深入视察老区人民的生活变化共12天时间,与农村农业生产合作社的干部、社员和烈属、军属、老红军战士和复员军人充分交流,了解他们的生产、生活情况后,与延安地方领导提出他们发现的问题和改进意见。并向陕西省委第一书记张德生、陕西省长赵寿山提议：要使陕西老区人民得到充分休养生息的时间，特别要大力改善当地领导，这是提高老区人民生活的关键；省级负责人应该深入陕北地区进行具体领导，同时要采取组织当地干部去外地参观等方法帮助他们提高。赵寿山、张德生表示同意，决定加强领导，研究改进老区工作。

人民解放军也积极支援老区农业生产。1956年2月17日，中国人民解放军延安军分区部队，为了响应中国人民解放军总政治部制订的关于军队参加和支援农业合作化运动及农业生产的实施方案的号召，与附近的"七一"农业社社员们举行了联欢大会。会上军分区政治委员白应圭把礼物——农具和图书、画报、锦旗等亲自交给"七一"农业社负责人。同时军分区党组织还制定了1956年内支援"七一"农业社的规划、步骤和措施办法。

4. 延安地区"一五"生产计划的完成

在当地党政的强有力领导下、在中共中央的关心下，延安地区的生产发展有了长足的进步。1949年全区完成工农业总产值4122万元（新币，下同），其中工业总产值81万元，农业总产值4041万元。1950年全区完成工农业总产值4781万元，其中工业产值111万元，农业总产值4670万元。1951年全区完成工农业总产值4894万元，其中工业总产值109万元，农业总产值4785万元。1952年全区完成工农业总产值为5673万元，其中工业总产值203万元，农业总产值5470万元。1953年全区完成工农业总产值是6620万元，其中工业总产值304万元，农业总产值6316万元。1954年全区完成工农业总产值为6742万元，其中工业总产值454万元，农业总产值6288万元。1955年全区完成工农业总产值5958万元，其中工业总产值680万元，农业总产值5278万元。1956年全区完成工农业总产值7174万元，其中工业总产值1020万元，农业总产值6154万元。[①]

生产的发展，使人们的生活有了改善。以黄陵县为例：1949年人

---

① 根据《中国共产党延安地区历史大事记（1949—1993）》整理。

均产粮 260.5 公斤，除去籽种、饲料及租税之外，农民收入微薄，生计困难，绝大部分农民口粮不足。民谣云："借的吃，打的还，跟上碌碡过个年。"农民住的土窑、破瓦房（双龙、建庄、店头等乡农民多住草房），穿的补丁衣，一家四五口盖一条破棉被。全县除通店头、隆坊两条马路外，其余都是崎岖山路，运载靠驴驮、人担。其时，农民仅靠养鸡喂猪得来少量零用钱度日，根本谈不上储蓄。1955 年，全县农业总产值达到 354.9 万元，粮食总产量 2885 万斤，较 1949 年增长 31.2%；人均产粮 359 公斤，较 1949 年增加 98.5 公斤。多数农民平时以秋杂粮为主，只在过节或红白喜事来客时吃白面、大肉；农村约四分之一人家缺粮；城乡多数人住土窑、瓦房，穿着多是布料，少数人家开始用上雨鞋、雨伞、电壶。虽然尚不丰足，也是有了进步。

1956 年 4 月 6 日，陕西省召开的农业生产先进生产者代表会上，延安专区有 10 个农业社和 8 个先进人物受到了奖励。

1956 年 12 月 1 日，延安专区农业展览会开幕。展览会共设有 4 个展馆，包括农业、林业、地方工业、园艺、水利、水土保持、畜牧、副业、手工业、种畜和农业机械等 11 部分，陈列 3000 多样品种。

1956 年 12 月 10 日至 20 日，延安专区先进生产者先进工作者代表会议召开。参加会议的有在合作化中的带头人；生产中实行技术革新者；有坚持民主办社和勤俭办社的优秀人物；有拦羊和养猪的能手；有植树造林和护林工作中的模范；有为实现"水不出沟、土不下坡"的水土保持英雄；还有工业、商业、交通运输、文教、卫生和机关工作中的先进工作者共 300 多人。大会主席高兴海致开幕词，地委副书记徐子猷参加会议并讲了话。

1953 年 6 月 15 日召开的中共中央政治局会议较为完整地概括了"党在过渡时期的总路线和总任务"，"要在十年到十五年或者更多一些时间内，基本上完成国家工业化和对农业、手工业、资本主义工商业的社会主义改造"。9 月，中共中央公布了"过渡时期总路线"，三大改造被规定为总路线的"两翼"，在全国轰轰烈烈地开展起来。

三 党的建设与整顿

(一) 延安地区的党内整风学习

建设一个学习型政党,一直是中共领导层所努力的目标。学习,是中国共产党面对新问题、研究新问题、解决新问题的基础。每到历史转折的重大关头,学习总是被突出强调的。加强学习,是中国共产党一个良好的作风。

在解放战争面临转折时,毛泽东早就指出了学习的重要性。1949年3月,在西柏坡召开的中共中央七届二中全会上,毛泽东就突出强调了学习的重要性。七届二中全会召开时,党的工作重心的战略转移,即工作重心由乡村转移到城市的问题。党要立即开始着手各项建设事业,一步一步地学会管理城市和建设城市,并将恢复和发展城市中的生产作为中心任务。城市中的其他工作,都必须紧紧围绕着生产建设这个中心工作并为这个中心工作服务。所以,会议号召全党同志必须用全力学习工业生产的技术和管理方法,学习和生产有密切联系的商业工作、银行工作和其他工作。总之要做到"能学会我们不懂的东西"。

1949年中华人民共和国成立,对于中国共产党来说,从一个主要打破旧世界的革命政党,变成一个以建设为主要任务的执政党,党员面临着新的考验。取得了政权,在国家政治生活成为主导者,只是构成了转型的基础,能不能转型成功,需要党特别是党的各级领导干部的共同努力,学习成为首要的法宝。新中国成立之初,部分党员骄傲情绪滋生,出现了官僚作风和思想、组织不纯等问题,为提高执政党的纯洁性和战斗力,党中央于1950年下半年开展了整风运动。这次整风运动的主要任务是克服骄傲自满情绪和官僚主义、命令主义作风,改善党和人民的关系,整风的重点是各级领导机关和干部。

1. 整风学习

1950年,新中国成立后的第一次党内整风运动,首先也是一场学习运动。1950年5月16日,延安专区总学委员会成立,委员会由黑志德、张汉武、李硕、席槐、郝志伟、杨作义、丁子文、李佟林、马师冉9人组成，黑志德为主任，席槐为副主任。委员会制订了专区一级在职干部理论学习计划。

1950年6月23日，延安分区为贯彻执行西北局、陕西省省委的整风指示，制订分区整风学习计划，主要解决干部中经验主义的老一套。对工作疲沓、拖拉和滋长的落伍回家思想，要教育解决以达到密切联系群众、贯彻好政策、做好工作的目的。

（1）整风学习

延安各地的整风运动是在与当时的工作任务相结合之下进行的，一般均开始于各县的三级干部会（6月中旬至7月初），时间7天左右，以学习文件、并着重检查上半年的生产工作为中心，进行干部思想的初步整顿，以普遍暴露与重点解决的方法基本上达到了预期的目的：一是打下了以后进一步开展整风运动的基础；二是给当时行将召开的分区党代表会议作了实际的准备工作。三级干部会后，多数干部即参加夏季借征公粮等工作中，部分区乡干部则参加了各县举办的训练班，时间半月左右。

1950年8月25日至9月2日，中国共产党延安分区第一次党代表会议在延安王家坪隆重举行。地委书记黑志德作了《各项工作报告》，地委宣传部部长席槐作了《关于整顿党的工作作风报告》，专员张汉武作《秋冬生产工作报告》，以批评和自我批评的精神在大会和小会上进行了充分的讨论。9月下旬至10月初，各县依据分区党代表会议的精神均召开了代表会议。经过县、区、乡三级干部会议，区乡干部整风训练班以及分区各县的党代表会议等形式的全分区所暴露出来的领导上的问题与干部思想作风上的问题，主要有以下3个方面：

①领导上的官僚主义，表现在布置与执行工作的一般化，抓不住中心；布置之后又缺乏深入与确实的检查和具体及时的指导；执行终了没有认真的总结，得不出成功与失败的经验，因此领导水平便不能在各项工作中逐渐提高。由于不去认真地研究党的指示，特别是领导干部缺乏理论政策的学习，便产生与存在着工作中的经验主义与盲目

性；由于不善于掌握中心和缺乏通盘计划，便产生了领导上的事务主义，形成盲干、乱干，不能进行分析研究，掌握"集中起来，坚持下去"的领导方法；由于对下边的实际情况缺乏系统与全面的深入了解，便产生了在某些问题上领导与实际脱节的现象。

②干部作风上的命令主义。它的产生根源在干部本身方面有3种情况：一种是由于缺乏政策观点，把对党与上级负责和对群众负责看成对立的东西而不能统一起来；一种是在执行方法上缺乏相信群众、依靠群众，用提高群众觉悟的办法来为群众服务的完全的群众观点；还有一种是一些新参加革命的党员干部，原来动机与目的不纯，是站在人民头上作威作福的剥削阶级意识在工作中的反映。属于领导上的原因有两条：一条是对党员干部思想缺乏有效的教育与提高；一条是在工作方法上缺乏具体指导。

③落伍回家的思想，是分散个体小农经济在当时干部思想上的反映，也是经过长期革命斗争后，一些不进步的干部进入和平环境中一种必然的现象。也同样说明对干部的马列主义毛泽东思想教育不够，使某些同志觉悟程度不能提高，看不见共产主义的远景。另外，工作中在干部使用配备、升迁照顾以及家庭困难等问题在某些方面关照不够。长期艰苦困难的生活，干部家庭经济不能上升，有的甚至逐渐下降，某些干部不能继续坚持，有的就产生落伍回家思想，有的虽然没有表示要落伍，但是不服从分配与调动，以及疲沓不负责任现象随时发生，思想上有着所谓"公私兼顾"（意思是一面做革命工作，一面照顾家庭）。所有以上所属均为落伍回家的原因。克服的主要办法是加强教育、提高觉悟，但是在某些具体问题上对干部的关心照顾亦不可忽视。

通过本次的整风学习，首先是领导上的官僚主义有所改变。三级干部会议、县与分区的党代会等均对于领导问题作了普遍的检讨，有的县级领导还在报纸上写了检讨的文章，之后在实际工作中也有一定的转变。分区领导上在随后对报社工作、青年工作与贸易工作等均有计划、有系统地进行了检查与研究，使报社在深入农村进行调查研究以加强报纸指导性和贸易公司扶植生产等均有了明确认识和实际行动。各县的领导上也有了转变。如延安县党代表大会通过1951、

1952年两年建设计划,与洛川、宜君两县人民代表会议通过的冬季生产计划都比较具体,整个半老区各县的土登评产工作都未发生什么较大的偏差,均说明经过整风学习对领导同志的思想水平与工作水平有了提高。

干部的落伍回家思想与执行工作中强迫命令的作风大大地减少了。如宜君县在整风学习前要求回家的干部有县级6名、区级11名、乡级30名、共计47名;整风学习中转变了的,县级4名、区级7名、乡级19名,共计30名,经过组织批准退休了4名,9名仍不大安心,自行落伍了的只有4名。甘泉县整风训练班结束时有5个同志自动提出要到延安继续学习,有9个非党员经过整风训练班学习后提出要求入党。富县整风训练班检讨出42个住训干部中就有20个同志打、骂、绑、押过群众。这个问题经过学习后,许多干部都检讨说,过去总认为这没啥,今天才认识到不打骂群众是我们和国民党作风的区别,今后一定要改正,云云。在夏季借粮工作中强迫命令的作风也大有改进。

这次整风学习总结了几点经验:①结合当前的工作进行,这也就是检查和总结工作的一种方法。因为与工作密切结合,才能解决实际问题,干部也领受得容易,能及时在工作中运用和改进。这样对政策和干部思想作风弄得比较具体和清楚,所以进步较快、较明显。②方法最好以集中和开干部会两种方法。县长、县委书记和分区科长以上干部集中分区整风学习,中心是检讨分区领导和这些干部思想问题,这样对分区领导能检讨的深入,同时首先搞通了领导骨干的思想,下面整风才有保障。③学习文件很重要,文件不宜过多,根据存在的问题,学习有关的几个文件,作为检查工作思想作风的武器。首先要对文件精神正确地了解,才能正确地检查工作和思想,在检查工作中再学,这样对政策思想认识上才能提高一步,也才能巩固起来。光检查工作不学文件或偏重学文件都是不对的,收效也不会很大。④整风中首长负责亲自动手,发扬民主,开展批评与自我批评也是一个重要关键。

延安地委后来总结说,1950年6—7月间,延安地委进行了反官僚主义、命令主义的整风运动，经过整风以后，初步纠正了领导上的官僚主义，许多负责同志都写了检讨，在实际工作中也都有转变，对工作的研究、检查、总结，深入群众，都比较有进步。干部的落伍回家和执行工作中的命令主义作风大大减少。

（2）思想改造兼工作宣传学习

理论联系实际，是中共组织学习与整风的一个特点。在延安整风时，毛泽东就强调理论联系实际是马克思主义的学风。新中国成立后，中共组织突出学习与整风的时候，一般就是面临任务转变的关头。这次整风就是对转变为执政党初期发生问题的应对。

1952年下半年，国民经济的恢复已经基本确定，马上就会转入有计划的经济建设。因此，延安地委号召学习，为迎接大规模经济建设的到来。1952年7月1日，延安专区一级和延安县、市等机关的党员、团员1000多人，在专署礼堂开了庆祝建党31周年大会。会上地委书记黑志德讲话，总结了三年以来党领导人民在抗美援朝、"三反""五反"和防旱、抗旱以及春耕运动中的成绩。他指出今后要继续在党的领导下，发展经济建设，发展农、林、牧畜业和发展工业。号召全体党员，加强学习马列主义毛泽东思想、提高政治思想水平，以迎接大规模的经济建设。

1952年9月18日，延安专区一级机关干部1000多人，在专署礼堂召开学习动员大会。地委书记黑志德、宣传部部长席槐到会并作了动员报告。要求，各级干部一定要加强学习，不断提高干部的政治思想水平，以适应祖国大规模的经济建设的需要。

1953年，中央发布过渡时期总路线后，11月12日，中共延安地委宣传部，根据中共西北局和陕西省委的指示，通知各县委、专区各机关支部，组织领导中级组干部，在学习联共（布）党史简明教程第九章的基础上，从11月28日起，约以两个半月的时期，学习党在过渡时期的总路线、总任务。

学习的内容一般围绕着某个时期的中心任务，而中心任务，一般在各级党组织的文件里反映出来。学习当前文件，是各级党员、特别是干部最重要的学习任务。新中国成立初期，学习毛泽东主席给延安人民的《复电》,"三反""五反""镇反"政策以及抗美援朝、《婚姻法》等。1953年,围绕贯彻党在过渡时期的总路线和对农业、手工业和资本主义工商业的社会主义改造,学习《社会主义经济建设》、《政治常识读本》,学习《中华人民共和国宪法》、《关于农业互助合作的决议》、《关于农业合作化问题的决议》。1956年6月30日,中共延安地委向各县发出关于"1956年农村粮食征、购、销工作"的指示。指示要求各县必须组织干部认真学习1956年粮食征、购、销工作的方针、政策和具体办法。

除了当前的文件学习,通识学习也是学习的内容,甚至还是基础性的内容。对于建国初期的党员干部,尤其是农村的、基层的党员干部,马克思主义的理论常识是需要补课的。

1951年10月14日,延安各机关、团体干部600多人在专署礼堂开会,庆祝《毛泽东选集》的出版和在延安的发行。会上延安地委副书记王月明和专署政治指导员李冬麟讲了话,号召干部要认真学习《毛泽东选集》,在思想上、行动上把马列主义毛泽东思想与中国革命的具体实际结合起来,进一步提高理论水平。

1951年10月30日,中共延安地委"关于结合整党对团员进行共产主义与共产党的教育的指示"。指示要求各级党委具体领导各级团委,组织学习马列主义著作、共产主义的基本知识,以及中国共产党发展壮大的历程,使他们提高思想,增强共产主义信念。做好党的助手和后备军。

1955年9月1日,延安专区级机关干部政治业余学校举行开学典礼。学校的教学方针是"学习理论,提高认识,联系实际,改造思想"。共分政治经济学班、联共(布)党史班和经济建设常识读本班3个班。参加学习的干部共有1324名。

学习同时也是宣传。这里宣传可以有两层含义:一层是,学习时,马克思主义理论常识和中共中央的文件精神向这些学习者传达;另一层是,马克思主义和中央文件精神,通过这些学习者作为桥梁,被基层群众所了解所接受。上述文件,如毛泽东主席给延安人民的《复电》,"三反""五反""镇反"政策以及抗美援朝、《婚姻法》、

《中华人民共和国宪法》、《关于农业互助合作的决议》、《关于农业合作化问题的决议》等，各级党员干部在宣传中起到了重要作用。各县委成立学习委员会，县级各单位和区、乡普遍建立干部学习小组，健全党组织生活制度，通过学习，联系实际，对照检查工作和思想。这些学习组织，往往同时又是宣传组织。

宣传工作并不是只有通过干部学习的途径来完成的，延安地方党委还组织了宣传员队伍。在基层，各区设立学习站，训练农村宣传员，配备兼职辅导员或教员。1951年11月26日至30日，延安专区第一届宣传员代表会议在延安召开，参加会议的模范宣传员共107人。会上回顾和总结了过去的工作经验，研究讨论了今后的工作计划。地委书记黑志德在会上作了《关于继续加强抗美援朝，开展增产节约，开展思想改造三大运动》的政治报告。宣传部长席槐作了"总结报告"，会议选举了模范宣传员，并进行了奖励。

1953年2月2—6日，延安专区第二次宣传员代表会议召开。会上地委宣传部部长席槐作了《宣传员工作总结和今后任务》报告，同时会上还学习讨论了"互助合作运动""贯彻《婚姻法》"等报告。会议明确提出：今后的宣传方针和任务是做好抗美援朝、经济建设和召开全国和地方各界人民代表大会的宣传。特别明确指出，专区今后农村经济建设的中心是组织起来，搞好互助合作运动，根据我区的具体情况，使农业、林业、畜牧业逐渐并重发展，宣传员的任务，就是为这个中心任务做好宣传鼓动工作。

党的宣传工作，主要任务是加强政治思想教育。1956年9月17日至23日，中共延安地委召开各县宣传部长会议，布置在全区机关内开展克服主观主义、官僚主义、命令主义的思想作风，加强党在农村政治思想工作。

（二）党的建设与整顿

1. 整党任务的提出

早在西柏坡召开的中共七届二中全会上，毛泽东就强调要加强党的思想建设，警惕居功自傲和资产阶级思想的腐蚀。他指出，因为胜利，党内的骄傲情绪、以功臣自居的情绪、停顿起来不求进步的情绪、贪图享乐不愿再过艰苦生活的情绪，可能生长。因为胜利，人民感谢我们，资产阶级也会出来捧场。敌人的武力是不能征服我们的，这点已经得到证明了；资产阶级的捧场则可能征服我们队伍中的意志薄弱者。可能有这样一些共产党人，他们是不曾被拿枪的敌人征服过的，他们在这些敌人面前不愧英雄的称号，但是经不起人们用糖衣裹着的炮弹的攻击，他们在糖弹面前要打败仗，我们必须预防这种情况。

在党的工作重心面临由农村向城市转变，新民主主义革命即将在全国取得胜利，中国共产党即将成为执政党的历史性时刻，怎样保证党在新的历史条件下永不变色，顺利地适应工作重心的转变，担负好新的历史重任，是摆在党中央领导集体和全党面前的重大课题。要做到能学会，重心还在于党本身要保持先进性，学习与整风，是党在长期革命中总结出来的有效经验。

1951年2月中旬，中共中央政治局扩大会议决定，用3年时间进行整党，主要任务是对全党进行一次党员标准的教育，要求在中国革命胜利的新形势下，对党的基层组织普遍进行一次整顿，提高入党条件，慎重进行城市及新区的建党工作。整党分学习、登记、审查和组织处理四个阶段，着重思想整顿。这次整党一个新特点就是紧密联系当时工作，查处了一批有贪污浪费行为和官僚主义作风的党员干部及少数腐化变质分子。经过整顿，党的组织成分和党员素质有了明显改善和提高，对党领导全国人民恢复国民经济、顺利进行社会主义改造起到了重大作用。

为具体贯彻二月政治局会议的有关决议，1951年3月28日—4月9日，中共中央召开第一次全国组织工作会议，刘少奇在会上提出了共产党员标准的八项条件。这八项条件是：

第一，中国共产党是中国工人阶级的党，是工人阶级的先进部分。中国革命在过去是工人阶级领导的，在以后更需要工人阶级领导。工人阶级将来要发展，要成为人口中的大多数，农民在使用机器耕种之后也变成工人。最后全体人民是工人（我们党历来依靠无产与半无产），一切党员必须承认此点。

第二，中国共产党的最终目的，是要在中国实现共产主义制度。它现在为巩固新民主主义制度而斗争，在将来要为转变到社会主义制度而斗争，最后要为实现共产主义制度而斗争（新民主主义革命一般地不破坏私有财产的制度，但社会主义就首先要在工业中然后要在农业中破坏私有制。在农业中组织集体农场，这时，只能依靠工人及贫雇农，不能依靠一般农民，只是团结农民）。一切党员必须具有为党的这些目的而坚持奋斗的决心。

第三，因此，现在的人做一个共产党员，必须是一辈子都要坚持革命斗争。如果在中途不能坚持革命斗争，就不能再做共产党员。这种革命斗争是包括政治的、经济的、思想的斗争在内，并且还要和帝国主义的武装干涉进行武装斗争。

第四，一切共产党员进行革命斗争，必须在党的统一领导之下去进行。因此，一切党员必须执行党的政策和决议，积极参加党所领导的革命运动，严格地遵守党的纪律，对于党内党外一切损害党的利益的现象必须进行斗争。否则，就不能做一个共产党员。

第五，一切党员必须把人民群众的公共的利益，即党的利益，摆在自己的私人利益之上，党员的私人利益必须服从人民的即党的公共利益。一切自私自利的人，不肯为人民牺牲自己的人，都不能做共产党员。

第六，一切党员在革命斗争中，必须勇敢坚决，不能在严重的艰苦的环境中退缩，不能向敌人投降，不能叛变共产党与共产主义。否则，就不能做共产党员。

第七，一切党员都必须为人民群众服务，使党与人民群众建立很好的关系，认真地了解人民群众的要求和意见并及时地向党反映，把党的政策向人民群众作宣传解释。除开经过批准的少数党员外，每个党员都必须在自己的职业之外，再做一件党的组织或支部所分配的社会服务的工作。不能这样做的人，都不能做共产党员。

第八，一切党员为了能够并且更好地履行以上各项，都必须努力地学习，使自己懂得更多的马克思列宁主义、毛泽东的思想，使自己的觉悟更加提高。不努力学习的人,是不能做好一个共产党员的。[①]

2. 延安地区的整党工作

1950年8月25日,陕西省委决定:延安地委以黑志德、王月明、张汉武、马万里、郝志伟、郭景龙、杨作义、高鼎铭、席槐、马师冉10位同志为委员,并以黑志德、王月明、张汉武、马万里、郝志伟5位同志为常委。这个任命在随后举行的分区第一次党代表会议上落实。8月25日至9月2日,中国共产党延安分区第一次党代表会议在延安王家坪隆重举行。到会的各级党委正式代表94人,列席26人,旁听300余人。地委书记黑志德、地委宣传部长席槐、专员张汉武分别作了报告。

1951年11月开始,专区级和县级进行了机关整党工作,至12月底教育结束。这次整党,就结合了八项条件,在党员中初步评了标准,在工作中进行了耐心的深刻的教育工作。从1952年起又结合"三反"运动,进行了思想批判,重新评了标准。

1952年8月20日至23日,中共延安专区直属机关召开第一次党代表会议。会上,专区机关党原总支书记王希尧作了《专区级机关支部工作基本总结》报告,席槐作了《专区级机关整党总结》报告,地委组织部部长赵国卿作了《专区级机关党以后的工作方针》的报告。大会总结了"三反"和整党的主要经验,确定了专区级机关党以后的工作方针和任务,改选了总支委员会,奖励了14位优秀党员。

整党的结果是,绝大多数党员够标准或者基本上够标准。据专区的统计,够标准的或者基本够标准的党员占参加整党党员的92%,清洗开除的10人,退党的7人,等待的7人(因贪污未定案的14人)。经过整党,党员在思想水平上大大提高了一步,纯洁了组织,增强了党的战斗力。大部分党员明确了阶级性,基本上划清了工人阶级以及其他非无产阶级的界线,认识了共产主义前途,克服了自由主义和不团结等现象,清除了不可救药的蜕化变质分子和混入党内的其

[①] 中共中央文献研究室:《建国以来重要文献选编》(第二册),中央文献出版社1992年版,第186—187页。

他异己分子。参与的党员一般学会了整党方法,给农村整党工作在干部方面做了准备。专区级在整党后接收了一批新党员。

1952年10月21日至27日,中国共产党延安地方首届代表大会召开。会上黑志德作了《关于三年来的工作》报告,黄克礼作了关于1953年经济建设计划草案的讲话,席槐作了《关于五三年文化卫生建设计划草案》,组织部长赵国卿作了《关于整党建设报告》。会议确定了1953年经济建设和文化建设的方针与任务。要求各级干部加强学习,提高政策理论水平,克服经验主义,做好调出研究工作,加强计划性,克服盲目性,具体督促检查和具体指导工作,坚决克服官僚主义,抓中心不放掉其他工作,推动各项工作顺利进行。

会议选举产生中共延安地方委员会。1952年10月28日,中共延安地委在王家坪召开第一次委员会,到会的有黑志德、王月明、赵国卿、席槐、李挺、黄克礼、郭长年、刘义懋、白应圭、王忠诚、刘振旅、高基、李郁浓、申长林、张青15人,候补委员侯觐武、王廷俊、刘丰功3人,及列席代表张成效、高兴海、李伟等7人。会议主要研究讨论了选举地委常务委员、地委正副书记人选和如何传达与贯彻党代表大会决议及冬春工作。会议选举了黑志德为书记,王月明为副书记,黑志德、王月明、赵国卿、席槐、李挺、吴志明、杨作义、郝登洲、黄克礼9人为常务委员。

1952年12月14日,中共延安地委召开常委会。会议讨论了整党工作的进展以及作用,肯定了整党工作的意义,同时也找出了整党中发现的许多新问题,议定在地委、县委、区委、支部四级领导引起高度重视,全面深入开展整党。

1952年9月—1953年4月进行了农村整党建党工作,表扬先进,对被认为不合格的党员予以清退。如延安县开除、清洗不纯分子和不可救药的分子20名;给予留党察看处分的14名,警告34名,劝告33名,受到各种处分的党员共计101名,占参加整党人数2576人的3.92%。经过整风、整党、"三反",在党内和干部中落伍回家退坡的思想基本上克服了。

1953年1月开始,延安地委开展了"反官僚主义、反命令主义、反违法乱纪"的"新三反"运动,主要针对工作中不民主、暴力以及干部的违法行为做整顿。

1953年1月4日,中共延安地委转发省委决定:任命赵国卿同志为中共延安地委副书记。

1953年4月16日,延安专区一级机关及延安县各机关干部在专署礼堂召开"反对官僚主义,反对命令主义,反对违法乱纪"的斗争动员大会。地委宣传部长席槐作了动员报告。报告阐述了官僚主义给人民带来的灾难和给国家造成的损失是极为严重的。要求各级领导一定要下决心,开展揭发批判领导上的官僚主义;充分发扬民主,开展批评与自我批评,特别是自下而上的批评。

1953年5月16日,中共延安地委转发省委通知:1.以郭廷藩、赵国卿、席槐、李挺、吴子明、郝登洲、黄克礼、郭长年、刘义懋、刘世发、李郁浓(已调走)、白应圭、张青、高基、王忠诚、刘振旅、申长林17位同志为延安地委委员;以王廷俊、刘丰功、侯觐武、延焕梧4同志为候补委员。2.以郭廷藩、赵国卿、席槐、李挺、吴子明、郝登洲、黄克礼7同志为延安地委常委,并由郭廷藩同志任延安地委书记。3.省委调原任延安地委书记黑志德、副书记王月明两同志另行分配工作。4.郭廷藩未到任前由王月明同志代理延安地委书记。

1953年12月22日,中共延安地委转发省委通知,任命白志明同志为中共延安地委书记。

1955年12月19日,中共延安地委转发省委组织部通知,任命赵国卿同志为中共延安专署专员,免去延安地委副书记职务;任命徐子猷同志为延安地委副书记。

1956年5月16日至24日,中共延安地方委员会召开第二次代表大会。白志明代表地委作工作报告。会议选出了中共延安地方委员会委员和候补委员及出席中共陕西省第二次代表大会的代表。通过了《中国共产党延安地方委员会第二次代表大会决议》。选举产生由23人组成的委员会,白志明任书记,徐志猷任副书记,常委9人。

1956年8月29日,陕西省委同意白志明、徐子猷、刘振旅、刘丰功、黄克礼、赵国卿、王忠诚、王廷俊、彭忠山9同志为延安地委常委会委员。

在这一时期各级机构也纷纷增加。1950年5月中共延安地委纪律检查委员会成立，各县党委的纪律检查委员会也纷纷成立，查处党内极少数人贪污腐化等违法乱纪行为。志丹县1951—1955年，结合"镇反""三反""五反"和互助合作运动，先后查处违纪党员52名，其中开除16名，警告24名，留党察看12名。宜川县纪律检查委员会先后查处有错误党员61人，犯有严重错误的党员33人，违法乱纪的党员28人，分别给予教育和处分。黄龙县共查处违犯党纪的党员109名，占当时党员总数的11%，其中开除党籍的35人。[①] 子长县，对违纪党员作了处分，其中开除党籍6人，撤销党内职务12人，留党察看5人，当众、当面警告14人，当面劝告21人。

1955年七届五中全会后，中央决定党内设监察委员会。各地纪检随之纷纷改名。1956年，地委纪律检查委员会更名为"中共延安地方监察委员会"。有的地方在支部也设立了监察委员（如子长、黄龙等地）。监察工作的中心任务是保证国家计划贯彻执行、执行党的集中统一原则、纯洁党的组织、防止资产阶级和资本主义思想对党员的侵蚀、促进农业合作化运动的开展。1956—1957年，志丹共受理160件，处理党员89名。黄龙县共处理犯错误党员22名。

1955年7月28日，中共延安地委召开常委会，决定在延安专区检察分院、延安专区公安处、延安中级人民法院三个单位成立司法分党组。党组由奥海清、刘义懋、郭志清、高标、强坯壁五同志组成，奥海清任书记，刘义懋任副书记。司法分党组的任务是在其三个单位中指导党员为加强党的影响、实现党的政策而工作，受专署党组和地委会的领导。

1956年11月24日，中共延安地委召开常委会。会议通过成立"中国共产党延安地方委员会工业交通部""中国共产党延安地方委员会政法部"，并在通过之日开始办公。

---

① 黄龙县地方志编纂委员会：《黄龙县志》，陕西人民出版社1995年版，第446页。

各县的党组织也根据自己的具体情况，召开了1—2届党代表大会，选举了负责人。还完善了党的机构。各县党组织机构建设的一个重要特点是机构膨胀。如延安县，新中国成立初期，中共延安县委机关最初只设有组织部、宣传部和秘书室（1956年9月改称办公室，秘书改称办公室主任）3个工作部门。1950年5月，成立了纪律检查委员会（1955年8月改称监察委员会）。1954年4月，随着农业合作化运动的发展，又增设了生产合作部（1958年3月改名为农村工作部，简称农工部）。1955年后，先后新增了财贸部、工交部、政法部、文教部、统战部以及机关党委和生活福利部。1949—1958年，中共甘泉县委先后建立秘书处、组织部、宣传部、统战部、纪律检查委员会、政法部、生产合作部（1956年10月改称农业部）、财贸部、工交部。再如安塞县委，原设组织部、宣传部，1949年11月设立秘书处、纪律检查委员会，1954年11月设立农村生产合作部，1955年2月设立财贸部，1955年6月设立文化部，1956年10月设立政法部，1956年12月设立干部训练班、安塞报社。其他各县情况也类似。机构的增设，反映的是一个县工作中心的变化，也使党组织陷入事务主义中。

考察这一阶段党组织的工作，从各方面来看，就是围绕着党在各个时期的中心任务，搞宣传、搞教育、搞整风、搞组织整顿，打击违法犯纪。突出强调了党员要跟上时代发展的步伐，在发展起模范带头作用。所以，这一时期的经济发展，与党的工作结合得非常紧密。同时，过急过快的发展要求的苗头已经显露。在组织结构上，也没有注意到党政分责的必要性。

这一时期，延安地区有了重要的进步，这是历史告诉我们的事实。

第七章 社会主义改造

一 农业社会主义改造

新中国成立后，中国农村社会生活中也出现了一些新的矛盾，个体农业开始自发地走向两极分化，关于"先机械化再合作化"还是"先合作化再机械化"的争论结果逐渐水落石出。1952年以后，毛泽东、周恩来、刘少奇多次讲过党在过渡时期的总路线。对农村问题的担心，以及认为需要提出新的任务来刺激发展的势头，农业合作化，或者说，农业的社会主义改造已箭在弦上了。

（一）中共中央《关于农业生产合作社的决议》

1953年5月25日，中共中央作出《关于农业生产合作社的决议》，农业社会主义改造开始。改造基本上是由过去互助合作运动发展到半社会主义性质的初级社和完全社会主义性质的高级社。

初级社是以互助组为基础，按照自愿互利的原则组织起来的，各户土地所有权不变，社员出让集体（合作社）的是土地经营权，大型的生产工具也折算股份。分配上按劳分配加按股分红，所以被视为半社会主义的性质。初级农业生产合作社，在生产计划和劳力使用上统一由社安排，生产管理采取死分活评或按件记工、短期包工的办法进行集体生产，并实行男女同工同酬。在收益分配上，按劳动和土地进行，一般情况下多规定产品和收入每年分配一次。分配方法一般采取定产分配制，即先扣除土地、牲畜、粪价、公积金、公益金部分，余则按劳分配。

初级社各户土地所有权不变，除留少量作菜地，一般是3%—5%，其余由社统一经营，评定常年产量，折股分红，或议定租额，由社付租。牲畜属私有由社统一使用，付给报酬，有的由社收买，分期付清价款。大型农具如大车等，由社租用，付给租金或按使用寿命估价，付给折旧费；中型农具如犁、耙、耧等，凡属社需要的一律折旧带入或由社收买，价额分期付清；小型农具如镰刀、锄头等，社员自带自用，不付报酬。权力机构是社员大会，平时由3—5人的社管理委员会处理日常工作。设社主任、会计、出纳员、保管员各1人，有年度生产计划和季度生产安排，社员劳动评定工分，以10分为1个劳动日，计算报酬，干部因公误工，适当予以补贴，会计账目要求日清、月结、年公布，产品扣除当年生产费用、公粮和公共积累外，一般按土地和劳动日比例分成，有四六和三七两种。分配方法是：以全年农业收入，扣除当年生产费用和公共积累（包括公益金、公积金等）后，其余分地股和劳动日按比例分配。副业收入纯按劳动日分配。公粮逐项计算到户，由土地所有者负担。分配步骤，每年两次，夏收后预分，年终进行决分。

在规定上，初级社转为高级社的3条标准是：社员自愿，有较强的骨干，能使90%以上的社员收入增加。但是，各县材料在提到高级社的建立时，不约而同地提到的政治因素的影响，基本上都在强调中共中央关于合作化的态度或《农业发展纲要40条》所带来的压力。

高级社的组织形式是社队两级，社为核算单位，由队组织生产。全部土地归社员集体所有，劳力、牲畜和农具固定生产队使用。高级普遍订有生产计划，并对队（组）实行"三包一奖四固定"的管理办法。三包是包工、包产、包投资；超产奖励，减产自负；四固定是固定耕地、耕畜、劳力、农具。在分配上，实行以劳取酬，多劳多得；社为基本核算单位，生产队和作业组只按社里的计划组织生产，其生产果实年终参加社里统一分配。高级社取消土地分红，社员所有耕地全部无偿归集体所有。牲畜及大中型农具折价归社按价给社员分摊公有化积金，长退短补。原初级社的公有财产归高级社所有，高级社实行按劳分配制，评工计分，按劳计酬，也有按件计酬的，评定工分由"死分死记"到"死分活评"。

（二）农业社会主义改造

1. 农业合作化运动尝试

1952年11月11日，中国农民代表访苏参观团西北分团陕西组代表刘文忠等到延安，为全专区干部职工作了苏联农业集体化的经验报告，专区各县组织干部群众进行了学习讨论。这个代表团是1952年4月去苏联参观的，代表们回国后得出的结论就是"苏联的今天就是我们的明天"，要求向苏联学习，走集体化道路。在这个时期到延安来作这样内容的报告，成为发出一个农业走向合作化的信号。

延安地区在大规模整顿互助合作的时候就开始考虑把互助合作提高一步了，1952年冬就开始了试点。延安地区初级农业生产合作社，首推1952年冬—1953年春，延安县柳林村在李有华常年互助组基础上，成立初级农业合作社。1953年2月9日至12日，中共延安地委分别在延安、洛川两地，召开全区12个县试办农业合作社的工作组长会议，对各县相继试办的农业合作社工作作了检查。2月13日，延安专署发布"延安专区1954年农业及林、牧业生产计划纲要"，要求本年的农、林、牧业生产工作，必须贯彻国家过渡时期总路线总任务、逐步实现对农业的社会主义改造，以适应国家逐步推行社会主义工业化建设的需要。这个计划纲要给专区人民当年生产建设提出了总的方向、任务和完成任务的办法。

中央"关于农业生产合作的决议"起初在延安地区没有得到有力的响应。这似乎和延安地区的农业生产基础情况有关。延安地区地广人稀，土地并不短缺，对土地的集体经营似乎缺乏兴趣。因此，1953年底初级社发展到21个，参加者共199户。

2. 农业合作化运动的实施

1954年中共延安地委、延安专员公署按照中共中央《决议》精神把合作化作为全区农村工作的重心。6月16日至7月8日，延安专区举办了建社组长训练班。参加学习的共有106人，会上学习了有关问题的典型材料，并听取了地委书记白志明关于党在过渡时期的总路线的报告。8月26日至28日，中共延安地委举行扩大会议。地委书记白志明传达了中共陕西省第一次代表大会精神的报告，专员席槐传达了陕西省第一届人民代表大会第一次会议决议精神的报告，地委副书记赵国卿作了题为《关于贯彻省党代表大会精神检查领导重心转移》的发言。到会的地委委员和各部门的负责同志着重检查了地委以往对农业的社会主义改造的领导和专区级有关部门对于这一工作的服务情况，并具体研究了今后如何迅速地坚决地把领导重心转向"以互助合作为中心的农业增产运动"的办法。

1954年10月21日至11月1日，中共延安地委召开县委书记和专区科部长级干部等学习座谈会，参加会议的共104人。会上学习了《中共中央关于发展农业生产合作社的决议》、《中共中央农村工作部关于第二次农村工作会议的报告》、《中共中央关于加强党在农村的宣传工作的指示》等文件精神。会议检查了贯彻中共陕西省第一次代表大会决议以来转移领导重心的情况，提出了进一步转移领导重心的具体措施。并根据各地不同情况，提出第二年全专区新建510个农业社的计划。

1954年11月11日，延安专区级各机关抽调了140名干部，组织了12个工作组，分别到各县帮助开展以互助合作为中心的冬季生产工作，围绕这一个中心工作，还要进行秋粮、棉花、油籽的统购，秋征公粮等几项重要工作。

12月8日，中共延安地委在延安报上刊载关于开展"共产党员要克服资产阶级思想影响，带头走社会主义道路讨论会"的指示。即使这样，1954年，延安地区初级社发展到259个，入社户占总农户3.6%。[①]

1955年1月17日到21日，中共延安地委召开扩大会议。会上传达了省互助合作会议、计划会议、生产会议等会议精神，检查总结了去年的工作，特别是建社和巩固老社工作，研究讨论了地委关于新的一年工作和延安专署《关于1955年农业生产工作督察方案（草

[①] 延安市地方志编纂委员会：《延安地区志》，西安出版社2000年版，第193页。

案)》。会议提出新的一年必须以互助合作为中心的工作任务。要求各县必须开好三级干部会议,全面广泛、深入细致地在全专区开展社会主义思想大动员。同时必须进一步加强党的集体领导,开展批评与自我批评,改进和提高领导方法。

1955年9月7日,中共延安地委发出"为大规模地开展农业合作化运动的宣传"的指示。指示要求各县党委必须认真细致地依照毛主席的指示精神,教育广大干部、特别是领导干部,使他们深刻地理解此运动的意义,向农民群众宣传我党关于农业合作化方针、政策和办法;各部门要统一行动,自上而下利用各种形式进行宣传;利用"三干"会议的机会,通过联系、检查、认识,共同提高认识水平。同时,延安报也应大力进行宣传报道。

1955年10月15日,《延安报》刊登题为《整顿巩固现有农业社,迎接合作化新高潮》社论。社论说:这次整顿现有农业社,是总结检查办社经验,安排计划下一年的生产,选举新的领导机构,为准备建社与扩大老社奠定基础。同时进行宣传教育,使有些社员消除顾虑误解,更加明确认识农业社"方向好、产量高、收入多",多劳多得,更加坚定办社信心。

1955年10月23日至27日,中共延安地委召开了扩大会议。传达和学习中共中央七届六中全会关于农业合作化问题的决议和毛主席《关于农业合作化问题》的报告以及其他有关报告和文件。会议检查了各县建社的准备工作,要求各级党委大量进行宣传工作,使群众消除顾虑、解放思想,以保证建社工作顺利进行。

3. 农业合作化运动高潮的掀起

1955年互助合作运动迅速发展,出现了高潮,当年冬天建社1600个,入社户占总农户75%,年底达到85%。[①] 1955年10月17日,中共七届六中全会后,全区掀起升级扩社的高潮,就是高级社。大量办合作社与大量合作社的同时升级,结果必然就是,有很大一部分农民未经互助组和初级社而直接进入高级社。

---

① 延安市地方志编纂委员会:《延安地区志》,西安出版社2000年版,第193页。

1955年的这个高潮，显然是受全国政治空气的影响。主张"缓一缓""巩固一下"的以中央农村工作部部长邓子恢为代表的一批头脑相对冷静的农村工作干部，被批判为"小脚女人"、思想保守，因而被撤职、处分，直接刺激了全国农业合作化走向激进。延安地区的这个高潮，应该是这股"冒进风"的结果。"反保守主义"成了"冒进"合理性的来源，在具体工作必然反映出来。

1956年2月9日，中共延安地委和延安专署分别召开电话会议。就发展高级农业社和当前生产，向各县委和县人民委员会作了指示。指示要求：不论高级社或初级社，3月5日前，都要作出生产计划，订计划时，一定要克服保守思想，挖掘各种潜力，使计划订得既先进又可靠。

为了适应合作化后的生产管理，1956年2月7日，中共延安县委决定，训练高级农业社骨干队伍。到1956年9月14日，延安农业合作干部学校成立并正式开学，该校共招生300名，共分畜牧业、会计和农业技术等6个班。

1956年冬，延安地区加入高级社的农户达13.70万户，占总农户的83%；1957年初，加入高级社的农户达15.41万户，占总农户的95.2%，高级社达到4071个。[①] 高级社建立后，土地所有权、经营权均归集体（社），大型的生产工具如牲口、车子等也不再能是个体所有。高级农业生产合作社，在生产管理上实行集体劳动，统一经营管理，生产计划由合作社统一安排，收益分配实行按劳分配的原则。高级社的建立标志了对农业的社会主义改造基本完成。从此，社会主义制度在农村建立起来。延安地区的各县，也在全国大势下，速度不一地完成了农业社会主义改造。

（三）农业社会主义改造概况

（1）延安县。1953年9月14日，中共延安县委书记薛海平在杨家岭大礼堂召开党员大会，传达中共中央关于农业合作化问题的指

---

① 延安市地方志编纂委员会：《延安地区志》，西安出版社2000年版，第193页。

示。1954年1月14日，县委抽调10名干部进行试办初级社和整顿原有农业社。1954年4月13日，延安四区二十里铺团结农业社建成，县委副书记刘永亭和县长何增兴讲话祝贺。1956年，全县开始兴办具有社会主义性质的集体经济组织——高级农业生产合作社。

1955年大办农业生产合作社进入高潮，全县有2801户以土地入社，按劳分摊牛料、籽种数量，按工记分，按工分、土地、牲畜分红的办法，组织起农业生产合作社。1956年后半年初级社转为高级农业生产合作社，全县共组织起602个，入社户占总农户的92%。[1] 这些家户的土地全部入了社。依法确定土地可以给个人使用，使用土地的集体或个人有保护、管理和合理利用土地的义务。规定主要包括：一是社员宅基地、自留地、自留山和全村公益用地的所有权转化为集体所有，由村民委员会经营，管理由市人民政府登记造册核发证确定集体所有，由村民使用。二是农业合作社的大型机具、大小家畜、公房公窑、储备粮等等都属于集体所有。三是农业生产合作社的经济都归集体所有。四是农业生产合作社所购置的其他物品都归集体所有。五是集体所有的财物要动用变卖都经过社员集体讨论决定。

（2）吴旗县。1952年12月，延安地委合作互助会议后，吴旗县委遵循"由县控制、重点试办、只许办好、不许办坏"的建社方针，在普遍发展互助组的同时，于1953年春季，在杨青、郭畔两个较好的互助组基础上试办农业生产合作社。

1953年元月中旬，县上在干部学习建社方针的基础上，委派4名干部前往杨青、郭畔搞试点办社。首先教育群众认识互助组形式的弱点和不适应性，要另搞一种生产组织形式来进一步发展生产，提高经济效益。3月中旬，县委书记王忠诚亲自下到两组指导，协助建社，帮助解决入社的土地、牲畜、肥料和劳力等问题，并选举了社长、副社长，讨论制定了社章。社章规定：土地和生产资料所有权仍归社员个人所有，只是在秋后总收入内扣除土地、牲畜和粪土部分，余按劳动日分红。自此，吴旗县最早的两个初级农业生产合作社正式成立

---

[1] 延安市志编纂委员会：《延安市志》，陕西人民出版社1994年版，第183页。

了。参加合作社的共 13 户 99 人。1954 年，全县共建起了 30 个初级农业生产合作社，参加 291 户 2000 人；1955 年发展为 112 个，参加 1233 户 8350 人；1956 年发展为 281 个，参加 7277 户 45483 人。①

初级农业生产合作社成立后，就显示了一定的优越性。一是粮食产量普遍提高了。以郭畔、杨青两社为例：

试点名称	合作形式	主要农作物亩产量（公斤）		
		糜子	谷子	荞麦
郭畔	1952 年互助组	42.5	54.5	62.5
	1953 年初级社	94.1	116.1	90
杨青	1952 年互助组	62.5	48.5	50.8
	1953 年初级社	98.5	116.8	62.9

二是劳力统一使用后，对土地进行了加工，两社春秋两季共修梯田 30 亩，刷崖拍畔 83 亩，打小坝、拨水沟、铲除杂草亦有显著成效。

三是农业技术逐渐提高了。如郭畔社 1953 年比 1952 年翻一次就下种减少了 49.1%，翻两次下种增加了 45.6%，并改过去撒种为条播，用赛力散农药拌种，施肥面积提高了 14%。

四是发挥了妇女作用，郭畔社妇女王秀英全年做了 280 个工日。由于实行同工同酬，大大提高了妇女的生产积极性。②

1955 年，吴旗县在初级农业生产合作社的基础上，开始建起两个高级农业生产合作社。组织形式是土地和主要生产资料完全归集体所有。取消了土地报酬。1956 年全县共建起 305 个高级农业生产合作社，共有 6260 户、38973 人加入。1957 年取消了初级社组织，高级社相应被扩大，全县共建高级社 187 个，共有 8808 户、49854 人参加。③

---

① 吴旗县地方志编纂委员会：《吴旗县志》，陕西人民出版社 1991 年版，第 214—215 页。
② 同上书，第 215 页。
③ 同上。

1952年12月，永平区贺家崖村、城市区杨家湾村率先建立农业合作社，入社农户17户。1953年，两社农户发展为23户。1954年11月，全县掀起农业合作化运动第一次高潮。1954年年底，共建农业合作社104个，入社324户，占总农户2.6%，占组织起来农户10.4%。1955年春，县委根据"提高老社，巩固新社"的方针，对老社实行整顿。到1955年年底，全县农业生产合作社发展为151个，入社1417户，占组织起来农户的16.42%。1956年，全县掀起农业合作化运动第二次高潮。1—2月，县上先后培训合作社骨干2673名，抽调老社主任63名到各处帮助建社。至3月，全县农业生产合作社发展为695个。1956年年底，农业生产合作社发展为1093个，入社农户11793户，占总农户的90.5%。

（3）甘泉县。1954年，甘泉县初级农业合作社入社户3947户，占总农户的94.5%，入社人口15481人，入社土地112737亩，占全县总耕地面积的90.2%。其中川地36214亩，台地29946.6亩，山地45198.87亩。① 社员入社后，原私有土地除留少量零星地外，其余全部入社，统一经营，但土地所有权归社员所有。入社土地按质量、远近、耕作等条件，经社员自报公议评定常年产量，1斗小麦为1分，10分为1股。私有农具及新购农具统一归农业合作社，为全体社员公有。社员的牲畜使用先合作社后个人，使用时按工议酬，临时雇用的付给合理工价。社员记工分采取死分活记，作业标准按季节、活路不同分轻活、重活、忙活、闲工、技术工、普通工等。劳力由社内统一调配使用，劳动时间按天计算，每一劳动日记10分。记工分实行工票、记账相结合的办法。参加劳动的不分男、女，均按"同工同酬"评分计工。农业社干部和社员因社务误工，予以适当补贴。会计账务日清月结，逐项向社员公布。社内的开支由管委会批准，较大的开支经社员大会讨论通过。社内公积金占2.5%，公益金占5%，随农业收成丰歉，也可由社员大会讨论确定少积或多积。农业合作社的权力机构是社员大会，社务管理委员会执行，社管会一般由3—5人

---

① 甘泉县地方志编纂委员会：《甘泉县志》，陕西人民出版社1993年版，第168页。

组成。分配办法为社内全年收入扣除公积金、公益金、社员投资及利息，留出生产费用，其余按劳分红。

1955年，甘泉全县有高级社71个，1956年发展到187个，入社农户5214户，占全县农户总数的95.1%。①甘泉县的高级社的组织形式，分社、队两级。社为核算单位，由队组织生产，全部土地归社员集体所有，劳力、牲畜和农具归生产队使用。经营管理实行包工、包产、包投资，超产奖励的"三包一奖"责任制，低于包产指标90%以下者扣劳动日。生产队建立集体和个人的生产责任制，合理安排小段农活，沿用初级社时的"死分活记"办法评工记分。这种模式，似乎有后来小队承包的因素在。

（4）黄陵县。早在1952年7月，黄陵县就成立了第一个初级社。中共黄陵县委在桥山区凤岭乡暖泉沟村王占胜互助组的基础上，引导农民按照"自愿互利"的原则，建立了全县第一个以土地入股、统一经营为特点的"警钟"农业合作社。入社农户10户，社员38人，劳力19个，经营耕地158.2亩。1953年元月，道南乡老虎尾巴村，将原来的肖连海互助组扩大合并建立了红旗农业生产合作社，全社21户，社员92个，劳力46个，入社耕牛16头，驴7头，耕地526.66亩。②这个合作社将入社农户的耕地在所有权不变的前提下，除留给社员必要的菜地外，其余耕地根据土地条件（包括肥瘠，地块大小，距村远近及水利条件等），按原产量自报，公议确定租额（即评产），以"死租"一律入社，统一经营。租额由社付给。社员的主要农具折价付息，计账入社，并制定了生产、劳动、财务、管理及收益分配制度和办法。"警钟"、"红旗"两社在生产中初步采用了合理密植、深翻改土、精耕细作等增产技术措施，农业生产发展较快。当年，红旗合作社小麦亩产68.5公斤，较1952年互助组时期增产27.5公斤；到1954年全社小麦总产高达7453公斤，平均亩产99.5公斤，较1952年互助组时期亩产42公斤净增57.2公斤。除了肥料、籽种

---

① 甘泉县地方志编纂委员会：《甘泉县志》，陕西人民出版社1993年版，第169页。
② 黄陵县地方志编纂委员会：《黄陵县志》，陕西人民出版社1995年版，第119—120页。

及其他必须的生产费用、公积金、公益金外，当年社员实行分配小麦6165公斤；其中劳力占3699公斤，土地分红2466公斤，平均每个劳动日分得小麦8.1公斤，是本县鲁宗明丰产互助组当年每个劳动日分4公斤小麦的2倍多，充分显示了集体生产和互助合作化的优越性。1954年，初级社增加到13个，入社农户178户，社员854个。1955年，中共黄陵县委按照"积极领导、完善提高、稳步前进、只许办好、不许办坏"的总方针，把建立初级社的工作推向新高潮。到年底全县初级社发展到124个，入社农户达2210户，占全县总农户的30.37%，平均每社17.8户。入社耕地5万亩。①

1955年冬，中共黄陵县委在红旗乡试办建成全县第一个高级农业生产合作社——和平高级农社。入社农户47户，社员211人，劳力95个，经营耕地1771.24亩。该社下设三个生产队、六个生产小组。生产队配备队长1人，生产小组设组长1人，具体负责社队组的生产安排、劳动组织和其他管理工作。1956年1月，黄陵县出现建高级社高潮，从3月初至4月中旬，仅40天时间，采取转、并或升级等方式，建立242个以土地和主要垄产资料集体所有为特征、取消初级社土地分红、实行劳动成果实行按劳分配的高级社。入社农户7895户，占全县总农户的89%，入社耕地266619亩，占全县总耕地面积的90.5%，社会自留地7574.09亩，约占入社耕地的2.89%。入社大家畜11927头，羊子4605只，农具29349件。在这些高级社中，扩大合并的社37个，单一升级的社194个，由互助组直接转升为高级社的11个。242个高级社中，50户以下的社188个，50—100户的社50个，100—150户的社2个，150—200户的社1个。200—250户的社1个。在建社过程中，由于要求过急、步子过快、工作过粗，一些随大流建立起的高级农业生产合作社普遍存在着制度不健全，管理水平低的问题。1956年5月，黄陵县对建立的高级农业生产合作社分两批进行全面整顿，到年底，全县高级农业生产合作社达到266个，参加农户8022户，占全县总农户的92%，到1957年，高

---

① 黄陵县地方志编纂委员会：《黄陵县志》，陕西人民出版社1995年版，第120页。

级农业生产合作社合并为 187 个，入社农户 8592 户，基本实现了高级农业合作化。①

（5）安塞县。1953 年春耕基本结束后，安塞开始了互助组转农业初级生产合作社的试点。试点由县委书记高兴海主持，成立了鲍家营、阎家湾两个初级社，入社农户 22 户。同年冬，又建起方界寺初级社；该社于 1953 年 12 月 28 日通过建社章程，内容包括总则、社员、经营管理、劳动纪律、具体问题、分红比例、分配办法、其他、附则等九部分。章程内容详尽、结构严谨，对全县的建社起了引导推动作用。1954 年遵循"积极领导，稳步前进"的方针，当年农业初级社发展到 13 个，参加农户 186 户，占全县总户数的 1.5%。1955 年，初级社发展到 77 个。② 初级社的收益分配，是将入社的土地和劳力折股，牲畜分等出租使用，肥料以质论价，年底在收益中留足籽种，抽取公积金、公益金后，以股参加分配。其中阎家湾社实行人、畜评分，死分活评、当天清算、10 日小结、1 月算账。具体分配过程，是先扣除公积金、公益金，用作扩大再生产和发展公益福利事业，留足籽种，以备第二年下种，然后将所剩的粮食等按百分比切块分配。其中土地占 23%，肥料占 12%，劳畜力占 65%。1955 年，在"发展高级社"的刺激下，安塞开始转建高级农业生产合作社，建起高级社 127 个，入社农户 10926 户，占全县农户的 87.33%。1956 年，安塞合作化运动进入高潮；当年，将 35 个初级社、533 户和临时组 526 户及 163 个单干户，动员加入高级社，高级社发展到 162 个、12148 户，占全县 12544 户农户总数的 96.84%。仅有的 35 个初级社因农民思想问题没有解决，政府采取了教育、等待的政策。1957 年，高级社达 582 个、12714 户，占总农户 12768 户的 99.58%，全县还有 54 户未入社，县委宣布全县实现了农业合作化。③ 高级农业合作社将全体社员的土地入社，耕畜、农具等主要生产资料作价归公。

---

① 黄陵县地方志编纂委员会：《黄陵县志》，陕西人民出版社 1995 年版，第 120—121 页。
② 安塞县地方志编纂委员会：《安塞县志》，陕西人民出版社 1993 年版，第 146 页。
③ 同上书，第 146—147 页。

在劳动中实行全体社员共同劳动的经营方式，收获全部实行按劳分配。为了准备种子、肥料、牲畜草料和收买社员的耕畜、农具，社里向社员征收股份基金，以劳均摊。社的最高领导机构称社管会，有社长、副社长各1人，会计、保管、出纳各1人，负责社内劳动生产组织事宜。

（6）延长县。1953年1月，在全县互助组代表大会上，延长县一区四乡杜家沟互助组组长李万原提出，将互助组转为农业合作社，县委决定试办农业合作社。通过60天的准备，3月8日宣布第一个农业生产合作社成立。社员入社，原私有土地除留少量菜地、苜蓿地、荒地由自己经营外，其余全部入社，统一经营，土地所有权仍归社员私有。入社土地按质量、远近、耕作难易等条件，经社员自报，公议评定常年产量，1斗小米为1分，10份为1股。入社农具，采取私有、伙用、公修的办法，新增添农具为公有，由社统一管理。社员的牲畜使用先社后家，使用时按等论价，临时雇用时付给合理工资。社内记工办法一般采用"死分活记"，作业标准按生产季节、农活不同分轻活、重活、忙工、闲工、技术工与普通工等，劳力由社内统一调配使用。劳动时间按日计算，每劳动日记10分。计工实行工票结合，二联单据，参加劳动者不分男女老少，均按"同工同酬"评分计工。农业社干部和社员因社务误工，予以适当补贴。会计账务日清月结，逐项向社员公布，实行民主监督，反对贪污浪费。社内一般开支由管理委员会批准，较大的开支要经社员大会批准。社内公积金占2.5%，公益金占5%，社员大会随丰歉讨论确定少积或多积。农业合作社的权力机构是社员大会，决定的事项由社务管理委员会执行，社管会由5—7人组成。延长县第一个农业生产合作社，共有农户18户，人口73人，占全村总户数的75%，有土地1198.5亩（其中山地1123亩，原地55亩，川地20.5亩），占全村土地的76.9%。1954年，该社粮食总产56471公斤，比1952年增产57.38%，同单干户相比，产量增加明显。1954年，全县建起初级农业合作社21个，入社农户398户，占全县总农户的3.28%。1955年到1956年春，全县出现建社高潮，共建初级社633个，入社农户达11987户，占总农户的99%。①

1956年1月，中共延长县委在郑庄等地试办了7个高级农业合作社，又经两个月的紧张工作，先后在全县建立起638个高级社，其中直接由互助组转为高级社的204个、3606户。有151—200户的大社2个；50—150户的中社16个；50户以下的普通社620个。总计入社农户11629户，占全县总农户的96.9%。

（7）黄龙县。1953年春季，中共黄龙县委在崾崄太地塬村试点，初级农业生产合作社7个，入社农户270户，共1057人。1954年全县建初级社24个，入社农户674户，2444人。1955年秋，全县初级社发展到187个，入社户数3501户。1956年，发展到212个，入社户达9181户，占全县总户数的97.7%。②

1956年，全县建立高级社191个，入社户数8915户、占总户数的99.2%，人口30021人，劳动力18803个，入社耕地245670亩、占耕地总面积的80%，牛、驴、骡、马等大家畜6684头（匹），羊3535只，高级社规模50户以下的27个、50—100户的55个、100—150户的24个、150—200户的15个、200户以上的2个。③

（8）志丹县。1953年春，志丹县县委和县政府在原金鼎山互助组的基础上，试办了第一个初级社，社长李秉义，入社农民8户48人。1954年，全县共办起初级社14个，入社农民101户。到1955年，初级社发展到66个，入社农民5570户，占总农户的74%。④

1955年3月，城市乡西阳沟建起全县第一个高级农业生产合作社。是年冬，通过宣传《中共中央关于农业合作化问题的决议》精神，在短短一个冬春，全县共办起高级社153个，入社农民8028户，占总农户的97.07%。⑤

---

① 延长县地方志编纂委员会：《延长县志》，陕西人民出版社1991年版，第160—161页。
② 黄龙县地方志编纂委员会：《黄龙县志》，陕西人民出版社1995年版，第142页。
③ 同上。
④ 志丹县地方志编纂委员会：《志丹县志》，陕西人民出版社1996年版，第143页。
⑤ 同上。

(9)宜川县。1953年,宜川县委派工作组在一区程洛乡韩家圪村,以马得利互助组为基础,建立起全县第一个初级社,入社17户,66人,耕地528亩,并制定有初级社章程,规定:本社以户为基础,以人为单位组成;按照入社自愿退社自由的原则,各户入社的土地、牲畜一律为社统一使用,劳动力由社统一调用,年终分红。接着在七区屯里乡郭西村将魏瑞祥互助组建成初级社。1954年,各区都作了试点,初级社45个,入社460户,3732人;至1955年,初级社发展到191个,入社达3302户,14817人。①

1955年7月,毛泽东"关于农业合作化问题"的指示发表,宜川县开始试办高级社。1956年春,全县出现高级合作化运动高潮,原初级社迅速并转为高级社,不少互助组直接加入高级社,原来未参加互助组和初级社的5554户个体农民也有4753户加入了高级社,至年末全县有高级社164个,入社11152户,占总农户98.5%,45405人。②

(10)富县。1953年,富县羊泉区东陈超村赵邦忠互助组和张村驿区川口村余有才互助组,经过整顿并吸收愿意入组的自耕户,分别组建起两个初级农业生产合作社,入社农民16户。1954年又有6个互助组升级为初级社。截至1955年底,全县组建起23个初级农业生产合作社。③

1955年7月,中共中央发出《关于农业合作化问题》的指示。1956年1月15日,县委派出工作组,进行高级农业社的试办工作。在23个初级农业社的基础上,组建起5个高级农业生产合作社,随后高级合作社运动迅速在全县铺开。1956年全县经过试建,分两批建成169个高级社,入社农户10790户,占总农户的95%以上。④

(11)洛川县。洛川县委于1953年至1954年春,在互助组的基础上于作善乡下黑木村试办初级农业合作社。1955年底,全县共有

---

① 宜川县地方志编纂委员会:《宜川县志》,陕西人民出版社2000年版,第199页。
② 同上。
③ 富县地方志编纂委员会:《富县县志》,陕西人民出版社1994年版,第116页。
④ 同上书,第117页。

初级社 136 个，入社农户占全县总户的 82%。①1956 年全县基本实现了初级农业生产合作社。1956 年全县在初级社的基础上，开始建立高级农业合作社。至 1957 年全县共有高级社 304 个，入社农户占全县总农户的 90% 以上。

（12）宜君县。宜君县建立初级农业生产合作社，则基本上是同发展互助组一起穿插进行的。1952 年，本县在东区云辉乡寨子村寇发德和西区马武乡寺平村马海潮两个互助组的基础上，试办起两个初级社，入社农民分别是 8 户和 9 户，入社劳力分别是 10 个和 15 个，共有土地 310 多亩。从 1953 年起，各区、乡普遍开始试办初级社，到 1954 年后半年，全县共有初级社 36 个，入社农民 829 户。1955 年 9 月，传达学习毛泽东《关于农业合作化问题》的报告后，全县迅速掀起了农业合作化运动的高潮。当年冬，全县初级社发展到 389 个，入社农民 6734 户。1956 年春，增加新建社 160 个，累计全县建成初级社 669 个，入社农民 10874 户，占总农户的 86.8%。②

1955 年秋，宜君县正处于第一次农业合作化高潮之中，首先在办社较早、基础较好的焦坪区寺平，偏桥区湫沟和城关区先锋 3 个初级社试办起 3 个高级社。1956 年春，根据社员自愿，将骨干较强和增产显著的办得较好的 50 个初级社全部转为高级社，达到每乡有 1—3 个高级社。当年下半年，全县广大农村迅速掀起高级农业合作化的新高潮。1957 年春，全县所有初、高级社实行升级合并，建起高级社 118 个，有社员 9195 户，占农户总数的 94.34%。③

（13）子长县。1952 年，子长县境内有常有互助组、临时互助组 1135 个，耕地仍属私有，为有组织的集体经营。同年，子长县创办湫滩沟农业生产合作社和徐家砭农业合作社小组。至 1955 年，农业生产合作社过渡到高级合作社。1956 年底，全县共有各类农业合作社 407 个，入社农户占全县总农户的 99%。④

---

① 洛川县地方志编纂委员会：《洛川县志》，陕西人民出版社 1994 年版，第 229 页。
② 宜君县志编纂委员会：《宜君县志》，三秦出版社 1992 年版，第 132 页。
③ 同上书，第 133 页。
④ 子长县志编纂委员会：《子长县志》，陕西人民出版社 1993 年版，第 223 页。

（四）农业社会主义改造成果

在改造的过程中，农业生产是向前发展的。如延长县，1957年全县粮食总产为1475.5万公斤，比1955年增长57.6%。黄龙县1956年全县农业总产值达262.3万元，比1949年增长122.3%，其中农业收入2031万元，增长138.8%；牧业7.6万元，增长65%；副业17万元，增长112.5%。黄陵县，1955年，全县农业总产值达到354.9万元，粮食总产量2885万斤，较1949年增长31.2%；人均生产总值达到359公斤，较1949年增加98.5公斤。宜君县1956年是合作化的第一年，全县粮食总产达23110吨，比1955年增长6.47%，比1949年增长57.47%；小麦平均亩产58公斤，创历史最高纪录。当年，40.6%的初级社增加了粮食产量，45%的社相当于1955年的生产水平；入社农户的80%增加了收入。各县均有不同程度的增长。

农业社会主义改造而建立起来的社队，同时又兼有了农村政权的性质。初级社的权力机构是社员大会，下设社管会具体处理日常工作。配备有社主任、会计、出纳、保管各1人，社管员数人。高级社的组织由社员选举产生社管理委员会7—10人，设主任、副主任、会计等，各村民主选举队长，直接管理本村的生产劳动事务。这种模式，在民主传统不强的中国农村，对于可能处于少数地位的村民（单干户或社员）极易产生不利的影响，从而影响到他们的生产积极性。像洛川暴露出来的有些社对耕畜、大型农具折价等经济问题处理不够认真、合理，对农民退社自主权利的限制，均会产生政治上、经济上的不利影响。

经济效益是经济制度的生命。从延安地区农业社会主义改造的过程来看，相当多的时候，农民特别是生产能力普通或较弱的农民，对于他们的利益的不断增加，是他们加入合作社的主要动力，这就要求合作社的生产效益不断提高，起码要高出单干的。

在具体的生产领域内，人与人在个体上是有差别的。而合作化在很大程度上拉平了这种差别。但是，人类社会的历史告诉人们，人的生产能力的提高（表现为生产效率）表现在个体上往往是不均衡的，一开始肯定是由少数人为代表。经济效益往往与他们的创造有关。那么，在合作化内部，如何实现对这些优势的少数的激励，往往决定了合作化事业的成败。

1956年5月16—24日，中共延安地方委员会召开第二次代表大会。会议选出了中共延安地方委员会委员和候补委员及出席中共陕西省第二次代表大会的代表。通过了《中国共产党延安地方委员会第二次代表大会决议》。《决议》指出：在农业合作化基本实现之后，党在农村的主要任务是：巩固提高合作社质量；积极推行技术改革；集中力量领导发展农业生产。决议号召全区党员紧密团结，从各方面把社会主义建设事业做得又多、又快、又好、又省，为第一个五年计划四年超额完成而奋斗。

二 手工业和资本主义工商业的社会主义改造

（一）资本主义工商业的改造

1. 延安地区资本主义工商业的改造的兴起

1949年，陕甘宁边区颁布《陕甘宁边区工矿商业登记暂行办法》，规定境内公营、私营和合作经营工矿业办理登记后，才能营业，并受法律保护。新中国成立后，延安对私营工商业进行登记管理。1950年，全区登记管理1331户私营工商业，从业人员2716人。即使在经历了国民经济恢复后，各县办了一些集体性地加工业，总数量还是很少。1954—1955年，延安专区对工商企业进行普查，查明全区有地方国营、公私合营大中型工业企业15个，10人以下小型私营工业17家。而延安地方一向工业落后，基本上没有机器生产。即使能被列入资本主义工业范围的，也是手工作坊性质的。在这里，说到它和手工业的区别，大概就在于多人（两人及以上）与个体的区别了。

1956年1月4日至6日，中共延安地委召开扩大会议。地委书记白志明传达了中共中央关于改造资本主义工商业的指示和中共陕西省委扩大会议精神。并依据上述精神提出延安专区对资本主义工商业的社会主义改造的规划意见。会议认为：延安地区对资本主义工商业和个体手工业和小商小贩的社会主义改造工作，基本上贯彻了中央"统筹兼顾，全面安排、积极改造"的方针，采取了一系列的重要措施，因而使市场物价稳定，私营商业基本维持下来，部分失业人员得到妥善安置，国营和合作社批发业务有了进一步扩大，城乡物资交流更加畅通。会议确定在1956年内，基本完成全区私营工商业（包括运输业）的社会主义改造工作，将全部私营工业改造为公私合营工厂；将私营商业改造为各种形式的国家资本主义的商业。

延安市（区级）带头宣布私营工商业的改造成功。1956年1月25日，延安市职工、店员、私营工商业者、手工业者、郊区农民代表、各机关团体干部和市民们，举行了1.5万多人参加的庆祝游行和联欢大会，宣布全市私营工商业18个行业、246户；手工业37个行业、814人；小商小贩6个行业、130户，全部实行公私合营和合作化。29日，《延安报》发表题为《向延安市看齐》的社论，社论说，延安市给全区带了个好头，它将推动全专区资本主义工商业和个体手工业的社会主义改造工作。2月5日，延安南关操场举行1万余人参加的庆祝社会主义改造胜利的大会。会议宣布："延安已经进入社会主义社会"，同时大会决定给毛主席打电报报喜，并举行了游行。2月6日，《延安报》发表题为《庆祝延安市社会主义改造胜利》的社论，社论要求全专区人民都应当积极创造条件，向延安市看齐。

2. 延安地区私营工业改造情况

（1）酒坊。20世纪50年代初期，黄陵县隆坊、太贤、腰坪等地私营酒坊停业，只有店头义顺合和大份两户酒坊坚持经营。1952年，店头酒坊从业人员13人，年产白酒20吨，年产值21800万元（旧人民币）。1954年，有员工15名，年产量40吨，年产值41200万元（旧人民币）。[①] 1956年，延安利民酒厂迁至黄陵店头，与店头两户酒坊合营，建立店头酒厂，为地方国营企业。

（2）印刷。延安县1949年手工石印作坊2家，业主2人，有技工3人，学徒4人，设备121元，资本额2369元。1955年合作化初

---

① 延安市地方志编纂委员会：《延安地区志》，西安人民出版社2000年版，第355页。

期，由9人组成印刷合作小组，1956年又有7个私营单干的石印、刻字等几家组织起来加入合作小组。有工人39人。① 各县有石印馆的都组建集体印刷企业。洛川县有石印刻字小组（以原"恒丰石印馆"为基础）、黄陵县有合营石印馆、鄜县有手工业印刷合作社、延安县有城关镇印刷刻字业生产合作社、延长县有印刷合作社、宜川县有文具商店石印社。

（3）煤炭。延安地区有煤炭矿藏，边区抗战时期民间私人煤窑曾发展迅速，后因战争影响而衰落。1953年，子长县境内有私营炭窑14处，从业人员398人，拥有固定资产5972万元（旧币），年产炭30299吨。② 1956年全县私营工业实行公私合营，改为公私合营煤矿6个，有星民（寺沟）、益民（安家沟）、民生（马家沟）、新庄库、禾草沟、利民（果树坍）。黄陵县的小煤窑改建成地方国营企业。

另外，1953年，延安县德盛和长顺两个私营皮坊与延新皮革厂（地方国营企业）合作经营。

3. 延安地区私营商业改造

新中国成立后，为了恢复国民经济，国家采取保护工商业的政策。1950年，延安分区取缔杂制尺、斗、秤，推广市制尺、秤，对短斤少两进行监督检查。良好的环境，使私人商业很快发展起来，也使得延安分区私营商业改造的精彩程度远超过对工业（包括手工业）的改造。

（1）延安地区国营商业的建立

对私营商业的改造，是建立在强大的公营经济（国营和集体性质的供销合作社）的前提下的。新中国成立后，延安分区建立了门类比较齐全的国营商业。1950年，成立了延安贸易分公司，经营百货、文化用品、纺织品、针织品。1954年1月，成立延安百货商店。1956年底，全区有国营百货企业47个，从业人员897人。③

---

① 延安市志编纂委员会：《延安市志》，陕西人民出版社1994年版，第159页。
② 子长县地方志编纂委员会：《子长县志》，陕西人民出版社1993年版，第305页。
③ 延安市地方志编纂委员会：《延安地区志》，西安人民出版社2000年版，第467页。

纺织品方面，1954年1月，成立延安花纱布批发商店，1955年8月，改称中国花纱布公司陕西省延安分公司。1955年9月，全区对棉布实行统购统销，国营纺织、针织品商业控制棉布货源和批发环节。

食品商业方面，1951年9月，成立延安地区肉业支公司，1954年，改称中国食品公司陕西省延安支公司。

副食商业，1951年，本区成立专卖事业批发部。1953年改称延安地区专卖事业支公司。1955年改称延安专卖事业分公司。公司控制了生猪、牛、羊的收购、销售。

1953年后，国营商业对卷烟实行包销。食盐销售为指令性计划。

1953年，延安分区实行粮油统购、统销。

国营商业与国家经济相联系，有着强大的进货和销售渠道，控制了商业物资的上游和下游，还享受着税收等方面的优惠。另外，国营商业还扶植供销合作社。私商的空间不断受到挤压。以子长县为例，1954年，全县公营商业零售额638064元，占商业零售总额的68.70%；私营商业零售额290735元，占商业零售总额的31.30%，之后，私营商业比重逐渐缩小。公营经济的壮大，给改造私营商业，提供了良好的保障条件。日益完善的国家机关，在防范和打击私营商业投机取巧、偷税漏税、囤积居奇、哄抬物价方面有着越来越强大的打击能力。

（2）延安地区私营商业改造

延安分区在改造私营商业方面，成果几无悬念。在改造正式开始前，私商就必须向国营批购商品，从而不得不与国营经济相联系，对私营商业开始社会主义改造，主要是通过国家资本主义经营形式，实行经销、代销，直至公私合营。企业公私合营后，所有制发生变化，除股东在一定时期内仍得到一定利息外，企业经营管理和人事调配权均属于政府专业部门。政府委派干部担任领导，按照国家计划管理企业，原来的资本家和资方代理人由政府安排在企业中担任适当职务，成为企业的工作人员。对小商贩的改造则是组织联营、发展合作组织。

延安县。1954年至1956年，延安县由个体小商贩组成合作商店4个、合作小组20个，并成立了延安县合作综合公司负责合作商店、合作小组的经营管理。1957 年，集体商业 24 家，公私合营 101 家。①

洛川县。1954 年，洛川全县共有私人店铺 588 户，从业人员 800 人，资金 4.4 万元。至 1956 年，将 5 户 19 人工商业者直接过渡为国营企业、8 户 22 人实行公私合营、成立集体合作社 28 户 76 人、办合作小组 29 户 83 人、申请登记愿意接受国家管理的 32 户。经过改造，全县私人从事工商业者为 324 户 1152 人。②

富县。1955 年 11 月，富县工商科、县联社、百货公司、工商联等单位联合成立私改办公室。县抽调国营企业和有关单位干部集中培训，学习对私商实行"利用、限制、改造"等政策，用社会主义商业占领农村商业阵地。1956 年元月工作组下到各区乡开展工作，4 月底结束，比计划提前 4 个月完成对私商的改造任务。全县私营商业 205 户 248 人；组成合作商店参加合营的 171 户 209 人；边远分散的自营户 24 户 28 人；以农为主随业改造的 10 户 11 人。

延川县。1950 年 5 月底，全县私营商业有 5 个行业 94 家，从业人员 137 人，共有资金 3266.3 万元。1951 年 6 月底私商增至 161 户，从业人员 210 人，资金 11322 万元。1952 年，私营商户降至 143 家，从业人员 191 人，其中坐商 81 家 117 人、行商 12 家 18 人、摊贩 50 家 56 人，此年私商销货总额 245516 万元（以上均为旧式人民币）。③ 1953 年，县人民政府对私营商业中部分行业进行社会主义改造。1954 年，全县有私营商户 147 家。1955 年，全县组织公私合营商店 3 个，由 13 户私商组成，设 4 个门市部，有资金 1.02 万元。合作商店 4 个，由 16 户 18 名私商合作经营，22 户经销店，3 户代销店。其中城内 4 户棉布业私商，从业人员 6 人，组成棉布合作商店，开设 2 个门市部，自有资金 4400 元；百货经销代销 13 户；文具店 1 户，资金 200 元；药店 1 户，资金 450 元。全县 24 户 32 人私营饭铺组成合作饭店 6 个，资金 1500 元。4 户 6 人组成合作小组 1 个，资金 120 元。

---

① 延安市志编纂委员会：《延安市志》，陕西人民出版社 1994 年版，第 323 页。
② 洛川县地方志编纂委员会：《洛川县志》，陕西人民出版社 1994 年版，第 328 页。
③ 延川县地方志编纂委员会：《延川县志》，陕西人民出版社 1999 年版，第 282 页。

服务行业有公私合营照相馆2个,2户5人,资金1175元;理发小组1个,由3户3人合作经营;磨坊组1个,由12户13人组成。①

安塞县。1949年,全县共有16户私营小店,开设有旅店、饭店、豆腐店、染店、针织店、皮坊、理发店、农具店、面坊、杂货部等,其经营资金各店平均3000元以上。经营方式有:自本自利、几人合伙经营;还有一人出资,由一人负责经营。这三种经营形式,以后一种居多。到1955年,私营商业发展到755户。经过1956年改造,到1957年,安塞县共有公私合营商店2户,从业人员42人,资金50409元;合作商店4户,从业人员38人,资金37215元;合作小组2户,从业人员7人,资金2629元;摊贩合作小组4个,从业人员21人,资金3865元;合作饭店5户,从业人员32人,资金7305元;饮食小组1户,从业人员5人,资金1657元;合作旅店4户,从业人员25人,资金5743元;理发小组2个,从业人员4人,资金478元;照相组2个,从业人员3人,资金1019元。②

黄陵县。1952年全县私商由原来的36户发展为67户,1953年为89户,1955年为135户,从业人员由146人增长为263人。其中杂货65户,药铺14户,摊贩35户,饮食19户,服务业2户。③1956年,共建立起5个合作食堂,4个合作旅社,2个合营药店,6个经营小组,6个代购代销商店,7个零售摊点,1个骡马大店。这些商户在国营商业和工商管理单位直接领导下,统一经营、自负盈亏、提留公共积累、扩大再生产。1956年,进行了一次全面整顿,将56人转为供销商业人员,36人转其他行业,精减5人,剩余人员办起合作商店5个,百货棉布小组6个,饮食业3个,服务业7个。④

吴旗县。1956年,该县私商除原有7户外,又增加了8户小摊小贩,多为经营日用杂品、烟酒副食和生产生活资料;有2户经营棉布,生意较为兴隆;合伙开设的药材门市部1处,主要经营小本药

---

① 延川县地方志编纂委员会:《延川县志》,陕西人民出版社1999年版,第283页。
② 安塞县地方志编纂委员会:《安塞县志》,陕西人民出版社1993年版,第299页。
③ 黄陵县地方志编纂委员会:《黄陵县志》,陕西人民出版社1995年版,第299页。
④ 同上书,第300页。

品；还有一个百货门市部、一个挂面门市部、一处照相馆、3家小食堂，共计21户，从业26人。是年，国家将其合并为公私合营合作商店，由15人组成，其中公方代表2人，负责监督、经营与管理。设两个零售门市部，主营百货、棉布、副食、烟酒等商品。

甘泉县。1953年甘泉县有私营商业和饮食服务业110户，从业人员231人。1956年实行公私合营，成立了合作商店、合作食堂和合作小组11个。①

子长县。1950年，全县共有私商业102户，其中行商54户，摊贩48户。②1953年，该县人民政府贯彻"利用、限制、改造"政策，对私营工商业进行所有制方面的社会主义改造。1955年，对私营商业的改造由初级形式（向国营批购商品）转入中级形式（为国营经销代销商品），全县有30家商户实行挂牌经销，12家商户实行代销。1956年，对私营商业改造进入高级形式，实行全行业公私合营，至4月底，全县302户私营商业中（城市195户244人，农村集镇107户138人），实行公私合营25户27人；转入供销社24户24人；归经销店15户15人，代销店11户11人；归饮食业合作小组18户19人；组建国药店1个，有8户12人；办医药合作小组3户4人；其他198户百货、杂货摊人员或归入合作商店或进行登记，仍以原经营方式营业。③

黄龙县。据1953年统计，黄龙全县共有私商326户，共有从业人员631人。按行业分类：副食杂货96户，棉布针织46户，文具纸张37户，日用百货93户，五金染料15户，国药39户。另有小摊贩、小饭店94户，从业人员224人。④通过私商改造、公私合营、向供销系统过渡等一系列措施的实施，私营商业基本上并入公私合营。

1955年，黄龙县人民政府派出工作组，先在圪台区试点，在自愿的原则下，组织合作，逐步使小商贩过渡为供销合作商业；对私营资本家逐步消灭其经济发展，成立了第一批合作商店，铁业社、联营

---

① 甘泉县地方志编纂委员会：《甘泉县志》，陕西人民出版社1993年版，第273页。
② 子长县地方志编纂委员会：《子长县志》，陕西人民出版社1996年版，第367页。
③ 同上书，第367—368页。
④ 黄龙县地方志编纂委员会：《黄龙县志》，陕西人民出版社1995年版，第269页。

店（包括食堂、旅店）、运输社、麻纺等5个合作性质的商业行业。

1956年，全县90%的私营工商业过渡为国营或集体合作商业，组成不同形式的合作商店、合作食堂、饮食业合作小组、代购代销店38个，并有8户18人直接过渡到供销合作社。

宜川县。宜川县政府于1951年10月对私营商业进行了登记工作，全县有私商623户（县城397户），从业人员1063人（县城711人），资金6.63万元（县城1.92万元）。① 分类如下：

名称	私营商户（户）	从业人员（人）	资金（元）	经营项目
粮食及食品	9	34	3000	粮栈、糕点等
副食	22	26	570	菜业、猪肉
饮食	50	76	2400	饭馆、面粉、干鲜糖等
杂货	348	580	41000	布匹、百货、碎货、文具业
百货	194	347	18800	

1954年，全县671户私营工商户，按商业、饮食业、服务业组建成5个公私合营、3个合作商店、4个合作小组。对实行公私合营的私有原有资金折股定息，合作商店的私商实行"劳资分红"，即参与合作社的资金与从业人员按一定比例分红。1956年底，对私营工商业的社会主义改造基本结束，公私合营商业144户，饮食业43户，服务业33户，从业私营人员256人，其中商业部门164人，饮食业55人，服务业37人。②

志丹县。1955年，志丹县将15家私人铺子和小摊贩合成5个公私合营门市部，经营棉布、百货、日用品等。③

总之，1956年，延安全分区3416户私营商业、饮食服务业，组织起来的有2799户，占总户数的82%，直接过渡到国营、供销商业

---

① 宜川县地方志编纂委员会：《宜川县志》，陕西人民出版社2000年版，第394页。
② 子长县地方志编纂委员会：《子长县志》，陕西人民出版社1993年版，第394页。
③ 志丹县地方志编纂委员会：《志丹县志》，陕西人民出版社1996年版，第288页。

的80户，占私营商业总户数的2.86%；合营商业473户，占私营商业总户数的16.9%；合作商业1233户，占私营商业总户数的44.06%；其他（代销店、合作组）1013户，占私营商业总户数的36.18%。① 小商小贩转入合营商业，或转入国营商业和供销商业。基本形成了以国营商业经济为主体、集体商业合作社经济为辅的社会主义商业经济体系。

（二）个体手工业改造

手工业的社会主义改造，就是把原来很大程度属于个体经营的铺、坊分类联合起来，组成手工业合作社。如富县，1955年，县城与乡镇所在地（集镇）具有城镇居民身份的作坊匠工，联合成立了城关、茶坊、牛武、直罗、张村驿、交道、羊泉等7个手工业生产合作社，归所在地乡镇人民政府直接管辖。全县参加手工业生产合作社的匠工共计134户，223人，共投入小型生产设备和工具等折合人民币18.3万元作为股份基金。如安塞，1956年前还有一些走乡串户的手工业者。据1955年统计，有铁匠3户3人、小炉匠5户9人、木匠3户3人、缝纫铺3户4人、钉鞋绳挽具4户4人。② 这些人大都农忙务农，农闲务工。1956年，将该县内手工业者组织起来，建立了缝纫、木工、铁业、小五金车修4个合作社（组）人员28人，年产值26.3万元。

具体主导手工业改造的，一般是各县的工商业联合会下属的手工业联社。手工业合作社，是被视为集体经济的一部分，被纳入到政府的管理体系之中。手工业合作社，在延安地区早就存在。抗战时期中共提倡合作运动时就组织过手工业合作社。新中国成立后，在国民经济恢复过程中，有些地方出于方便生产等目的，民间有自发的手工业合作社出现。如原中央军委机关在延安创办利民毛纺厂，延安光复后，恢复生产，更名为地毯厂。1949年，该厂大部分职工随军南下。新中国成立

---

① 延安市地方志编纂委员会：《延安地区志》，西安出版社2000年版，第465页。
② 安塞县地方志编纂委员会：《安塞县志》，陕西人民出版社1993年版，第257页。

后，1952年该厂留守人员与8名个体织毯师傅就在延安城内成立织毯合作社。还有延安县1953年成立的制鞋小组。1954—1956年，手工业合作社大规模组建，是对手工业进行社会主义改造的表现。类似的自发的或集体组织的规模较小的合作社或生产小组，一般都被分类组合、归于集体经营。

成衣方面，本区多数县及城镇先后建立缝纫社（铺、组），来料加工，制作便服和中山服。1956年集体经营，建立缝纫社（组）15个，社（组）员235名。1956年，洛川15家个体裁缝铺合作组成洛川县缝纫合作小组。① 1月，延长县城内缝纫个体户任志良、罗明保、赵学智、赵学信、李忠堂、丁志文等户和城内叶福旺缝纫小组及七里村油矿王贵林缝纫小组，合并成立延长县缝纫生产合作社，属县手工业联社领导，时有职工34人。

建材方面，1952年甘泉县办起建材社，主要制作砖瓦，有职工8人，年产青砖10万块，青瓦16万片，年产值8000元。② 1954年延安县建立城区砖瓦生产合作社，年产青砖155.23万块，青瓦131万片。③ 洛川县城区由马振帮、国效龙等人组成洛川县砖瓦生产合作社，有砖模子16副，手工瓦轮4具，年产手工砖24万块，小瓦14万页，产值13380元，交纳税金1000元。④

铁业是各县都有的，主要是修造小农具。1950年，延川全县有铁匠铺10户，从业人员22人。1952年铁匠铺发展为21户，从业人员60余人，集中在延川、永平、文安驿、眼岔寺和禹居等集镇。1955年，部分铁匠组成铁业生产合作社。次年，全县有铁业社2处，个体铁匠4户。⑤

各县的改造中，南面的黄陵县、黄龙县比较出彩，可能因为其工业基础稍好一些。黄龙的手工业劳动者，多为小业主。新中国成立

---

① 洛川县地方志编纂委员会：《洛川县志》，陕西人民出版社1994年版，第320页。
② 甘泉县地方志编纂委员会：《甘泉县志》，陕西人民出版社1993年版，第230页。
③ 延安市志编纂委员会：《延安市志》，陕西人民出版社1994年版，第171页。
④ 洛川县地方志编纂委员会：《洛川县志》，陕西人民出版社1994年版，第307页。
⑤ 延川县地方志编纂委员会：《延川县志》，陕西人民出版社1999年版，第223页。

后，手工业经营的形式有：一是独家经营，门前设店，后院设厂，自产自销，如铁器、木器、砖瓦等；二是和商业联成一体，以商业形式出现，如挂面、苇席等；三是单纯来料加工，如缝纫、弹花等；四是农民兼营手工业，如皮革、土布等。

1954年，黄龙县手工业发展为12种行业，有铁匠、木匠、砖瓦、缝纫、磨面、印刷、食品等135户，从业人员235人。1956年组织起手工业生产合作社9个，生产小组7个，从业人员144人。同时还保留个体手工业55户，从业人员92人。①

黄陵县在三年经济恢复时期已着手将个体手工业组织起来，成立合作组、社。1953年，全县工业总产值达12.52万元，较1949年增长257.76%；从事各类工业生产者（包括小手工业者）近200人。②1956年底，全县建成10个国营企业，即：修配厂、煤矿、糖厂、电厂、酒厂、陶瓷厂、炼油厂、铁厂和小水泥厂等。农村能工巧匠自发兴办各类作坊，木制加工业、砖瓦、编制、铁制品工业等。改造中，农村以五坊（磨坊、油坊、粉坊、豆腐坊、糖坊）、十大匠（木匠、石匠、铁匠、泥水匠、小炉匠、铜匠、银匠）为基础，全部合营成集体。企业由各区、乡政府自行管理。

洛川县，1953年，县政府把城内八九户木匠铺组成3个"木工互助组"，从业人员18人。1956年农业合作化时，3个互助组联合组成1个木泥业生产合作社，有职工30人，以生产木器家具农具为主，并承修个人与集体的房屋建筑。③

志丹县民间小手工业者木匠、铁匠、石匠、毡匠、毛匠、银匠、泥水匠、小炉匠和磨坊、酒坊、粉坊、油坊、豆腐坊等小作坊遍布各乡。1956年1月，全县16种、120户、189人的个体小手工业者组成11个生产合作社和23个生产小组。④

各县在私营工业、个体手工业改造方面大同小异。目标、原则的

---

① 黄龙县地方志编纂委员会：《黄龙县志》，陕西人民出版社1995年版，第241页。
② 黄陵县地方志编纂委员会：《黄陵县志》，陕西人民出版社1995年版，第218页。
③ 洛川县地方志编纂委员会：《洛川县志》，陕西人民出版社1994年版，第319页。
④ 志丹县地方志编纂委员会：《志丹县志》，陕西人民出版社1996年版，第229页。

大方向一致，具体过程稍有差异。因为延安地区缺乏上规模的私营工业，一般都是直接合并，很少经过公私合营。较大规模才采取合营过渡。不过，可能是受合作化运动全国高潮的影响，加上延安地区对私营工业改造的推行有些滞后，公私合营时间均极短。像子长县瓷厂改造，1953年，子长县有7个瓷场，7个烧窑，48名职工，年产瓷器1.40万件。[①] 是年，瓷场实行公私合营，国家和个人投资各半、盈利对分。第二年就成立陶瓷生产合作社。前述黄陵店头酒厂，合营后即改为国营。

总之，各县到1957年前都基本完成了工业（包括手工业）的社会主义改造，改变了所有制和经营模式。

三 延安地区社会主义改造的完成

1956年4月22日，延安各界2万余人举行群众大会，庆祝延安专区社会主义改造取得全面胜利。地委书记白志明、专署专员赵国卿参加了会议，并讲了话。最后，大会决定向党中央、毛主席报喜电。

延安地区对手工业及资本主义工商业的改造，确实取得了很大的成绩，但也不能不看到，由于延安地区地广人稀、交通不便，商业的分散经营是客观的要求，在这一点上，私商有着相对的优势，从成本控制来说、方便群众的角度来说，私商还是有一定的存在合理性。延安各级政府选择了一定程度的微调，如允许安塞县部分摊贩、铺子仍保持个体经营；子长部分百货、杂货摊人员登记后，仍以原经营方式营业，应该有其明智的一面。富县1956年7月，为了便利群众购销，充分发挥私商人员的作用，根据县联社"调整农村商业网的规划"进行网点下伸工作，由供销社内部抽出15名职工组成8个流动贸易组，抽私商10人，为下乡送货的货郎担；原规划增加网点46处，实际增加53处，其中有私商下伸的代销点7个，货郎担18户18人。

[①] 子长县地方志编纂委员会：《子长县志》，陕西人民出版社1993年版，第324页。

第七章　社会主义改造

仅张村驿一处，就下放到直罗、黑水寺等地私商9户。①

延安地区关于手工业、资本主义工业、私商的社会主义改造，三者是紧密联系的。不像大城市，手工业的改造与其他两方面那样有疏离感。这种情况似乎与当时中国大部分农村及小城市的落后有关系，而且，似乎应该是当时社会主义改造中的常态。缺乏近代工商业，是当时中国除了几个在半殖民地半封建社会条件下畸形发展的几个大城市外，各地普遍具有的现象。个体手工业也好、资本主义工业（没有机器生产）也好，其生产模式与产品，也是适应传统社会的，因此，其往往本身与小商贩就是紧密结合的。个体手工业者甚至本身必然也会兼营着交易。这种联系的紧密，从这场改造中也可以看出来。对私营商业的社会主义改造，先从私营手工业者的生产改造开始，实行三步骤：一是把独立手工业者和家庭手工业者组织成手工业供销生产小组，由国营经济供给原料，推销其加工产品；二是组织手工业供销合作社，与国营经济发生联销关系，它领导着若干生产小组，这是一种手工业社会主义改造的过渡形式；三是组织手工业生产合作社，把手工业的私有制改变为集体所有制，从而引导手工业小生产者走上社会主义道路。同时允许城乡个体劳动者从事服务修理业，以补充国营商业网点之不足，活跃市场、方便群众。用这个方式来叙述这个改造，似乎也是符合历史史实的。

---

①　富县地方志编纂委员会：《富县县志》，陕西人民出版社1994年版，第259页。

参考文献

一 报纸杂志

1. 《群众日报》
2. 《延安通讯》
3. 《延安日报》
4. 《人民日报》
5. 《陕西日报》

二 原始档案

1. 延安市档案馆档案，延安市委（全宗号 1-1）
（1）1950 年：案卷号 1-4
（2）1951 年：案卷号 5-8
（3）1952 年：案卷号 9-14
（4）1953 年：案卷号 15-19
（5）1954 年：案卷号 20-29
（6）1955 年：案卷号 30-41（2）
（7）1956 年：案卷号 42-58

2. 延安市档案馆档案，延安市人民政府（全宗号 12-1）
（1）1950 年：案卷号 8-14
（2）1951 年：案卷号 15-28
（3）1952 年：案卷号 29-47
（4）1953 年：案卷号 48-71
（5）1954 年：案卷号 72-100

（6）1955 年：案卷号 101－132

（7）1956 年：案卷号 133－174

三　主要文献

1. 《毛泽东选集》，人民出版社 1991 年版。
2. 《毛泽东文集》（5—7 卷），人民出版社 1996—1999 年版。
3. 《毛泽东书信选集》，人民出版社 1983 年版。
4. 《刘少奇选集》（上卷），人民出版社 1981 年版。
5. 《周恩来选集》（上卷），人民出版社 1980 年版。
6. 中共中央文献研究室中央档案馆：《建党以来重要文献选编（1921—1949）》，中央文献出版社 2011 年版。
7. 延安市地方志编纂委员会：《延安地区志》，西安出版社 2000 年版。
8. 安塞县地方志编纂委员会：《安塞县志》，陕西人民出版社 1993 年版。
9. 延川县志编纂委员会：《延川县志》，陕西人民出版社 1999 年版。
10. 甘泉县地方志编纂委员会：《甘泉县志》，陕西人民出版社 1993 年版。
11. 子长县志编纂委员会：《子长县志》，陕西人民出版社 1993 年版。
12. 富县地方志编纂委员会：《富县县志》，陕西人民出版社 1994 年版。
13. 富县军事志编纂委员会：《富县军事志》，三秦出版社 1994 年版。
14. 吴旗县地方志编纂委员会：《吴旗县志》，三秦出版社 1991 年版。
15. 洛川县志编纂委员会：《洛川县志》，陕西人民出版社 1994 年版。
16. 延长县地方志编纂委员会：《延长县志》，陕西人民出版社 1991 年版。
17. 黄陵县地方志编纂委员会：《黄陵县志》，西安地图出版社 1995 年版。
18. 黄龙县志编纂委员会：《黄龙县志》，陕西人民出版社 1995 年版。
19. 宜川县地方志编纂委员会：《宜川县志》，陕西人民出版社 2000

年版。
20. 宜君县志编纂委员会:《宜君县志》,三秦出版社1992年版。

四 著作

1. 杨者圣:《在胡宗南身边的十二年》,上海人民出版社2007年版。
2. 袁宝华:《中国改革大辞典》(上),海南出版社1992年版。
3. 《习仲勋传》编委会:《习仲勋传》(上),中央文献出版社2013年版。
4. 吴珏:《"三反""五反"运动纪实》,东方出版社2014年版。
5. 共青团陕西省委青运史研究室:《团旗从这里重新升起》,陕西人民出版社1991年版。
6. 汪朝光:《中国命运的决战(1945—1949)》,《中国近代通史》(第十卷),江苏人民出版社2013年版。
7. 李建新、邓一鸣、吴家淼:《新时期党的建设研究》,湖南人民出版社2010年版。

后　　记

《新中国成立初期延安地区社会变迁研究》一书历经两年半的时间总算可以定稿了，这是我与延安市党史办"中共延安历史二卷"横向课题合作过程中的一个子项内容，是对新中国成立后延安当地社会历史的首次系统梳理与呈现。由于可供参考的研究成果寥寥无几，期间，我和我的研究生多次到延安市档案馆、延安报社以及各县档案馆等处查询相关数据与文献，枯燥艰辛却也满载而归，力求确保真正书写信史的写作初衷。

即便如此，我的写作压力还是无比之大。一则这段历史距离我们并不遥远，中年以上的延安人或多或少都经历过那个时代，甚至原本就是历史书写者，对这段历史的熟知程度远胜于学识浅薄且年纪尚轻的我，其间的写作挑战不言自见。二则一些相关的历史事件评判尚未有定论，作为无名后辈不敢有妄加议论的奢望，故而本书基本定位于客观历史过程的梳理揭示，论述研究自存缺憾。三则鉴于诸多因素影响，书稿出版时间较为仓促，疏漏难免。今年是建党95周年，党史学习与研究自是关注热点，期待拙作能得到更多学者的批评指正。

好在我的恩师任学岭教授等几位老史学人给了我不少指导性的建议与规划，我的同事杨利文博士在书稿写作中亦付出不少心血，他们的激励与支持坚定了我的写作信念，在此一并致以最诚挚的感谢！感动之余唯以书稿作为回馈，唯以励志作为报恩。

张雪梅于书房
2016年6月1日